本书获得北京青年政治学院学术著作出版基金资助

本书是北京高校思想政治理论课高精尖创新中心重大课题委托项目（18GJJA002）的结项成果。

新时代大学生社会主义核心价值观培育创新研究

XinShiDai DaXueSheng SheHuiZhuYi HeXin JiaZhiGuan PeiYu ChuangXin YanJiu

周颖 著

中国书籍出版社
China Book Press

图书在版编目（CIP）数据

新时代大学生社会主义核心价值观培育创新研究/周颖著.—北京：中国书籍出版社，2019.7
ISBN 978-7-5068-7367-3

Ⅰ.①新… Ⅱ.①周… Ⅲ.①大学生—思想政治教育—教学研究—中国 Ⅳ.①G641

中国版本图书馆 CIP 数据核字（2019）第 137019 号

新时代大学生社会主义核心价值观培育创新研究

周 颖 著

责任编辑	毕 磊
责任印制	孙马飞 马 芝
封面设计	中联华文
出版发行	中国书籍出版社
地　　址	北京市丰台区三路居路97号（邮编：100073）
电　　话	（010）52257143（总编室）　（010）52257140（发行部）
电子邮箱	eo@chinabp.com.cn
经　　销	全国新华书店
印　　刷	三河市华东印刷有限公司
开　　本	710毫米×1000毫米　1/16
字　　数	234千字
印　　张	17.5
版　　次	2019年7月第1版　2019年7月第1次印刷
书　　号	ISBN 978-7-5068-7367-3
定　　价	89.00元

版权所有　翻印必究

前　言

　　社会主义价值和价值观是社会主义理论的重要内容，是社会主义精神文明的重要体现；是社会主义文化软实力的突出象征；是社会主义制度的核心精神。中国共产党十六届六中全会首次提出和概括了"社会主义核心价值体系"，中国共产党第十八次全国代表大会进一步提出和概括了"社会主义核心价值观"。中国共产党提出和概括的社会主义核心价值体系和社会主义核心价值观是中国特色社会主义理论的重要内容，是我国社会主义精神文明的重要体现，是我国社会主义文化软实力的突出象征，是我国社会主义制度的核心精神。确立社会主义核心价值体系和社会主义核心价值观，对于坚持和发展中国特色社会主义理论，对于巩固和发展中国特色社会主义制度，对于坚持和完善中国特色社会主义道路，具有十分重要的理论和实践意义。

　　青年是国家和民族的未来。谁赢得了青年，谁就赢得了未来。大学生是青年的核心，是国家未来建设和发展的栋梁，是我国社会主义事业的建设者和接班人。大学生的价值观如何，不仅在很大程度上影响未来我国社会的主流价值观，而且在很大程度上决定着我国未来的前途和命运。因此，把社会主义核心价值体系和社会主义核心价值观融入大学生思想政治教育，用社会主义核心价值体系和社会主义核心价值观把大学生培养成为我国社会主义事业合格的建设者和接班人，是培育社会主义新人的重要任务。

目 录
CONTENTS

第一章 社会主义核心价值体系的概念与思想基础 …………… **1**
  第一节　社会主义核心价值体系的相关概念　1
  第二节　社会主义核心价值体系的思想基础　7
  第三节　中国社会主义核心价值体系和核心价值观的形成过程　31

第二章 社会主义核心价值体系与大学生核心价值观 ………… **40**
  第一节　大学生核心价值观的基本内涵及其体现　40
  第二节　大学生价值观形成与发展的特点及规律　53
  第三节　大学生核心价值观是社会主义核心价值体系的体现　86
  第四节　社会主义核心价值体系对大学生核心价值观的引领作用　89
  第五节　在大学生核心价值观培育中融入社会主义核心价值体系　93

第三章 新时代大学生成长肩负的历史使命与责任 …………… **98**
  第一节　社会主义核心价值观在大学生成长过程中的作用　98
  第二节　大学生肩负的历史使命和责任　103

第四章 新时代大学生社会主义核心价值观培育的现状 ……… **123**
  第一节　社会主义核心价值观培育的障碍　123

第二节　社会主义核心价值观培育的困境分析　130
　　第三节　社会主义核心价值观培育与践行的辩证关系　136

第五章　大学生社会主义核心价值观培育的理念创新……153
　　第一节　立足中华优秀传统文化创新社会主义核心价值观教育
　　　　　　理念　153
　　第二节　运用新媒体发展创新社会主义核心价值观教育理念　165

第六章　大学生社会主义核心价值观培育的路径创新……177
　　第一节　大学生社会主义核心价值观教育的文化育人路径　177
　　第二节　大学生社会主义核心价值观教育的课堂育人路径　190
　　第三节　大学生社会主义核心价值观教育的网络育人路径　209
　　第四节　大学生社会主义核心价值观教育的实践育人路径　215

第七章　新时代大学生社会主义核心价值观培育长效机制……227
　　第一节　理顺培育体制　227
　　第二节　创新培育运行机制　235
　　第三节　构建培育保障机制　249

参考文献……264

后　记……267

第一章

社会主义核心价值体系的概念与思想基础

第一节 社会主义核心价值体系的相关概念

党的十六届六中全会通过的《中共中央关于构建社会主义和谐社会若干重大问题的决定》首次提出了"建设社会主义核心价值体系"的战略任务，以"形成全民族奋发向上的精神力量和团结和睦的精神纽带"。党的十七大报告《高举中国特色社会主义伟大旗帜——为夺取全面建设小康社会新胜利而奋斗》中又一次提出"建设社会主义核心价值体系，增强社会主义意识形态的吸引力和凝聚力"的命题。党的十八大报告《坚定不移沿着中国特色社会主义道路前进——为全面建成小康社会而奋斗》，首次概括了社会主义核心价值观，提出："倡导富强、民主、文明、和谐，倡导自由、平等、公正、法治，倡导爱国、敬业、诚信、友善，积极培育和践行社会主义核心价值观。"社会主义核心价值体系这一科学命题，是我党在长期的社会发展实践中总结和摸索出来的，是社会公民价值观念的统领，对其概念的解读和辨析，是对这一科学命题深入研究的逻辑起点。

一、价值、价值观的含义

（一）价值

在《现代汉语词典》中，"价值"一是指体现在商品里的社会必要劳动；二是指某事物的"积极作用"，但是在应用于哲学、政治学、社会学、法学等领域时，"价值"的范畴则更为抽象。目前，关于价值的定义，仁者见仁、智者见智，在西方最有影响、最有代表性的观点有：主观价值论，认为"价值"的存在取决于主体及主体的需要，客观事物本身并不具备价值；客观价值论，认为客观事物本身即存在着价值，价值是根据事物本身的属性、功能等来确定的；关系价值论，认为价值是主体和客体相互作用的结果，并不完全取决于任何一方。国内学界大体上也存在着类似的三类说法，其中关系说占据明显的主导地位，比如袁贵仁认为"价值是一种社会关系而不是某种实体"，所以，"价值是关系范畴，而不是实体范畴"；李连科认为"所谓价值，在我看来，便是客体属性与主体需要的特定关系"。

马克思指出："'价值'这个普遍的概念是从人们对待满足他们需要的外界物的关系中产生的。""表示物对人有用或使人愉快等属性"，这表明，价值形成源于主体需要，价值形成的条件是客体具有满足主体需要的属性，价值的实质是在实践的基础上主客体之间需要与满足关系的不断生成，是主体和客体之间相互作用的某种结果，是在主体和客体的相互关系、相互影响和相互作用中产生的那些有用、有利和有益的东西。价值是客体的属性、结构同作为主体的人的需要之间形成的一种客观现实的关系，具有客观性；同时价值又离不开人和人的需要，具有主体性，具有属人的特征。价值的客观性与主体性都根源于人的实践活动，马克思认为"价值是无差别的一般人类劳动的凝结"，离开了实践来谈价值，价值就变成了虚无，价值只有在实践中才能生成与实现。这就不仅克服了主观价值论和客观价值论的片面性，也弥补了关系价值论的不足，从而更加全面、更加科学地反映了价值的本质。因此，价值应是主体和客体间一种特殊的关系，即客体以自身的属性满足主体的内在需要和主体的内在需要被客体满足的意义关系。

(二) 价值观

关于价值观的含义，在学界有很多不同的说法，很多学者在对价值观下定义的时候，就是直接地说，价值观就是关于价值的基本观念，或者就用"价值观念"这样的说法，即所谓价值观就是"价值观念"。还有学者认为价值观是一种社会意识，即价值观是人们对价值问题的根本看法，是人们在处理价值关系时所持的立场、观点和态度的总和。还有学者在此基础上，对价值观的定义做了更具体的规定：所谓价值观，就其形式而言，它是由人们对那些基本价值的看法、信念、信仰、理想等所构成，它的思想形式是多种多样的；就其内容而言，它反映了主体的根本地位、利益和需要，以及主体实现自己利益和需要的、活动方式等方面主观特征，是以信什么、要什么、坚持追求和实现什么的方式存在的人的精神目标系统；就其功能而言，价值观起着评价标准的作用，是人们心目中用以衡量事物轻重、权衡得失的天平和尺子。总之，价值观就是人们关于生活中基本价值的信念、信仰、理想和思想观念的总和。还有学者认为，价值观、人生观、世界观等范畴是有本质联系的，因为"人是世界的一部分，人生观也必然是世界观的组成部分，作为人生观重要内容的价值观当然是世界观，也即哲学的有机部分"。

人们在认识世界和改造世界、创造和实现价值的过程中，必然要形成一定的价值认识。所谓"价值观"，是一种价值认识，是对价值关系的反映，是指导人们思想行为的根本的价值意识。价值观作为一种意识，其反映的对象不是一般客体，而是客体属性和主体之间的关系，即价值关系。从宏观的角度说，价值观念是社会文化体系的核心。从微观的角度说，价值观念是人的世界观的组成部分。从根源上的角度说，它同主体的需要、理想联系在一起，它受制于人们的经济地位、社会地位。在阶级社会中，它受制于人们的阶级地位，特别受制于人的政治思想意识。由于不同阶级的经济地位、社会地位、阶级地位不同，特别是政治思想意识需要、理想不同，因而他们的价值观念也不同。从功能上说，它为人们的正当行为提供充分的理由。价值观不是与诸如法律、政治、艺术、科学、道德等社会意识形态相并列，而是渗透在社会意识之中，通过各种社会意识形态表现出来的更深层的带有一定倾向性的价值意识。价值观是人们对物质世界和精神世界的主观判断、评价、取向和选择，在表层上表现为如何对事物的利弊、得失、真假、善恶、美丑、义利、理欲等进行权衡和取舍，而在深层上则是对理想信念和人生的目的、意义、态度等方面的人生处世哲学。价值观反映主体的需要、利益以及主体在实现自己利益和需要时的能力、活动方式等方面的主观特征，是以"信什么、要什么、坚定追求什么和实现什么"的方式存在于人的精神系统中，是人和社会精神文化系统中相对稳定的、深层的并起主导作用的部分。具体来说，就是人们关于好坏、得失、善恶、美丑等价值的立场、看法、态度和选择。

二、核心价值观、普世价值观的含义

任何一个社会群体，都有属于自身的文化，群体成员共同拥有和信奉的价值观。任何一个社会个体，都是文化的产物，都有自己接受和遵循的价值观。任何社会群体的形成，都是由于群体成员的文化认同，由于一种大家共同认可的价值观、一个共同追求的理想目标走到一起。在任何一个社会里，整体的价值观都不是绝对统一的，就价值观在整个社会中的地位看，在一个社会的价值观体系中，各种价值观有的处于主导地位，有的处于从属地位，有的价值观甚至处于对立地位。社会主义的核心价值观即是占据主导地位，相对于其他一般价值观或边缘价值观而言的，与西方自由主义宣扬的普世价值有着本质的区别。

（一）核心价值观

让我们了解一下什么是核心价值观。首先，核心价值观具有统领性。在一定社会中多元并存的价值观中起到主导地位，代表价值体系的基本特征，体现着价值体系的基本价值倾向，在阶级社会当中，与统治阶级占统治地位的意识形态相一致。举个例子，现在在我国的社会中，价值观的存在是多样的，例如我们所说的社会主义核心价值观，就是在自由主义价值观、个人主义价值观等存在的情况下，具有支配作用地位的集体主义的价值观。同时，就价值观本身的理论内容来说，该价值观中有决定意义的内容称之为核心价值观，也就是指能够充分体现主导意识形态的那些本质内容，例如它其中的思想基础、理想、信念等等。其次，核心价值观具有稳定性。我们说核心价值观是社会价值观中最基本的部分，当社会组成以后，核心价值观是社会价值理想、价值信念、价值目标的集中反映，是社会人民普遍认可的价值追求。这种集中的反映和普遍的追求，在经过正确的规律揭示和内容凝练后，需要经过统治阶级的建设，进一步明确地进入人们的头脑，形成人们共同遵循和维护的思想观念和行为准则。因此，无论时代如何变化，已经确立的正确的核心价值观内核不会改变，是社会人民的精神动力和共同目标。

由此看来，反映一定社会中主导意识形态本质的内容，是一种文化区别于另一种文化的基本价值观念，是一种社会制度普遍遵循的基本原则，并在该社会诸多价值观中占支配地位的价值观，就是我们所谓的核心价值观。

相对于核心价值观来说的就是非核心价值观。现实生活中，由于人们的生活环境、社会地位、实践水平、理论修养、社会团体与个人利益的差异性，非核心价值观的产生是不可避免的，这在一定程度上为社会个体的价值追求提供了多元的价值空间和进行价值选择的自由度。当然，如果核心价值观和非核心价值观在价值导向上基本一致，并不冲突，非核心价值观就成为核心价值观的有益补充，在一定的历史条件下两者共存共荣、相得益彰。如果两种价值观在价值导向上不一致，两者的价值冲突就不可避免，或者相互抵制、此消彼长，或者随着社会历史条件的变化而发生地位的转化。

非核心价值观可分为一般价值观和边缘价值观两类。

一般价值观是从属于核心价值观并受核心价值观决定或支配的价值观，主要是指由于社会制度、文化背景、民风民俗、生活习惯等方面的差异而产生的与核心价值观不同的价值取向，但不会妨碍核心价值观传播，更不会动摇核心价值观的地位，能够在社会中与核心价值观求同存异、和平共生。我们可以通过各种途径争取将一般价值观作为巩固核心价值观的积极因素，让一般价值观更好地呼应和衬托核心价值观。

边缘价值观则是违背社会主流的，主要是由于一些不利于社会发展进步的不良因素或与统治阶级相对立的敌对势力的影响而形成的、与核心价值观相对立的价值观。在我国社会中，西方敌对势力采取组织渗透、网络传媒、宗教传播等多种方式对我国实施渗透，造成部分社会成员在理想信念、价值取向、道德观念等方面选择时的困惑、迷茫和混乱，甚至形成了与核心价值观对立的价值取向。我们要坚决抵制这些不良价值取向的增长和蔓延，确保核心价值观的主导地位。

由此看见，在任何社会的价值体系当中，核心价值观都是与一般价值观和边缘价值观和相伴共生的，他们之间相互影响、相辅相成、相互制约。我们既要重视核心，也要兼顾一般，更不能忽视边缘．只有兼顾一般才能突出核心，只有重视边缘，才能巩固核心。

（二）普世价值观

现在学界中有学者认为由于核心价值观的统领性和普遍性，认为核心价值观等同于"普世价值观"。那么究竟什么是普世价值观呢？"普世"一词早期被基督教会所使用，以协调各地区基督教内部或与其他派别的关系，目前多被西方哲学家或社会学者所应用，试图以"普世"来使各国家、宗教、政党等在意识形态上趋于统一。在英语中"普世价值"意为 Universal value 或 Ecumenical value，多用于哲学或心理学中，简言之就是指有一定数量的、所有人类都普遍认同的最基本的观念，具体包括人的最基本需求、最基本的社会道德、最基本的价值判标准等等。接下来我们要探讨一下，究竟有没有真正的普世价值呢？其实，马克思和恩格斯早在19世纪就给予了我们答案。

马克思主义认为人"不是处在某种虚幻的离群索居和固定不变状态中的人，而是处在现实的、可以通过经验观察到的、在一定条件下进行发展过程中的人"，是"有生命的个人存在"，因此人类是一种现实的、历史性的存在，具有空间、时间的差别，不同地域的人群具有不同的主体需要、生活方式和文化精神。也就是说"普世价值"中所宣扬的全人类所遵循的抽象价值，脱离了人的本质。恩格斯明确说："我们拒绝想把任何道德教条当作永恒的、终极的、从此不变的伦理规律强加给我们的企图，这种企图的借口是，道德的世界也有凌驾于历史和民族差别之上的不变的原则。相反的，我们断定，一切以往的道德论归根到底都是当时的社会经济状况的产物。而社会直到现在还是在阶级对立中运动的，所以道德始终是阶级的道德。"也就是说，"只有在不仅消灭了阶级对立，而且在实际生活中也忘却了这种对立的社会发展阶段上，超越阶级对立和超越对这种对立的回忆的、真正人的道德才成为可能"，即在无产阶级社会中才会存在真正的普世价值，只有消灭了阶级和阶级社会，才能使冒充的普世价值消失，使真正的普世价值变成现实。所以在今天的历史条件下是不存在超越地域、民族的绝对普世价值，目前宣扬的"普世价值"本质是西方话语权的反映。我们要清醒地认识到核心价值观的普遍性和主导性是在一定社会、地域、文化上而言的普遍支配作用，要源自本地域、民族、文化的历史发展和人民需求，是区别于"普世价值"的边缘化和西化定义。

第二节　社会主义核心价值体系的思想基础

社会主义理论是一种完整而丰富的体系，它回答了"什么是社会主义"的理论问题，也给出了"怎样建设社会主义"的实践答案，是理论、制度、革命实践和价值观的统一，其中社会主义核心价值体系处于中心地位，社会主义理论阐述了社会主义核心价值的内容、合理性和实现条件、方法、途径，社会主义革命以社会主义核心价值观为方向和目标，社会主义制度的建构则是社会主义核心价值体系内在精神的制度化体现。社会主义核心价值体系的发展也经历了历史演变的过程，从空想社会主义到科学社会主义、从社会主义理论到实践的转变、从社会主义革命运动到社会主义建设和改革，经过不断的实践检验而不断地科学化、具体化、多样化。在这里，我们探求社会主义核心价值观的历史渊源和思想基础，在历史发展脉络中进一步明确社会主义核心价值观的内涵、发展方向及规律，为大学生核心价值观的构建提供学理支持。

一、中国传统文化中包含的社会价值思想渊源

五千年的时光涓涓流过中华大地，历史的洗礼为生活在这片土地上的民族留下了宝贵的文化积淀，世世代代继承发展的、具有浓郁民族特色的、博大精深的传统文化精髓汇聚成了中华文明，凝结成了源远流长、兼容并蓄、崇德尚礼的中国传统文化，为人类文明做出了巨大的贡献。如果说西方哲学以理性的逻辑、本质规律的认知著称，中国传统文化则更注重人伦礼法、道德传承以及天人合一的境界，其宝贵的思想精髓也以东方的视角揭示了人类的本质追求，描绘了理想社会的蓝图，其蕴含的思想观念根深蒂固地存留在中国人理念中，可以说中华传统文化中包含的社会主义价值思想是社会主义发展史上不可或缺的组成部分。历史证明，马克思主义必须与中国实际相结合才具有活力，不仅要符合中国社会发展的现状，也要与中国传统文化背景相融合。

（一）"大同社会"的思想观念

"大同"一词出自我国战国至秦汉之际的儒家经典《礼记·礼运》大同篇，书曰："大道之行也，天下为公，选贤与能，讲信修睦，故人不独亲其亲,不独子其子,使老有所终,壮有所用,幼有所长,鳏寡孤独废疾者皆有所养;男有分,女有归,货恶其弃于地也不必藏于己,力恶其不出于身也不必为己,是故谋闭而不兴,盗窃乱贼而不作,故外户而不闭,是谓大同。"在这里的"大同社会"在政治上,天下为公,以德才选人;在经济上,共同劳动并共享成果,各得其所;在道德上,互敬互助,团结和睦,实际上就是一个消除了私有制的社会,这样全体社会成员都能得到社会保障,没有剥削和压迫。除了儒家之外,中国古代的其他主要学派也有类似的"大同"思想,如墨家的"兼爱""非攻""尚贤",就是说要推己及人的相互关爱,"视人之国若视其国,视人之家若视其家,视人之身若视其身"(《墨子·兼爱》),从而减少人与人之间、国家与国家之间的争斗,选贤选德各尽所能,"是故选天下之贤可者以为天子"(《墨子·尚同》),做到"不党父兄,不偏富贵,不嬖颜色,贤者举而上之,不肖者抑而废之"(《墨子·尚贤》),真正凭借能力的民主选拔,这样就能"是以老而无妻子者,有所侍养以终其寿,幼弱孤童之无父母者,有所放依以长其身"(《墨子·兼爱》),与儒家的大同社会有同工之感。而道家也对未来社会有所描绘,《老子》书曰:"小国寡民。使有什伯之器而不用;使民重死而不远徙。虽有舟舆,无所乘之,虽有甲兵,无所陈之。使民复结绳而用之。甘其食,美其服,安其居,乐其俗。邻国相望,鸡犬之声相闻,民至老死,不相往来。"人们以落后的农业维持生活,不需要文字、工具、交通,无欲无求,这样人们就能安于现状而避免欲望的争斗。庄子则认为"四海之内,共利之之谓悦,共给之之谓安"(《庄子·天地》),追求人人平等、平均分配,社会才能真正安稳、愉悦,"其民愚而朴,少私而寡欲,知作而不知藏,与而不求其报"(《庄子·山木》),百姓清心寡欲,社会祥和平静。道家的这一思想虽然实际上是一种历史倒退的幻想,抛弃了人类进步的文明工具和社会发展提高的物质生活,但是人人平等、平均分配、清心寡欲的构想带有明显的反剥削、反压迫、反战争的思想。

虽然秦汉大一统后，古代人民对"大同社会"的热情有所降低，但是每当朝代更替、战乱四起的时候，"大同"思想便再次兴起，如东晋陶渊明笔下的"世外桃源"、南宋康与之的"西京隐乡"、近代太平天国运动"凡天下田，天下人同耕"的《天朝田亩制度》等等，都带有浓重的中国传统的"大同社会"理想。中国传统的"大同社会"是在社会动乱、天灾人祸、封建制度对农民的剥削和压迫下应运而生的，是人民对于安稳、富裕、平等生活的憧憬，是伦理向往的必然，虽然不是类似马克思和恩格斯基于人的本质及人类社会演进规律而对人类社会做出的科学构想，但却带有早期共产主义色彩：反对阶级剥削、压迫，这也恰恰成为社会主义与中国传统理念的契合点，使中国人民大众在近代传入的众多社会思潮中选择了马克思主义，并迅速接受社会主义学说的原因之一。

（二）"和"的社会和谐价值观

"和"这个字历史悠久，最早见于甲骨文中，意为不同声音协调呼应，已经开始含有"和谐"的意蕴。早在西周末年，"和"的含义就开始上升为理论含义，《国语·郑语》有云"和实生物，同则不继"，意思是就像不同的声音巧妙地结合在一起形成了动听的音乐，不同的事物按照"和谐"的办法组合在一起能产生新的事物，相同的事物是不能继承发展下去的。二百多年后，子曰："君子和而不同，小人同而不和"（《论语·子路》），荀子说"万物各得其和以生"（《荀子·天论》），都是以"和"与"同"来探索为人的标准、事物的产生和万物的起源。而老子则以"和"为基础对宇宙的起源做出了更为系统的表述，将"道"看作是万物的起源，在"道"中蕴含着阴与阳："万物负阴而抱阳，冲气以为和"，也就是说事物具有对立的方面，但却能够在不断地冲撞之中调和生物，可见"道"生万物的动力乃为"和"，而之后的"太极"、朱熹的理学等等都是以这样的思想为基础。同时在春秋时期，由于周王室衰微、原本以"礼"和血缘联系的诸侯国开始"礼崩乐坏",该如何维护国家的统治、社会的安稳,各派思想家开始做出自己的理论回答。孔子继承了周朝以来"道德礼法"的文化习俗,创建了以"仁""礼"为核心的儒家学派,在如何施行孔子最为看重的"礼"的问题上,他说:"礼之用,和为贵。先王之道,斯为美;小大由之。有所不行,知和而和,不以礼节之,亦不可行也。"(《论语·学而》),孔子认为君主治国最关键的就是要能够从容中和,并能够用礼法来规范,二者彼此依存。到了战国时代,战争连年不断,孔子思想的继承者孟子提出了"天时不如地利,地利不如人和"(《孟子》),将人心团结作为取得胜利最重要的因素,荀子也指出"和则一,一则多力,多力则强,强则胜物"(《荀子·王制》),"和"是自然万物得以产生和发展的基础和规律,是人规范自身、协调人与自然及人与人关系、治理国家的标准,既是对跟人道德素质的要求,也是政治上的管理理念。

中国"和"的价值核心产生有许多原因,其一,与我国农业文明的发展是离不开的,中华文明起源于黄河流域的农耕文化,认为只有融入自然之中并与之相和谐,才能够得以生存;其二,中国古代社会是以血缘为纽带联系社会等级的,极其重视道德礼法,人民犹如一家人一样和谐共处的人伦和谐观是人们对社会发展的价值追求;其三,正所谓"四海之内皆兄弟"(《论语·颜渊》),"和"上升为一种国家的管理理念,团结相助,不仅能够使社会安稳还能够使国家强大、国与国和谐共处。也正是由于"和"对中国古代人民来说既是解答宇宙奥秘的原因,又是人与人相处的标准,更是国家治理的关键,所以"和"始终延续在中国古代思想家的思想观念之中,成为民族精神的重要组成部分。需要强调的是,中国的"和"所包含了三层含义:第一是相安、平稳、均衡,讲求和睦、和平、和美、祥和,这就要求个人或国家大度、宽容、稳重,具有较高的素养;第二是团结、上下一心、共同进退,讲求和衷共济、同心合力,这就要求人们面对集体或国家时,能够将"我"和"你"作为一个整体性概念,避免不必要的纷争,也能共同面对困难；第三，是要协调，这就是说"和"并不是一味求全、求同，而是"调"的作用下达到相容、和谐，就是说如何将不同的事物，甚至相冲突的彼此，通过一定方式巧妙地结合在一起，达成和谐的统一体或产生新的事物才是真正的"和"。因此，如果说"大同社会"是由于战乱和纷争使古代人民产生美好生活的伦理向往，那么"和谐"就是中国古代伦理的价值目标，"人与自然的和谐、人与人的和谐、人与社会的和谐"观念根植于中国人的思维方式、民主精神、行为取向之中，是中国传统文化的核心价值。

（三）"仁"的集体主义价值取向

以"仁"为脉络的思想体系是中国传统文化中非常重要的组成部分，"仁"字早在《诗经》中就有出现："洵美且仁""其人美且仁"，都是对人褒奖、赞美之意。后来孔子将"仁"作为其思想的核心内容，"仁"开始成为一个范畴而带有丰富的意蕴，主要表达儒家学说对个人道德、人际关系、社会秩序的价值取向。一方面，从个人层面来说，孔子将"仁"作为高尚道德的标准，是具有高素质、高境界人格魅力的"君子"的基础要求。"志士仁人，无求生以害仁，有杀身以成仁"（《论语·卫灵公》）、"博学而笃志，切问而近思，仁在其中矣"（《论语·微子》）、"富与贵，是人所欲也；不以其道得之，不处也。贫与贱，是人之所恶也；不以其道得之，不去也。君子去仁，恶乎成名？君子无终食之间违仁，造次必于是，颠沛必于是"（《论语·里仁》），都是在描述什么是"仁人"（也就是君子）应该遵循的道德情操和方式方法。另一方面，"仁"也是人与社会关系的概括。子曰"己所不欲，勿施于人"（《论语》）"夫仁者，己欲立而立人，己欲达而达人"（《论语·雍也》），意思就是说，仁德，就是自己不喜欢的也不要强加给别人，自己想要"立"和"达"就要使别人也如此，能够推己及人、将心比心，站在对方的角度思考问题，才是真正的"仁者"。这也就要求了人应该怎样对待自己和他人，怎样处理自己和他人的关系，要理解他人、尊重他人、为他人着想，互存、互助、互敬、互爱。

那么在孔子的思想当中，为什么这么重视他人的作用，存在着明显的集体主义倾向呢？第一，子曰"德不孤，必有邻"（《论语·里仁》）、"君子以文会友，以友辅仁"（《论语·颜渊》），就是人不但是个体存在的，个人与他人必须相互依赖，才能不会感到孤单，以"仁"会友、志同道合，首先提升了自己的德行，那么自然会吸引同样品德高尚、性情温良的朋友，以共同创建积极、良好的共同生活。第二，孔子的学说离不开道德伦常，孔子所探讨的问题都是人与人之间的相互关系，即君臣、父子、夫妻、兄弟、朋友，包括"仁"说，事实上以"仁"作为自己的道德标准和为人处世的准则就是要人们肩负起人在群体生活中的责任与义务，是一种道德上的规范，既对个人的行为做出了道德上的要求，也将"仁"作为群体社会的道德规范，通过个人道德上的完善促进和维护人与人彼此的关系，使人对于相互关系上的道德认同，上升到对整体社会的道德认同，从而完善由人组成的群体社会。第三，"仁"是非功利的，是对人精神道德素养的要求。子曰"君子喻于义，小人喻于利"（《论语·里仁》）、"君子谋道不谋食，君子忧道不忧贫"（《论语·卫灵公》），对于"君子"来说，要正当的取得财富，当"利"与"义""道"，也就是"仁"相冲突的时候，一定是取仁而舍义，"不义而富且贵，于我如浮云"，（《论语·述而》）宁愿"饭疏食饮水，曲肱而枕之"（《论语·述而》），也会"乐亦在其中"（《论语·述而》）。总之，孔子的思想"和"与"礼"是"仁"的外在表现，"仁"是其思想的核心和实质，主要解决了人的道德情操提升、从个人的道德标准演进到人与人之间的关系处理进而上升到社会的秩序规范、人应该以什么样的态度面对道德与利益的关系等问题，为人们提供的道德价值的信仰支撑，成为中国"集体主义"价值观的重要组成部分。

二、马克思主义经典作家的社会主义价值思想

在社会主义发展史上，其早期的表现形式是空想社会主义，虽然它

以作为揭露和消除资本主义弊端的思想学说出现，但是受到唯心史观的影响，空想社会主义是无法真正揭示资本主义本质和人类社会的发展规律的。直到1848年，社会主义发展史上出现了重要的第一次转折，那就是马克思和恩格斯《共产党宣言》的发表，自此社会主义开始拨开"乌托邦寓言的云雾"，由空想走向了科学，并随着社会历史的发展和无产阶级运动的变化在马克思主义经典作家的思维激荡下不断丰富完善，通过实践的反复论证、现实的严峻考验，成为指导我国社会主义建设的重要思想指南。在马克思主义经典作家的文献中，虽然鲜有明确提及社会主义价值观的概念，但实际上他们的思想蕴含着丰富的社会主义价值思想，也是其思想本质内涵的体现，是社会主义的灵魂所在。因此，科学阐释马克思主义经典作家的社会主义价值观，是引领价值问题的研究方向和目标的关键，也是指导构建大学生核心价值观的理论根基。

（一）马克思主义经典作家社会主义价值思想的本质和内涵

马克思说："即使我的书中根本没有论'价值'的一章，我对现实关系所做的分析仍然会包含对实在的价值关系的论证和说明。"的确，马克思和恩格斯的论著中并没有直接论述他的价值观的文字（列宁也是如此），但是马克思两个最重要的理论发现——唯物史观和剩余价值理论，无论哪一个离开了人的价值活动都是不能成立的，而马克思和恩格斯一生所致力追求的"人的全面而自由的发展"正是他们最高的价值目标，那么我们对马克思和恩格斯的社会主义价值观的辩证分析和正确把握恰恰就是对社会主义核心价值体系最本质的追溯。

1. 马克思主义经典作家对"价值"本质的理解——以人的实践活动创造价值为基础

马克思、恩格斯开创了科学社会主义，要分析他们的社会主义价值观，就必须先阐释马克思、恩格斯对于价值本质的理解。我们知道，马克思和恩格斯都生长在尊崇哲学精神的德国，在早期深受黑格尔和费尔巴哈的影响，注重哲学意识形态上的研究，然而随着资本主义基本矛盾的暴露，马克思、恩格斯开始同情劳动人民，更加重视现实生产和实践，逐渐将哲学运用到经济学领域，又将人的劳动生产和实践运用到哲学中去，创立了马克思主义政治经济学和唯物史观，因此马克思、恩格斯对"价值"的理解既是经济学的价值与劳动、与人的关系体现，又具有哲学中关于价值问题的透彻性和本质性。

马克思、恩格斯在《德意志意识形态》中指出："人们为了能够'创造历史'，必须能够生活。但是为了生活，首先就需要吃喝住穿以及其他一些东西。因此第一个历史活动就是生产满足这些需要的资料，即生产物质生活本身。"这里的"生产物质生活本身"就是人类的劳动，那么劳动作为人类生存甚至是创造历史的基础，与价值又有什么关系呢？马克思在《资本论》中指出："使用价值或财物具有价值，只是因为有抽象人类劳动对象化或物质化在里面。""商品价值体现的是人类劳动本身，是一般人类劳动的耗费。"由此可见，在马克思、恩格斯那里，劳动是使"物"具有价值的真正原因，所谓商品的使用价值和货币的交换意义，都是建立在为了满足人的需要而生产劳动的基础上的，也就是说不论是必需的生产生活资料价值还是剩余价值都是人类劳动的结果，因此可以说是劳动创造了价值马克思、恩格斯对"价值"本质的认识即从劳动学说而来，将"价值"这个最初的经济学概念与人结合起来，并将价值的"物"与"人"的关系转移到本质上创造价值的"人"与"人"的关系上。但是人的价值并不等同于物的价值或创造物的价值，马克思、恩格斯认为："当人开始生产自己的生活资料的时候，这一步是由他们的肉体组织所决定的，人本身就开始把自己和动物区别开来。人们生产自己的生活资料，同时间接地生产着自己的物质生活本身。"人会生产实践是与动物的本质区别，人在劳动的过程中不仅获得了物的价值，更是实现了人之为人的价值。然后，我们再回到最初的"生产物质生活本身"，它的目的是要"满足这些需要的资料"，也就是"吃喝住穿以及其他一些东西",那么人的这种需要就成了劳动基础动力,即使随着社会生产的发展,一个需要被满足而新的需要又出现,甚至个人的"吃喝住穿"的自然需要开始演变成为由人与人组成的社会的需要,需要都是人的劳动与历史发展的源头。这样,我们也能够了解马克思、恩格斯的"价值"思想不是脱离实际的唯心幻想,而是建立在对所处的资本主义国家生产力发展的实际状况认识基础之上的,是根据现实的人及其所处的实际情况充分分析形成的关于人的本质的基本思想的,是立足于人类社会生产规律和人的实践活动凝练基础的,是根本依托于唯物史观理论的唯物主义思想范畴。

马克思说"全部社会生活在本质上是实践的",所以,我们可以将"人的劳动生产"更确切地理解为人的"实践活动"。那么,"需要"使人开始生产劳动,或者我们可以称之为"实践的人的活动",使"物"具有了价值,即人作为劳动主体创造了价值,包括物的价值和自我精神的价值,而人的需要就是衡量价值的判断尺度,也就是说这种实践活动是否满足了最初的物质或精神需要,并会在满足需要后不断确定自我的价值。人离开了生产劳动,也就是社会实践,便无法对客观世界进行改造,人的价值要在生产劳动的过程中实现,并在实践的过程中逐渐地认识世界和改造世界,人的存在就在人的实践过程中显现,人的价值也就在人的存在和实践中得以凸显和满足。

2. 马克思主义经典作家社会主义价值思想的内涵——以人的自由而全面的发展为价值目标

既然马克思、恩格斯对"价值"本质的理解是基于人为了满足需要,以实践活动所创造的物质或精神财富为基础,那么人创造价值,根本目的就是要享用价值,如果变成了一种"异化劳动"或剥削关系,人就不能真正实现价值,所以马克思、恩格斯一生致力于的理想目标就是要实现"人的自由而全面的发展",也就是人能够自由地根据需要进行社会实践,"我有可能随自己的兴趣,今天干这事,明天干那事,上午打猎,下午捕鱼,傍晚从事畜牧,晚饭后从事批判",这时社会生产力高度发展,人们可以实现丰富的普遍交往,获得可以自由支配的时间,根据需要支配生产资料,消除了剥削和阶级,实现真正的占有所创造的价值。因此可以说马克思、恩格斯价值取向就是为了大多数的"人"得到真正的解放,不难理解这个大多数的"人"就是指无产阶级,马克思、恩格斯的学说和思想就是为无产阶级利益服务的,他的最高价值目标就是如何实现"人的自由而全面的发展"。

马克思、恩格斯的价值目标不是生而就有的,从《黑格尔法哲学批判》《关于费尔巴哈的提纲》《德意志意识形态》等等到《资本论》,无论是哲学上的还是经济学上的,马克思、恩格斯考察背景是基于资本主义制度下的经济和现实的、实践的人,关注目光从德国发展到全人类,可以说马克思、恩格斯价值目标的形成,是在对资本主义制度的基本矛盾和人类社会发展的规律研究中逐渐形成的结果,而这样的终极价值目标又促使马克思、恩格斯不断地关注着其实现的方法。马克思、恩格斯是具有唯物意识的实践的人,他绝不会让自己的价值目标变成空谈,他发现只有生产力的高度发展才是人的自由和全面发展的基础条件,资本主义生产社会化和生产资料高度集中的矛盾,限制了生产力的进一步发展,使人处于被剥削和被压迫的状态,这样首先就需要将人从这种状态下解脱出来,即由无产阶级夺取政权,消灭私有制,消灭阶级,解放生产资料推动生产力的发展,显这要建立一个新的社会。他认为,"代替那存在着阶级和阶级对立的资产阶级旧社会的,将是这样一个联合体,在那里,每个人的自由发展是一切人的自由发展的条件。"马克思也曾这样论述人达到自由而全面发展的三个阶段:"人的依赖关系(起初完全是自然发生的),是最初的社会形式,在这种形式下,人的生产能力只是在狭小的范围内和孤立的地点上发展着。以物的依赖性为基础的人的独立性,是第二大形式,在这种形式下,才形成普遍的社会物质交换、全面的关系、多方面的需求以及全面的能力的体系。建立在个人全面发展和他们共同的、社会的生产能力成为从属于他们的社会财富这一基础上的自由个性，是第三个阶段。第二阶段为第三个阶段创造条件。"这里第一阶段是指资本主义社会之前生产力较为落后的原始社会、封建社会等，第二阶段则是商品经济迅速发展、世界市场开始出现的资本主义社会，而建立在第二个阶段生产力发展基础之上的第三个阶段，就是马克思最终追求的"联合体"。为了实现这个"联合体"，马克思、恩格斯着力对当时资本主义制度、生产关系以及思想观念进行揭露和批判，对新的社会蓝图进行探索和构想，对实现新社会的依靠群体、方法、途径进行分析和指导等等，形成了一系列的思想学说，这就是科学社会主义，并对此做了明确的总结，"共产主义是关于无产阶级解放的条件的学说"，这个终极目标也是价值支撑就是实现"人的全面而自由的发展"。

马克思、恩格斯在有生之年一直都在努力使社会主义实现科学化，根据资本主义的发展和无产阶级运动不断完善社会主义的思想理论体系。思想体系是人对实际社会的抽象理论反映，这种抽象是人们认识世界的方式，但不仅是对现有世界"存在"的认识，即对社会现实的反映，还包含对社会发展规律的推断性"未知"认识，即一种社会的理想意识，反映了社会的价值现象，其最终目的是要改造世界。因此思想体系的目的是努力从既然事实走向价值意识，显现出一种理想、信念的某种价值观高度，构成思想体系的内核。马克思、恩格斯的思想体系也是如此，通过对资本主义思想体系、生产关系、社会制度的批判和对人类社会发展规律的揭示，对社会主义价值进行了合理的论证，对社会主义社会的设计、无产阶级夺取政权的方法和手段的阐述，不仅丰富了对社会主义价值的内容，而且论证了价值目标实现途径、方法、手段。因此马克思、恩格斯的社会主义思想体系的内核就是其社会主义价值观。但需要说明的是，马克思、恩格斯的社会主义思想体系绝不等同于其社会主义价值观，马克思、恩格斯的思想体系是近代以来最复杂和精深的学说之一，包含了哲学、政治、经济、社会等广泛的学科领域，其发现的唯物史观和剩余价值理论以及创立的科学社会主义，正是基于唯物史观的视角，马克思、恩格斯的社会主义学说始终以一种发展的、辩证的形态出现，以实践的、现实的角度关怀着人的终极价值，坚持科学的、客观的对人类社会的发展规律进行阐释，是人类思想历史上的伟大成就。

（二）马克思和恩格斯的社会主义价值思想

在确定了社会主义的本质价值的前提下，马克思和恩格斯在唯物史观的基础上，从人类社会发展和人的发展相统一的角度，通过对资本主义制度的批判和揭露、对无产阶级取得革命胜利的途径、方法的论证，对社会主义社会的论述和描绘，围绕其社会主义核心价值观进行了具体的论述，从批判中发现新世界，从规律中探索新社会，展现了社会主义核心价值思想的内容。

1. 社会主义必将代替资本主义的基本价值信念

马克思和恩格斯的社会主义首先建立在对现实的考察基础之上，以唯物史观的角度塑造社会主义价值思想。需要说明的是，在《共产党宣言》中，马克思和恩格斯对"反动的社会主义"做了本质批判和揭示，为了同这些其他社会主义划清界限，马克思和恩格斯早期并没有直接使用"社会主义"一词，而是以"共产主义"作以区分，直到19世纪60、70年代，社会主义运动几乎完全被马克思主义的共产主义运动所取代，"社会主义"一词才开始比较广泛的被马克思和恩格斯使用。因此，在马克思和恩格斯的早期经典著作里，"社会主义"和"共产主义"在一定含义上具有相同性。马克思恩格斯在考察人类社会历史的发展以及对空想社会主义以来其他流派对社会主义理论的构想本质，发现了人类社会发展的基本规律。他们指出，社会真正的自由发展归根结底由生产力的发展水平要同与之相适应的生产关系是否和谐发展决定，二者任何一方面受到制约就会产生矛盾，也正是由于生产力和生产关系的矛盾不断推动着人类社会的发展。从启蒙运动时期打破封建观念的"天赋人权"学说到"个人财产神圣不得侵犯",资本主义社会的意识形态维护的是资本的自由,其法律、制度维护的是资本家如何获得更多的剩余价值。马克思和恩格斯指出,在资本主义制度下,人的劳动与人是相异化的,资本主义社会生产资料高度集中,制约生产力的发展,与生产社会化的要求相矛盾,这是资本主义生产方式的基本矛盾,生产力发展越快,其受到生产关系的制约就越明显,与其他社会形式一样,生产力必将打破资本主义生产关系的束缚。马克思和恩格斯的科学社会主义就是根据人类社会发展的基本规律,强调"它(共产主义社会)同现存制度的具有决定意义的差别当然在于,在实行全部生产资料公有制(先是单个国家实行)的基础上组织生产"的生产力如何与生产关系相适应,强调"共产党可以把自己的理论概括为一句话:消灭私有制",从而实现"人以一种全面的方式,就是说,作为一个总体的人,占有自己的全面的本质"。人是现实的人、是实践的人、社会的人,人为了生活,首先就需要吃喝住穿以及其他一些东西,但"人的本质不是单个人所固有的抽象物,在其现实性上,它是一切社会关系的总和。"也就是说在社会主义社会中,人的个人价值与人的社会价值真正地得到统一。因此社会主义是社会发展规律和人类历史发展的必然结果。

2. 为无产阶级利益和人类解放服务的价值取向

"至今一切社会的历史都是阶级斗争的历史",虽然资产阶级以生产力的迅速发展和科技的力量,摧毁了封建的阶级关系,"资产阶级曾经在历史上产生过非常革命的作用","资产阶级在它的不到一百年的阶级统治中所创造的生产力,比过去一切时代创造的全部生产力还要多、还要大",但仍将工人和最广大的人民群众作为最大限度榨取剩余价值谋取财富的工具,"一切提高社会劳动生产力的方法都是靠牺牲工人个人来实现的;一切发展生产的手段都变成统治和剥削生产者的手段,都使工人畸形发展",无产阶级就是这样同资产阶级一起产生和发展起来的。恩格斯曾经这样明确地定位资产阶级和无产阶级："资产阶级是指占有社会生产资料并使用雇佣劳动的现代资本家阶级。无产阶级是指没有自己的生产资料，因而不得不出卖劳动来维持生活的现代雇佣工人阶级"，资产阶级是社会的少数人群，"无产阶级的运动是绝大多数人的、为绝大多数人谋利益的独立的运动"。那么什么是绝大多数人的根本利益？我们先来看看马克思和恩格斯是如何看待人的本质问题的。

马克思、恩格斯从现实的人出发，克服了费尔巴哈人本主义的局限性。首先，马克思对人的本质理解的立足点是"现实的人"。马克思说："前提是人，但不是处在某种虚幻的利群索居和固定不变状态中的人，而是处于现实的、可以通过经验观察到的、在一定条件下进行发展过程的人"，"因此我们首先应当确定一切人类生存的第一个前提，也就是一切历史的第一个前提，这个前提是：人们为了能够'创造历史'，必须能够生活。但是为了生活，首先就需要吃喝住穿以及其他一些东西。"也就是说，人并不能抽象于世界之外而存在，人就是人的世界，是"类存在物"。因此马克思在讨论人的本质这一问题时都以"现实的人"组成的人类社会为前提。第二，马克思以人的实践活动为逻辑起点阐述人的本质问题。既然人是"现实的人"，那么人类"第一个历史活动就是生产满足这些需要的资料，即生产物质生活本身"，即人需要为满足自身需要而从事实践活动。人不仅为了需要而成为实践的"动物"，更是在思维上具有实践性的追求真理的人，马克思在《关于费尔巴哈的提纲》中说："人的思维是否具有客观的真理性，这不是一个理论的问题，而是一个实践的问题。人应该在实践中证明自己思维的真理性。"所以人离开物质生产所形成的物质生活，就无法生存；离开了人的感性实践，就难以理解人存在的历史本质，人之为人，无论是在满足需要的自然性上还是在思维上，都是实践的。第三，马克思将人的一切社会关系作为人存在的本质形式。人的交往活动首先存在于"重新生产自己生命的人们开始生产另外一些人,即繁殖",也就是夫妻、父母、子女之间的家庭关系。现实的人在满足最基本需要的过程中,又会引起新的需要而不断的扩大生产,由于人口的不断增多和不断地满足新的需要和生产活动,人逐渐走出家庭关系扩大了交往活动,"这样,生命的生产……就立即表现为双重关系:一方面是自然关系,另一方面是社会关系"。马克思在《关于费尔巴哈的提纲》中,对人的这种社会性的本质做出了经典的论述:"人的本质不是单个人所固有的抽象物,在其现实性上,它是一切社会关系的总和。"在马克思以后的研究中,始终都是着眼于人的社会关系的发展和在发展过程中人的历史联系,将人置于社会生产关系和实际的经济生活中揭示人的活动和社会的发展规律,从不同社会形态和社会结构中分析人的本质和本性的。

既然人是现实的、实践的、社会的人,那么人的解放就是要消除异化、消灭阶级,将人从被剥削、被压抑的生产生活方式中解放出来,真正地占有自己,实现人之为人的本质,这样就又会回到了马克思恩格斯社会主义的价值目标——实现人的全面而自由的发展。那么人究竟怎么才能获得解放,实现全面自由的发展呢?首先,人的需要实现全面发展。人的现实性、实践性、社会性的本质说明人具有生理的需要、精神的需要、社会交往的需要,并在一种需要满足时会产生新的需要。这种需要也会根据生产力的发展而不断发展,推动着生产技术的提高和社会的进步,从而成为推动历史发展进程的重要因素。在资本主义社会之前人类的生理物质需要是首要问题,但是随着资本主义的出现,生产力的高速发展,人们在物质上逐渐获得了极大的满足,但是阶级矛盾产生的体力和精神的压迫使人们痛苦,如何获得精神需要实现自身价值成为追求。而到了共产主义社会,生产力发展不受束缚而高度发达,社会产品极大丰富,消除了两极分化和剥削,人们的物质、精神、交往等各方面需要都将得到满足。可见人要实现全面发展,就要满足人的本质上的各种需要,单纯的某一方面得到了提高并不能获得真正的解放。第二,人的社会关系的全面发展。马克思认为"个人的全面性不是想象的或设想的全面性，而是他的现实关系和观念关系的全面性"。人在满足自身需要的同时必然要进行各种实践活动，随着实践活动的不断发展，人的交往日益广泛，出现了社会关系，使人得了不同社会角色的分工。当人的社会关系发展到一定程度时，人一方面就可以摆脱地域、职业、能力等狭隘的限制，而是"任何人都没有特殊的活动范围，而是都可以在任何部门内发展，社会调节着整个生产，因而使我有可能随自己的兴趣今天干这事，明天干那事……"；另一方面，人可以改变社会阶级带来的建立在压迫和剥削基础上的限制，真正根据需要来发展自身，从而获得真正的全面发展。第三，人的能力和个性的全面发展。人的能力和个性的全面发展是"人的全面发展"的关键核心。随着社会生产力的发展，人的活动逐渐多样化，人的能力得到普遍提高，首先表现出来的就是人的脑力和体力的不断提高。脑力的不断提高使人能够不断制造更新更好的生产工具提高生产效率，优化生活；体力的不断提升使人能够健康发展，熟练掌握生产技术。但是脑体分工的出现，是造成两极分化私有制的原因之一，因此马克思强调"我们把劳动力或劳动能力，理解为人的身体即活的人体中存在的、每当人生产某种使用价值时就运用的体力和智力的总和"，将脑力与体力协调统一发展。同时马克思理想的生活是"上午打猎，下午捕鱼，傍晚从事畜牧，晚饭后从事批判"，这种社会活动的自由化也要求人能力的全方面发展，不仅是"打猎""捕鱼"等技术性能力的提高，还需要具备"谈判"等高素质的政治力、思想力等。另外，丰富的社会活动时根据"自己的兴趣"进行自由选择的，并非模式化、统一化的，人的自主性、能动性、创造性得到高度发展，呈现与众不同的差异性，是社会充满生机和活力，促进社会的进步，保障人的全面自由发展。

可以说马克思、恩格斯关于社会主义和无产阶级政党的学说，始终是从社会与人的发展彼此统一的角度进行分析考察的，出发点和落脚点都是人的全面发展，其代表的无产阶级利益和为了人类解放作为核心的价值取向，决定着社会主义就是以唯物史观为理论基础，以人的全面发展为条件和目标，代表无产阶级的利益，论述社会主义产生和发展规律，是关于无产阶级和人类社会解放的学说。

3. 实现社会平等的价值理念

在马克思恩格斯那里，未来社会是"自由人的联合体"，这个联合体没有阶级、没有剥削，实现了真正的自由和平等，"平等，作为共产主义的基础，是共产主义的政治的论据"。这里的"平等"区别于以往任何一个时代的喊着自由平等口号却为资本剥削服务的相对平等，而是使人们摆脱了物对人的统治、人对人的奴役、消除异化劳动的本质上的平等。

在马克思、恩格斯的著作中多次使用过"平等""公平"等词，他们说："平等的观念，无论以资产阶级的形式出现，还是以无产阶级的形式出现，本身都是一种历史的产物，这一观念的形成，需要一定的历史条件，这种历史条件本身又以长期的以往的历史为前提。"可见，在马克思恩格斯那里，"平等"是一个历史范畴："希腊人和罗马人的公平认为奴隶制度是公平的；1789年资产者的公平要求废除封建制度，因为据说它不公平。在普鲁士的容克看来，甚至可怜的行政区域条例也是对永恒公平的破坏。所以，关于永恒公平的观念不仅因时因地而变，甚至也因人而异"，封建主义社会的"平等"是神权、世袭专制之间的平等，而对于其他大多数根本无从谈起；而资本主义社会的"平等"——"归结为法律面前的资产阶级的平等"，是生产资料占有者等价交换，其榨取剩余价值的目的根本不可能将"平等"应用于劳动生产者。人的经济地位决定了平等的性质，"平等"在本质上说是经济关系与统治阶级利益之间的反映，恩格斯说："只要是谈到道德，杜林就能够认为他们是平等的，但是涉及经济学，那就不是这样了。"因此马克思和恩格斯将物质基础作为无产阶级革命和社会主义社会建设的关键环节，认为只有生产力普遍、透彻的发展，人与人之间的平等才能建立起来，而无产阶级追求的平等，是基于社会主义价值目标之上的，是要在生产力发展的基础上消灭阶级和阶级差别，实现了人的经济平等这一"平等"的关键所在，"无产阶级平等要求的实际内容都是消灭阶级的要求。任何超出这个范围的平等要求，都必然要流于荒谬"。但是马克思和恩格斯并不赞同抽象的"平等"与"公平"，社会主义社会的平等区别于原始社会的绝对平均分配，而是有着不同的实现阶段。"我们这里所说的是这样的共产主义社会，它不是在它自身基础上已经发展了的，恰恰相反，是刚刚从资本主义社会中产生出来的，因此它在各方面，在经济、道德和精神方面都还带着它脱胎出来的那个旧社会的痕迹。所以，每一个生产者，在作了各项扣除以后，从社会领回的，正好是他给予社会的。他给予社会的，就他个人的劳动量。"在社会主义社会，尤其是"共产主义第一阶段"，仍然还存在一些资本主义的"弊病"，这是社会发展的过程中所不可避免的，因为"权利决不能超出社会的经济结构以及由经济结构制约的社会的文化发展"。但是在"共产主义社会高级阶段"，分工已经消失，人们的劳动已经不再是为了谋生，而是为了人的全面发展，生产力不断发展，集体的财富不断积累，社会发展"超出资产阶级权利的狭隘眼界，社会才能在自己的旗帜上写上：各尽所能，按需分配！"可见，即使到了社会主义高级阶段，马克思恩格斯强调的仍然是"各尽所能，按需分配"，社会主义的"平等"不是抽象的、概念上的平均分配，而是现实的、具体的、公平的分配方式，这种方式是依托于生产力的高度发展，因此在实现真正平等的同时，人们自然也就实现了共同富裕。

4. 社会主义价值的实现手段和斗争方式

在资本主义社会中，无产阶级没有生产资料，在经济上、政治上都处于社会的最底层，随着无产阶级队伍的不断扩大和阶级运动的发展，"工人开始成立反对资产者的同盟"，并且在斗争中认识到工人群众团结的重要性，意识到建立无产阶级政党的重要性，使地方性的反抗资本家的斗争逐渐汇聚成全国性的阶级斗争，真正将无产阶级的力量团结起来。无产阶级政党的建立是推翻资产阶级统治，实现社会主义价值的第一步，而它取得胜利的方式，马克思和恩格斯也进行了特别强调："共产党人不屑于隐瞒自己的观点和意图。他们公开宣布：他们的目的只有暴力推翻全部现存的社会制度才能达到。"马克思在《国际工人协会共同章程》中也指出，"工人阶级的解放应该由工人阶级自己去争取；工人阶级的解放斗争不是要争取阶级特权和垄断权，而是要争取平等的权利和义务，并消灭一切阶级统治"，"因而工人阶级的经济解放是一项伟大的目标，一切政治运动都应该作为手段服从于这一目标"，无产阶级必须要用暴力革命的方式推翻资产阶级，在政治上建立自己的统治，在经济上结束受剥削的境遇。政治上的斗争和经济上的斗争缺一不可，相辅相成，因为"工人革命的第一步就是无产阶级上升为统治阶级，争得民主"，同时"生产者只有在占有生产资料时才能自由，解放生产力促进其与生产关系的协调发展"。政治上的民主和经济上的自由同时满足是获得无产阶级解放的先决条件，无产阶级的最终目标是在政治上要消灭一切阶级，消灭一切阶级差别和产生阶级的条件，包括无产阶级自己；在经济上消灭生产资料私有制，将生产资料归为社会所有，最后消灭国家，建立"每个人的自由发展是一切人的自由发展的条件"的联合体。

除了武装暴力革命外，马克思和恩格斯还非常重视意识形态领域内的斗争。早在1843年马克思就指出："哲学把无产阶级当作自己的物质武器，同样，无产阶级也把哲学当作自己的精神武器"，"批判的武器当然不能代替武器的批判，物质力量只能用物质力量来摧毁；但是理论一经掌握群众，也会变成物质力量。"可见精神武器在无产阶级斗争中的重要意义。在《共产党宣言中》马克思和恩格斯也指出"教育因素"是促使工人阶级在政治上成熟的重要因素之一，而马克思主义理论也正是通过彻底的理论说服了群众。马克思和恩格斯充分认识到思想力量的巨大，想尽一切办法和途径进行理论的宣传，通过《新莱茵报》在德国宣传社会主义思想，启发工农群众的斗争意识，将《共产党宣言》等经典著作印刷成为各国语言，鼓舞共产主义者的信心和勇气，为了改组"正义者同盟"举办讲座作以动员，正如恩格斯所说"我们通过口头、书信和报刊，影响着最杰出的盟员的理论观点"。同时，马克思和恩格斯强调了宣传方式的重要性以及理论教育和实践结合的有效性，"生产劳动同智育和体育相结合，它不仅是提高社会产的一种方法，而且是造就全面发展的人的唯一方法。"正确的理论思想和教育方法不仅能够争取广大人民群众的支持，而且无产阶级所接受的社会主义思想和共产主义思想越多，革命中的流血、报复和残酷性就越少，正是由于社会主义正确理论的指导，才为无产阶级斗争指明了策略和方法，也再一次证明了社会主义学说中价值观念的重要指导意义。

（三）列宁的社会主义价值思想

作为伟大的马克思主义者，列宁将马克思主义基本理论同俄国具体实践和时代特点相结合，领导俄国的无产阶级革命取得胜利，将社会主义从理论变为现实，但这一胜利却并没有验证马克思和恩格斯的预言，即社会主义革命将在具有适当物质基础的资本主义发达国家率先取得胜利。如果说马克思和恩格斯对什么是社会主义和怎样建设社会主义，提出了理论上原则性的构想，那么列宁就是从实践上对社会主义建设探索提供理论指导，尤其对社会主义过渡性问题上进行了创新，回答了社会主义价值观与现实基础差异的认识以及处理办法，推进了马克思和恩格斯社会主义理论的丰富和发展。

列宁是马克思主义理论的践行者，接受并认同马克思和恩格斯的社会主义价值取向和目标，在1902年起草俄国社会民主工党的纲领时，指出要"以保证社会全体成员的充分福利和自由的全面发展"，并在《国家与革命》《共青团的任务》等文献中系统地论述了学习马克思主义理论的重要性，阐述了马克思主义关于无产阶级革命和国家学说，分析了共产主义社会的阶段性发展特征，提出："消灭人与人之间的分工，教育、训练和培养出全面发展的和受到全面训练的人，即会做一切工作的人。共产主义正在向这个目标前进。"在这样的社会主义价值目标和正确接受马克思主义理论的前提下，列宁的社会主义建设思想、政策方针、教育方法都闪烁着马克思恩格斯社会主义价值观的光芒。

1. "一国胜利"的落后国家无产阶级革命新思想

对于无产阶级革命的发生发展，马克思和恩格斯是这样认为的，共产主义只有作为占统治地位的各民族"一下子"同时发生的行动，在经验上才是可能的。共产主义革命将不是仅仅一个国家的革命，而是将在一切文明国家里，至少在英国、美国、法国、德国同时发生的革命。学界将马克思和恩格斯对无产阶级革命的推断称之为"同时发生"论，这是因为马克思和恩格斯认为社会主义只能建设在"在资本主义时代的成就的基础上"，否则难以具备足够的客观物质基础进行社会的发展。即使带有"同时发生"的思想，恩格斯也承认："这些国家的每一个国家中，共产主义革命发展得较快或较慢，要看这个国家是否有较发达的工业，较多的财富和比较大量的生产力。因此，在德国实现共产主义革命最慢最困难，在英国最快最容易。"然而巴黎公社革命之后，其他欧洲国家的无产阶级并没有马上行动起来，使马克思和恩格斯开始总结经验教训，将组建国际无产阶级政党的目光转向在各国建立无产阶级政党。随着无产阶级革命的发展，恩格斯根据革命现实做出了社会主义将"先是单个国家实行"的论述，但究其本质还是继承了马克思的"同时发生"论："欧洲工人阶级的胜利，不是仅仅取决于英国。至少需要英法德三国的共同努力，才能保证胜利。尽管如此，马克思和恩格斯对无产阶级革命的本质、革命胜利的条件和手段，以及恩格斯晚年根据无产阶级革命运动新形势做出的阐述，都为列宁的社会主义思想的产生和发展奠定了重要的基础。

列宁基于唯物史观的角度科学的继承、发展了马克思主义，实现了社会主义从理论到现实的转变。第一次世界战争爆发，帝国主义之间的矛盾激化，战争一方面带给人民无尽的痛苦，一方面削弱了各帝国主义国家的力量，无产阶级革命运动不断掀起高潮，同时列宁在研究帝国主义政治、经济中发现其并不是均衡发展的。在这一背景下，列宁逐渐确立了无产阶级革命有可能在一个国家或经济落后国家胜利的思想，并在1915年《论欧洲联邦口号》中首次表明这一思想，"经济和政治发展的不平衡是资本主义的绝对规律。由此就应得出结论：社会主义可能首先在少数甚至在单独一个资本主义国家内获得胜利。"后来在《无产阶级军事纲领》中更加明确地说："社会主义不能在所有国家内同时获得胜利。它将首先在一个或者几个国家内获得胜利，而其余的国家在一段时间内将仍然是资产阶级的或资产阶级以前的国家。"在这样的思想引领下，列宁带领俄国并影响许多经济落后的国家先后取得无产阶级革命的胜利。学界中尚有对"同时发生"和"一国胜利"的争论，探讨列宁是否背离了马克思主义，笔者认为列宁创造性地发展了马克思主义，他注意到了马克思和恩格斯社会主义理论背后的价值观，一是以唯物史观为前提，这就要承认事物的特殊性与发展性；二是要以无产阶级的解放和人的全面而自由发展为价值目标。列宁的"一国胜利"论就是基于这两个前提之下发展形成的，他说："一切民族都将走向社会主义，这是不可避免的，但是一切民族的走法却不会完全一样，在民主的这种或那种形式上，在无产阶级专政的这种或那种形态上，在社会生活各方面的社会主义改造的速度上，每个民族都会有自己的特点。并指出："在东方那些人口无比众多、社会情况无比复杂的国家里，今后的革命无疑会比俄国革命带有更多的特殊性。"可以说，列宁的社会主义价值目标没有改变，正是列宁用这种发展的眼光对待马克思主义的精神，为落后国家走向社会主义提供了革命指导思想和方法论武器，也成为中国特色社会主义的理论渊源。

2. 从"实践出发"对社会主义道路的新探索

俄国十月革命后，摆在列宁和国家面前的是如何保持无产阶级的胜利果实、建设社会主义的问题。由于俄国无产阶级革命胜利的特殊性，使国内尚不具备马克思和恩格斯理论中指出的必要的物质基础，而列宁对社会主义思想也正是在这样的困难下不断探索和发展的。

需要承认的是，列宁在十月革命前后，存在着急于向社会主义或共产主义过渡的倾向，他后来说："我们计划用无产阶级国家直接下命令的办法在一个小农国家里按共产主义原则来调整国家的产品生产和分配。"在这样的思想下，列宁提出要实行"战时共产主义"政策，这一政策的提出本来是应对无产阶级革命前后所面临困难的应急措施，但是在革命后试图仍用这种政策直接过渡到社会主义，在《论无产阶级在这次革命中的任务》中列宁提出，"完全废除警察和常备军，而代之以普遍的人民武装，全民的民兵；一切公职人员不仅由选举产生，而且可以按照大多数选民的要求随时撤换；一切公职人员的工资不得超过熟练工人的平均工资"，这虽然与马克思和恩格斯描绘的"一切公务员像公社委员一样，其工作报酬只能相当于工人的工资。法官也应该由选举产生，可以罢免，并且对选民负责。一切有关社会生活事务的创议权都由公社掌握"。非常相似但却忽视了当时的俄国物质条件对国家建设的制约作用，以致工人罢工现象开始普遍出现。

在现实的反馈之下，列宁意识到在以农业为主、生产力并不发达的国家里，直接向共产主义过渡的经济条件是不具备的，列宁承认"向纯社会主义形式和纯社会主义分配直接过渡，是我们力所不及的"，列宁开始正视俄国社会现实及社会主义建设的长期性、艰巨性和复杂性，提出在俄国小农经济占优势的情况下，"能够比从前更迅速更便宜更多地向小农提供优质产品——那么商业就是千百万小农与大工业之间唯一可能的经济联系"，开始重视物质基础的建设，并在1921年3月召开的俄共十大决定，将战时经济政策废止，转向新经济政策。随着国家建设的不断深入，列宁根据马克思和恩格斯的农业社会主义改造思想，提出以"合作社"的形式进行经济建设，坚持巩固无产阶级专政，要求无产阶级政党不断认清历史变化，加强自身建设，发展文化教育事业，提高人民的思想和文化素质，取得了显著的成效。列宁对社会主义建设的探索充分显示了他的社会主义价值——坚持马克思主义唯物史观，一切从实践出发，重视事物的特殊性问题，结合国情实际探索社会主义建设新思路，他说："对于俄国社会党人来说，尤其需要独立地探讨马克思的理论，因为它所提供的只是总的指导原理，而这些原理的应用具体地说，在英国不同于法国，在法国不同于德国，在德国又不同于俄国。""现在一切都在于实践，现在已经到了这样一个历史关头：理论在变为实践，理论由实践赋予活力，由实践来修正，由实践来检验。"这种实践的、发展的社会主义价值思想为我们正确地理解马克思和恩格斯的社会主义学说提供了方法性指导，具有不可磨灭的重大意义。

第三节　中国社会主义核心价值体系和核心价值观的形成过程

一、中国社会主义核心价值体系和核心价值观的发展历程

新中国的建立，确立了社会主义基本政治制度、基本经济制度和以马克思主义为指导思想的社会主义意识形态，为社会主义核心价值体系建设提供了政治前提、物质基础和文化条件。改革开放以来，我国社会主义意识形态建设不断进行新的探索，提出了从建设社会主义核心价值体系到以"三个倡导"为内容，积极培育和践行社会主义核心价值观的重要论断和战略任务。

1978年12月，党的十一届三中全会重新恢复和确立了实事求是的思想路线，坚持把马克思主义与改革开放和我国社会主义建设伟大实践相结合，科学继承了毛泽东思想，创立了邓小平理论、"三个代表"重要思想、科学发展观等马克思主义中国化最新成果，马克思主义在意识形态领域的指导地位不断巩固。

2006年3月，我党提出了"八荣八耻"的社会主义荣辱观，继承和发展了我们党关于社会主义思想道德建设褒荣贬耻、我国古代的"知耻"文化传统，同时又赋予了新的时代内涵，深化了我们党对社会主义道德建设规律的认识。

2006年10月，党的十六届六中全会第一次明确提出了"建设社会主义核心价值体系"的重大命题和战略任务，明确提出了社会主义核心价值体系的内容，并指出社会主义核心价值观是社会主义核心价值体系的内核。学界对社会主义核心价值观的概括开始深入探讨。

2007年10月，党的十七大进一步指出了"社会主义核心价值体系是社会主义意识形态的本质体现。"

2011年10月，党的十七届六中全会强调，社会主义核心价值体系是"兴国之魂"，建设社会主义核心价值体系是推动文化大发展大繁荣的根本任务。提炼和概括出简明扼要、便于传播践行的社会主义核心价值观，对于建设社会主义核心价值体系具有重要意义。

2012年11月，中共十八大报告明确提出"三个倡导"，即"倡导富强、民主、文明、和谐，倡导自由、平等、公正、法治，倡导爱国、敬业、诚信、友善，积极培育社会主义核心价值观"，这是对社会主义核心价值观的最新概括。

富强、民主、文明、和谐是国家层面的价值目标，自由、平等、公正、法治是社会层面的价值取向，爱国、敬业、诚信、友善是公民个人层面的价值准则，这24个字是社会主义核心价值观的基本内容。

"富强、民主、文明、和谐"，是我国社会主义现代化国家的建设目标，也是从价值目标层面对社会主义核心价值观基本理念的凝练，在社会主义核心价值观中居于最高层次，对其他层次的价值理念具有统领作用。富强即国富民强，是社会主义现代化国家经济建设的应然状态，是中华民族梦寐以求的美好夙愿，也是国家繁荣昌盛、人民幸福安康的物质基础。民主是人类社会的美好诉求。我们追求的民主是人民民主，其实质和核心是人民当家做主，它是社会主义的生命，也是创造人民美好幸福生活的政治保障。文明是社会进步的重要标志，也是社会主义现代化国家的重要特征，它是社会主义现代化国家文化建设的应有状态，是对面向现代化、面向世界、面向未来的，民族的科学的大众的社会主义文化的概括，是实现中华民族伟大复兴的重要支撑。和谐是中国传统文化的基本理念，集中体现了学有所教、劳有所得、病有所医、老有所养、住有所居的生动局面，它是社会主义现代化国家在社会建设领域的价值诉求，是经济社会和谐稳定、持续健康发展的重要保证。

"自由、平等、公正、法治"，是对美好社会的生动表述，也是从社会层面对社会主义核心价值观基本理念的凝练。它反映了中国特色社会主义的基本属性，是我们党矢志不渝、长期实践的核心价值理念。自由是指人的意志自由、存在和发展的自由，是人类社会的美好向往，也是马克思主义追求的社会价值目标。平等指的是公民在法律面前的一律平等，其价值取向是不断实现实质平等，它要求尊重和保障人权，人人依法享有平等参与、平等发展的权利。公正即社会公平和正义，它以人的解放、人的自由平等权利的获得为前提，是国家、社会应然的根本价值理念。法治是治国理政的基本方式，依法治国是社会主义民主政治的基本要求，它通过法制建设来维护和保障公民的根本利益，是实现自由平等、公平正义的制度保证。

"爱国、敬业、诚信、友善"，是公民基本道德规范，是从个人行为层面对社会主义核心价值观基本理念的凝练。它覆盖社会道德生活的各个领域，是公民必须恪守的基本道德准则，也是评价公民道德行为选择的基本价值标准。爱国是基于个人对自己祖国依赖关系的深厚情感，也是调节个人与祖国关系的行为准则，它同社会主义紧密结合在一起，要求人们以振兴中华为己任，促进民族团结、维护祖国统一、自觉报效祖国。敬业是对公民职业行为准则的价值评价，要求公民忠于职守，克己奉公，服务人民，服务社会，充分体现了社会主义职业精神。诚信即诚实守信，是人类社会千百年传承下来的道德传统，也是社会主义道德建设的重点内容，它强调诚实劳动、信守承诺、诚恳待人。友善强调公民之间应互相尊重、互相关心、互相帮助，和睦友好，努力形成社会主义的新型人际关系。

2013年12月，中共中央办公厅印发《关于培育和践行社会主义核心价值观的意见》，明确提出，以"三个倡导"为基本内容的社会主义核心价值观，与中国特色社会主义发展要求相契合，与中华优秀传统文化和人类文明优秀成果相承接，是我们党凝聚全党全社会价值共识做出的重要论断。

2017年10月18日，习近平同志在十九大报告中指出，要培育和践行社会主义核心价值观。要以培养担当民族复兴大任的时代新人为着眼点，强化教育引导、实践养成、制度保障，发挥社会主义核心价值观对国民教育、精神文明创建、精神文化产品创作生产传播的引领作用，把社会主义核心价值观融入社会发展各方面，转化为人们的情感认同和行为习惯。坚持全民行动、干部带头，从家庭做起，从娃娃抓起。深入挖掘中华优秀传统文化蕴含的思想观念、人文精神、道德规范，结合时代要求继承创新，让中华文化展现出永久魅力和时代风采。

党的十九大，是在全面建成小康社会决胜阶段、中国特色社会主义发展关键时期召开的一次十分重要的大会。承担着谋划决胜全面建成小康社会、深入推进社会主义现代化建设的重大任务，事关党和国家事业继往开来，事关中国特色社会主义前途命运，事关最广大人民根本利益。

2018年3月11日，第十三届全国人民代表大会第一次会议通过中华人民共和国宪法修正案,将"国家提倡爱祖国、爱人民、爱劳动、爱科学、爱社会主义的公德"修改为"国家倡导社会主义核心价值观,提倡爱祖国、爱人民、爱劳动、爱科学、爱社会主义的公德"。

二、中国社会主义核心价值体系和核心价值观的价值意义

面对世界范围思想文化交流交融交锋形势下价值观较量的新态势,面对改革开放和发展社会主义市场经济条件下思想意识多元多样多变的新特点,积极培育和践行社会主义核心价值观,对于巩固马克思主义在意识形态领域的指导地位、巩固全党全国人民团结奋斗的共同思想基础,对于促进人的全面发展、引领社会全面进步,对于集聚全面建成小康社会、实现中华民族伟大复兴中国梦的强大正能量,具有重要现实意义和深远历史意义。

从适应国内国际大局深刻变化看,我国正处在大发展大变革大调整时期,在前所未有的改革、发展和开放进程中,各种价值观念和社会思潮纷繁复杂。国际敌对势力正在加紧对我实施西化分化战略图谋,思想文化领域是他们长期渗透的重点领域。面对世界范围思想文化交流交融交锋形势下价值观较量的新态势,面对改革开放和发展社会主义市场经济条件下思想意识多元多样多变的新特点,迫切需要我们积极培育和践行社会主义核心价值观,扩大主流价值观念的影响力,提高国家文化软实力。

从推进国家治理体系和治理能力现代化要求看,培育和弘扬核心价值观,有效整合社会意识,是国家治理体系和治理能力的重要方面。全面深化改革,完善和发展中国特色社会主义制度,推进国家治理体系和治理能力现代化,必须解决好价值体系问题,加快构建充分反映中国特色、民族特性、时代特征的价值体系,在全社会大力培育和弘扬社会主义核心价值观,提高整合社会思想文化和价值观念的能力,掌握价值观念领域的主动权、主导权、话语权,引导人们坚定不移地走中国道路。

从提升民族和人民的精神境界看，核心价值观是精神支柱，是行动向导，对丰富人们的精神世界、建设民族精神家园，具有基础性、决定性作用。一个人、一个民族能不能把握好自己，很大程度上取决于核心价值观的引领。发展起来的当代中国，更加向往美好的精神生活，更加需要强大的价值支撑。要振奋起人们的精气神、增强全民族的精神纽带，必须积极培育和践行社会主义核心价值观，铸就自立于世界民族之林的中国精神。

从实现民族复兴中国梦的宏伟目标看，核心价值观是一个国家的重要稳定器，构建具有强大凝聚力感召力的核心价值观，关系社会和谐稳定，关系国家长治久安。实现"两个一百年"的奋斗目标，实现中华民族伟大复兴的中国梦，必须有广泛的价值共识和共同的价值追求。这就要求我们持续加强社会主义核心价值体系和核心价值观建设，巩固全党全国各族人民团结奋斗的共同思想基础，凝聚起实现中华民族伟大复兴的中国力量。

三、中国社会主义核心价值体系和核心价值观的基本原则

坚持以人为本，尊重群众主体地位，关注人们利益诉求和价值愿望，促进人的全面发展；坚持以理想信念为核心，抓住世界观、人生观、价值观这个总开关，在全社会牢固树立中国特色社会主义共同理想，着力铸牢人们的精神支柱；坚持联系实际，区分层次和对象，加强分类指导，找准与人们思想的共鸣点、与群众利益的交汇点，做到贴近性、对象化、接地气；坚持改进创新，善于运用群众喜闻乐见的方式，搭建群众便于参与的平台，开辟群众乐于参与的渠道，积极推进理念创新、手段创新和基层工作创新，增强工作的吸引力感染力。

四、中国社会主义核心价值体系和核心价值观的践行路径

高举中国特色社会主义伟大旗帜，以邓小平理论、"三个代表"重

要思想、科学发展观为指导，深入学习贯彻党的十八大精神和习近平同志系列讲话精神，紧紧围绕坚持和发展中国特色社会主义这一主题，紧紧围绕实现中华民族伟大复兴中国梦这一目标，紧紧围绕"三个倡导"这一基本内容，注重宣传教育、示范引领、实践养成相统一，注重政策保障、制度规范、法律约束相衔接，使社会主义核心价值观融入人们生产生活和精神世界，激励全体人民为夺取中国特色社会主义新胜利而不懈奋斗。

一方面，把培育和践行社会主义核心价值观融入国民教育全过程。

培育和践行社会主义核心价值观要从小抓起、从学校抓起。坚持育人为本、德育为先，围绕立德树人的根本任务，把社会主义核心价值观纳入国民教育总体规划，贯穿于基础教育、高等教育、职业技术教育、成人教育各领域，落实到教育教学和管理服务各环节，覆盖到所有学校和受教育者，形成课堂教学、社会实践、校园文化多位一体的育人平台，不断完善中华优秀传统文化教育，形成爱学习、爱劳动、爱祖国活动的有效形式和长效机制，努力培养德智体美全面发展的社会主义建设者和接班人。适应青少年身心特点和成长规律，深化未成年人思想道德建设和大学生思想政治教育，构建大中小学有效衔接的德育课程体系和教材体系，创新中小学德育课和高校思想政治理论课教育教学，推动社会主义核心价值观进教材、进课堂、进学生头脑。完善学校、家庭、社会三结合的教育网络，引导广大家庭和社会各方面主动配合学校教育，以良好的家庭氛围和社会风气巩固学校教育成果，形成家庭、社会与学校携手育人的强大合力。

拓展青少年培育和践行社会主义核心价值观的有效途径。注重发挥社会实践的养成作用，完善实践教育教学体系，开发实践课程和活动课程，加强实践育人基地建设，打造大学生校外实践教育基地、高职实训基地、青少年社会实践活动基地，组织青少年参加力所能及的生产劳动和爱心公益活动、益德益智的科研发明和创新创造活动、形式多样的志愿服务和勤工俭学活动。注重发挥校园文化的熏陶作用，加强学校报刊、广播电视、网络建设，完善校园文化活动设施，重视校园人文环境培育和周边环境整治，建设体现社会主义特点、时代特征、学校特色的校园文化。

建设师德高尚、业务精湛的高素质教师队伍。实施师德师风建设工程，坚持师德为上，完善教师职业道德规范，健全教师任职资格准入制度，将师德表现作为教师考核、聘任和评价的首要内容，形成师德师风建设长效机制。着重抓好学校党政干部和共青团干部，思想品德课、思想政治理论课和哲学社会科学课教师，辅导员和班主任队伍建设。引导广大教师自觉增强教书育人的荣誉感和责任感，学为人师、行为世范，做学生健康成长的指导者和引路人。

另一方面，把培育和践行社会主义核心价值观落实到经济发展实践和社会治理中。

确立经济发展目标和发展规划，出台经济社会政策和重大改革措施，开展各项生产经营活动，要遵循社会主义核心价值观要求，做到讲社会责任、讲社会效益，讲守法经营、讲公平竞争、讲诚信守约，形成有利于弘扬社会主义核心价值观的良好政策导向、利益机制和社会环境。与人们生产生活和现实利益密切相关的具体政策措施，要注重经济行为和价值导向有机统一，经济效益和社会效益有机统一，实现市场经济和道德建设良性互动。建立完善相应的政策评估和纠偏机制，防止出现具体政策措施与社会主义核心价值观相背离的现象。

法律法规是推广社会主流价值观的重要保证。要把社会主义核心价值观贯彻到依法治国、依法执政、依法行政实践中，落实到立法、执法、司法、普法和依法治理各个方面，用法律的权威来增强人们培育和践行社会主义核心价值观的自觉性。厉行法治，严格执法，公正司法，捍卫宪法和法律尊严，维护社会公平正义。加强法制宣传教育，培育社会主义法治文化，弘扬社会主义法治精神，增强全社会学法尊法守法用法意识。注重把社会主义核心价值观相关要求上升为具体法律规定,充分发挥法律的规范、引导、保障、促进作用,形成有利于培育和践行社会主义核心价值观的良好法治环境。

要把践行社会主义核心价值观作为社会治理的重要内容,融入制度建设和治理工作中,形成科学有效的诉求表达机制、利益协调机制、矛盾调处机制、权益保障机制,最大限度增进社会和谐。创新社会治理,完善激励机制,褒奖善行义举,实现治理效能与道德提升相互促进,形成好人好报、恩将德报的正向效应。完善市民公约、村规民约、学生守则、行业规范,强化规章制度实施力度,在日常治理中鲜明彰显社会主流价值,使正确行为得到鼓励、错误行为受到谴责

第二章

社会主义核心价值体系与大学生核心价值观

第一节 大学生核心价值观的基本内涵及其体现

大学时期是人的价值观形成和发展的关键时期。由于大学生的心理、生理、成长环境等多方面的原因,使这一群体带有明显的特殊性。在大学生核心价值观的构建和培育过程中,满足大学生的价值需要,并将大学生作为价值目标的主体成为构建的重要任务和必然要求。

一、大学生核心价值观的基本内涵

"大学生"是一个特定的人物群体,特定的意义在于规定了该群体的时间性和空间性。时间就是在青年人攻读大学的几年时光,空间就是指大学校园。这个特定的群体在特定的时间和空间内,既有生理与心理的逐步成熟过程,也有成长过程的迷茫与彷徨;既学习科学文化知识,又在不断地丰富和完善自身的价值观;既接受着校园文化的熏陶和洗礼,也接受着社会文化的影响与冲击。任何一个社会群体,都有属于自身的文化,有群体成员共同拥有和信奉的价值观。任何一个社会个体,都是文化的产物,都有自己接受和遵循的价值观。任何社会群体的形成，都是由于群体成员的文化认同，由于一种大家共同认可的价值观、一个共同追求的理想目标而走到一起。大学生群体也是如此，除了具有作为普遍社会人的特征，还由于这种时间和空间的特殊性，有着独有的个性和文化特征，有共同拥有、遵循、认可的价值观。大学生价值观也会因为个体影响因素的原因而呈现多样性的态势，构成一种价值观体系，但在这个体系中也有具有中心地位的核心价值观。因此，大学生核心价值观，是大学生在长期的家庭、社会和学校生活实践过程中所不断积累形成的对客体或客体效应的根本标准或判断，在整个大学生价值观体系中处于中心地位，是大学生群体在处理问题、看待事物时的根本立场和态度，能够起到主导作用的价值观。

如同规律的发现一样，大学生核心价值观也需要凝练和构建，才能够真正使之发挥引领作用。我们知道，社会核心价值观是社会普遍的价值共识，作为社会群体一部分的大学生，其核心价值观依附于所处的社会群体而存在，是社会核心价值观的组成部分，又同时由于自身认知水平、行为方式和社会对该群体的角色定位而具有特殊性。因此，大学生核心价值观既受到家庭、学校和社会环境的影响，又受到群体构成的制约。所以，对于中国大学生核心价值观的构建，首先需要以社会核心价值体系进行引领和关怀，以用社会核心价值体系中先进的世界观、人生观、价值观和方法论，超越大学生群体的局限性，科学地指导大学生价值观的形成，避免由于大学生认知的不足和个体意识的局限，而受到错误思潮的侵袭和多元文化的诱导。同时，必须要关照大学生群体的特点，抓住大学生群体在学习、成长中的实际需求和主要任务，满足大多数大学生的精神需求和期望，获得大学生群体的认同，才能真正在大学生这个群体中形成向心力和凝聚力，达到大学生核心价值观构建的目的。

二、大学生核心价值观构成的基本原则

根据大学生核心价值观的内涵，要凝练出既被大学生群体所广泛认同，又符合社会主义核心价值体系要求的核心价值观，笔者认为需要具备以下几个原则。

（一）以中国特色社会主义的本质与话语体系进行凝练和阐释作为根本标准

改革开放之后，我国的社会主义现代化建设取得了举世瞩目的成就，具有一定的综合国力能够在国际上产生不容小觑的影响。但是我们应该意识到，全球化的国际形势所带来的竞争已经不再局限在经济发展这一国家硬件建设上，意识形态领域上软实力的挑战已逐步突显出来。在当前思想文化观念多样化的趋势和特征日益明显的形势下，西方文化的话语体系在世界中拥有较高的"霸权"地位，各种西方思潮不断涌入我国，对我国社会主义的创新发展产生了干扰，尤其对于价值观处于形成期的大学生来说，已经明显受到这种情况的影响，在价值观的选择和形成上出现了迷茫和疑惑，甚至出现了功利化、崇尚西化等错误的认识。如十八大报告中提出"倡导自由、平等、公正、法治"的社会主义核心价值观，有的大学生片面认为真正的"自由"应该是个体的话语、行为不受到任何力量的控制，也就是"想说什么就说什么，想干什么就干什么"，提出为什么国家倡导了"自由"，却没有提供实现平台。其实，这就是受到西方新自由主义的影响，被西方话语体系所诱导，以资本主义话语体系中保护资产阶级利益的所谓的"个人自由"来解释社会主义核心价值观中的人在集体中的真正的"自由"——"只有在共同体中，个人才能获得全面发展其才能的手段，也就是说，只有在共同体中才可能有个人自由。"所以有学者认为从某种意义上讲，各种思想文化交流、交融、交锋，"本质上就是在争夺话语权，是各种话语体系之间的一种较量"。

社会主义核心价值体系就是社会主义发展史上的重要理论成果，是中国特色社会主义的话语来源。大学生是民族的希望和国家的未来，我们对大学生核心价值观进行构建，是要消解多元价值观的冲突，排除西方价值和价值观的渗透和干扰，为其价值观的形成给予方向性的引领并为其提供科学的精神动力，为建设社会主义事业而奋斗。因此，我们对大学生核心价值观的凝练既不能简单地罗列具有可能性的价值观，也不能无根据地浓缩几个词语或几句话来概括，而是需要抓住中国特色社会主义的本质，以贴近大学生群体的特殊需求和特点的态度，以社会主义核心价值体系作为依据，进行凝练，尤其着重以社会主义话语体系进行阐释、传播，达到培育社会主义接班人的目的。

（二）以社会化与个性化的统一作为目标定位

目前很多学者都对大学生核心价值观做了凝练和阐释，如有的学者认为"当代大学生的核心价值观应包含以下几个方面：爱国、理想、责任、创新"，还有的学者认为应归纳为："国家至上，诚信为本；科学理性，追求卓越；自律修身，宽容开放。"但笔者认为，大学生核心价值观作为社会主义核心价值观的组成部分，既要反映社会价值理想、价值信念和价值追求，要反映国家对大学生群体的期待目标，同时要体现大学生主体在校园空间内的主要任务和青年时间段中的特殊矛盾和成长规律，要做到社会化与个性化的统一。如果只强调了社会主义核心价值体系的主旨内容，反映社会普遍的价值共识，则会忽视大学生群体的特色，凝练的核心价值观不过是社会主义核心价值观的另一种词语表达，在社会各个群体中都能够应用，丧失了对大学生群体的认同吸引力，也不能称之为"大学生"这一群体的核心价值观；如果只关照大学生群体的价值观的特点，而忽视社会主义核心价值体系的方向性引领，则容易在构建过程中出现方向的偏颇，容易受到各种思潮的冲击，也难以证明其凝练原则的科学性，凝练出的核心价值观的是否具有"核心"地位难以保证。因此，大学生核心价值观的构成，社会化和个性化的统一尤为重要。

（三）以理想化与现实化的结合作为结构要求

大学生核心价值观是这一群体在处理问题、看待事物时的根本立场和态度，它代表了这一群体的价值观体系的根本特征，必须能够反映大学生群体的长远利益和未来发展方向，这就要求大学生核心价值观必须超越这一群体价值观的现状，作为一种理想性的价值追求，不断鼓舞和激励大学生群体不断成长成才。同时，大学生核心价值观作为来源于并最终作用于其学习、生活中的评判事物的标准和方式，需要在大学生群体面临美丑、善恶、对错等选择时将其作为一种切实可用的价值评判标准出现。因此，大学生核心价值观需要具有现实意义，能够帮助大学生解决现实的问题与迷惑，不能完全成为理想化的标语出现，也不能单纯地作为大学生价值观的分析总结，应该是真正能够起到激励作用的价值目标和现实的批判性、选择性、应然性的尺度。那么，在大学生核心价值观的结构构成上，就要使理想化与现实化相结合，使之既成为大学生现实生活的反映和工具，也是其精神境界的目标和追求。

（四）以主导性与认同感的一致作为内容基础

大学生核心价值观的构成重点之一在于"核心"二字，这就意味着其在内容上不是包罗万象的，而是反映大学生价值观的重点要求和主要方面，其构成内容能够在大学生价值观的形成过程中起到统摄性作用，协调、整合、辨别大学生遇到的各种价值观，使其他非核心价值观受到约束，摒除错误的或某些政治集团有意为之曲解的价值观，并凝聚科学的价值观。如果大学生核心价值观要完成这一过程和目标，就必须使其内容上得到大学生的普遍认可，进行主动认知，并内化成自我价值观最终付诸行为。任何一个社会共同体，都是通过认同形成共同价值观，为自身的存在进行合理性和合法性论证。社会共同体只有拥有为多数人所接受的正当性、合理性时，才能得到民众最大支持，共同体的制度以及由此产生的社会秩序才能得以维系。大学生核心价值观也是如此。对于大学生群体而言，由于生理和心理发展的特殊性，他们既渴望获得个性的发挥，也关注自身是否能够获得大多数人的肯定，在价值观的形成过程中自我选择后不断与周围的教师、同学，甚至与社会舆论做对比来证明自己的选择是否正确。反之，如果我们构建的大学生核心价值观能够为这一特殊群体所接受，也需要学生个体能够主动选择并经过反复的推敲、比较，最终得到大多数人的认同。这样，大学生核心价值观的内容必须是符合大多数学生的利益要求和精神需求，经得住理论的辨析、实践的检验和舆论的冲击的正确的、科学的为大多数大学生所认同的大学生价值观中最核心、最关键的部分。

（五）以"自上而下"与"自下而上"的兼顾作为凝练方法

所谓"自上而下"就是指国家的政策、方针由政府顶层科学论证并颁布后经过逐级的传播最终成为广大人民群众思想的一部分的过程；而"自下而上"则是将广大人民群众在实践过程中所形成的经验、需要和观念经过不断的凝练、升华成为国家政策的重要来源和依据的过程。前者能够在国家的统领下，以科学的理论精华更好地消解大学生群体中多元化的价值冲突，但由于大学生的认知水平、心理特征和现实需求，对于权威有一种挑战感甚至逆反心理，从而对于"自上而下"产生一定的抵触，影响了社会主义核心价值体系教育的接受和社会主义核心价值观的认同。"自下而上"的方法恰恰是从学生群体中有针对性地提取观点和意见，能够充分调动大学生群体认知的积极性和主动性，并对核心价值观的凝练和认同产生一种责任感。但不可忽视在"自下而上"的过程中会由于群体的局限性而产生错误的认识和狭隘的观念。因此，大学生核心价值观的构建既要有社会主义核心价值体系的正确引领，也要尊重广大学生群体的价值需求、价值选择和价值观形成特点，不单纯运用灌输式的凝练方式和教育方法，也不过分依赖大学生的认知能力和价值观整合力量，在"上"与"下"的反复磨合中总结出大学生核心价值观的内容，既满足了大学生群体的特殊需求，也反映了社会主义核心价值体系的本质。

三、大学生核心价值观的具体内容

那么，大学生核心价值观到底应该包括哪些内容呢？笔者认为，大学生核心价值观的内容应该是"坚定理想，传承文化；胸怀祖国，奉献社会；诚实守信，历练品质；笃学慎思，勇于创新"。其中"坚定理想"是大学生核心价值观的"灵魂"，明确了大学生意识形态的主导，是大学生的精神支柱；"传承文化"是中华民族赋予大学生的使命；"胸怀祖国、奉献社会"是大学生的国家和民族自豪感的归属；"诚实守信、历练品质"是道德给予大学生的要求；"笃学慎思，勇于创新"是大学生的身份与时代赋予大学生的责任。

（一）坚定理想，传承文化

"理想信念"是个具有魅力的词语，它是人对于实现生命意义的向往、对幸福生活的追求、对价值实现过程的浓缩；是人们对客观世界和自我主体认知的基础上确立的对未来的追求或目标，甚至成为某种理论主张；是人们生存和行为的动力源泉，是世界观、人生观和价值观的最高体现。理想信念决定着价值主体是否具有先进性，作为成长过程中的大学生而言，需要更好地认知自我和发展自我，不断地以理想信念为动力和目标提高个体的综合素质，为个人美好生活的实现、事业的成功和家庭的美满而努力学习；也需要更高的生活追求和实现自我，不断地以理想信念为标准抵御低俗、不良思想的诱惑和侵蚀，激发对未来的美好憧憬和建设社会主义事业的自觉性。因此，理想信念在大学生核心价值观中处于灵魂地位，包含个人理想和社会理想两个层面。每一个大学生都有自己的理想，大学生核心价值观中的"坚定理想"一方面是要大学生坚定未来学习、生活、家庭、职业等个人理想信念，以充足的激情和动力珍惜大学生活，为实现自我理想而奋斗；另一方面是要大学生坚定对马克思主义的信仰，成为中国特色社会主义社会的建设者，在实现个人理想的过程中不要偏离方向，误入歧途，以正确的社会主义共同理想和共产主义最高理想作为约束和最高的理想信念。个人理想和社会理想并不冲突，我们鼓励大学生个人理想的实现，理解当今社会激烈的竞争对大学生就业和生活所造成的压力，也不忽视大学生崇高理想信念的树立，寻求正确的大学生核心价值观的教育途径使大学生的个人理想同社会理想相结合，坚定政治信仰，以积极、正面的方式实现个人理想，个人理想的实现是在实现社会主义理想的过程中不断完成的闪光点，当个人理想得到实现和满足时，也促进了社会主义事业的发展。

必须强调的是，大学生核心价值观中的"坚定理想"，区别于西方社会的对于宗教的信仰和崇拜，而是强调个人理想同社会主义理想信念的有效融合，我们坚定的最终理想和信仰是马克思主义，是为中国特色社会主义事业而奋斗。既不是神化、宗教化马克思主义，也不搞个人崇拜，而是为了推动中国特色社会主义事业的发展，促进社会主义现代化，实现无阶级社会，归根结底是要实现人的全面发展。这种理想信念并不是高空的理论说教，而是切实与个人理想结合的、能够实现的并最终服务于未来人类的真正的理想信念。

作为民族的未来和祖国的希望，大学生肩负着传承中国文化精髓的历史责任。中国传统文化是我国人民的智慧结晶，是中华民族情感认同的精神纽带，是社会主义核心价值体系的重要来源。中国人民对于民族文化具有独特的热情，大学生也是如此，从五四运动到十二·九运动、从北京奥运会到抗击汶川地震，虽然时代不同，但是大学生强烈的民族自豪感和爱国情怀使他们在面临民族独立解放和民族团结时所发挥的先锋性和创造性的力量非同一般。但是随着网络化和信息化的不断深化和拓展，大学生对于中国传统文化精髓的理解逐渐淡化，或将其赋予西化的解释。我们的民族不能仅靠血缘的延续和地域的限制来维持民族性，而是需要优秀文化的传承和发展作为支点，以中华民族特有的文化特征和价值认同，对中华传统文化中的精髓进行传承和创新。除了中国传统文化，在中国社会发展的过程中，不断吸收世界闻名的先进成果，将马克思主义与中国的发展实际相结合，不断扬弃中国传统文化的糟粕，拓展和丰富中国传统文化的精髓并逐渐形成中国特色社会主义和谐文化。不论是中国传统文化的精髓还是现代文化的发展，都是中国文化的重要组成部分，大学生必须警惕历史虚无主义对于传统文化的曲解以及新自由主义对于社会主义现代化进程的混淆，以大学生核心价值观教育来引领大学生真正肩负起传承中国优秀传统文化的传承的责任和义务，延续中华民族的文化脉络。

理想信念是每一个大学生都具备的心理愿望，文化传承也是大多数大学生的心理归属，大学生核心价值观所强调的"坚定理想，传承文化"就是来源于大学生的价值追求，但是更赋予了明显的崇高期望和历史与时代的责任，超越大学生现实理想和需求，给予大学生群体价值目标，在大学生核心价值观中处于灵魂地位。

（二）胸怀祖国，奉献社会

党的十七大报告指出："用以爱国主义为核心的民族精神和以改革创新为核心的时代精神鼓舞斗志。"祖国应该是每个人心中的归属和依托，爱国是中华民族的优秀品格，是社会主义核心价值体系的精髓。但是受到多元文化思潮的冲击，价值观尚未形成的大学生在面临我国社会主义发展过程中所暴露出的矛盾时感到疑惑，对社会主义优越性产生了怀疑。作为大学生，不仅要做到有爱国情怀，更要清楚了解怎样才是真正的胸怀祖国。十一届三中全会以来，中国共产党总结国家建设的经验和教训，带领全国各族人民不断深化改革开放，进行国家政治、经济体制改革，经过40多年的努力，使中国在世界上取得了举世瞩目的成就。这一事实说明，党的本质和历史任务始终没有改变，就是代表最广大人民的利益、领导全国人民实现社会主义现代化建设、维护祖国的统一，只有坚持中国共产党的领导，坚持社会主义制度，才能实现国家的繁荣富强，实现人民利益最大化。虽然在社会主义发展的道路上，我们遇到过挫折、暴露出社会转型期都会出现的社会问题，但这并不影响社会主义本质的优越性。因此，爱国与爱党、爱社会主义在本质上是一致的，"胸怀祖国"不仅仅是出于人性上的情感归属，更需要在对国家的制度、发展现状、文化充分了解基础上的理性认同，正确处理个人、家庭与国家的关系,忠于国家、忠于党、忠于人民、忠于社会主义,自觉履行个人对国家的责任和义务,将爱国热情倾注到社会主义事业的建设中去,爱本职工作、爱集体、爱人民、爱社会主义事业;同时自觉传承民族精神,负有民族自豪感,增强民族自信心,将个人价值与社会、与民族、与国家紧密地联系在一起,把维护国家利益、促进祖国强大、推动社会主义事业发展作为个人价值的终极目标,作为自己毕生的信念和价值追求。

"胸怀祖国,奉献社会"作为大学生核心价值观的内容之一,应该是使大学生个体与国家、与社会紧密地联系在一起,以理性的爱国主义情怀,了解我国国情、了解党的方针政策、了解社会主义的本质,包容国家在发展过程中出现的应然的社会矛盾,并能够从自身做起,以高素质的大学生风貌,将个人的行为、工作、道德与社会联系在一起,以各种形式反馈社会,贡献自己的一分力量,在做人做事的时候,能够判断自己的行为是否有利于社会、有利于集体、有利于国家,将祖国的社会主义事业发展真正地放在心中,落实在行动中。

(三)诚实守信,历练品质

诚信是中华民族的优秀传统品质,在中国古代有"信"者为君子,无"信"者是小人、"人而无信,不知其可也""言必信,行必果""一诺千金""言无常信,行无常贞,惟利所在,无所不倾,若是则可谓小人矣"等训诫。到今天,诚信作为人的基本道德素质仍旧被作为"立人之本"。在我国《公民道德建设实施纲要》中提出的"爱国守法、明礼诚信、团结友善、勤俭自强、敬业奉献"的基本道德规范中,诚信被作为公民道德建设的重点。诚信本来是学生从小就已经开始熏陶和培育的,但是随着年龄的增长,学生接触的诱惑和面临的选择越来越多,也许一次谎言可以获得寝室好友的暂时尊敬,一次作弊可以弥补学习上的不足而取得虚假的好成绩,虚荣心和投机心理作祟,使很多大学生的诚信品质并不如青少年期的孩子,这就使诚信教育常提常新成为必要。

而近年，大学生对社会事件的关注度也不断上升，"小悦悦事件""皮鞋胶囊事件"等社会事件受到大学生群体的广泛讨论，在大学生论坛里常常看到"什么时候国家真正强大了，这些事情就解决了""我们说别人冷漠，自己又何尝关心别人"等等反思的句子，而讨论的结果更多的是对中华传统美德和社会道德标准的呼唤。尽管我国的经济发展与发达国家相比还有很大差距，但是社会主义制度的优越性已经开始显现，除了要满足物质上的需要，还要满足精神文化上的需要，大学生群体也在社会转型期的矛盾与质疑中，理清价值评判标准。虽然多种原因造成了多元化价值取向，但是国家法制秩序、社会公共道德、个人发展品格等是大学生对大是大非的评价标准。我们不排除大学生对于物质有更高的追求，甚至有急功近利的现象出现，但是对于幸福是物质与精神的双重满足、是国家的强盛与社会制度的完善已开始成为大学生未来价值取向。

大学是人的道德培养的重要场所，学生在这里转换为新的学习模式和生活方式，处于相对自主的生活学习环境之中，大部分的时间与同龄人接触，在生活上、学习上、学生工作上都容易产生攀比心理，在面临诱惑时需要独立做出选择。事实证明，大学生重视道德素养，关注社会道德，但是在个人行为上又不免有松懈情况，因此"诚实守信，历练品质"是大学生内心价值的呼唤，也是有所欠缺的方面，这种矛盾使大学生诚信道德教育成为价值观教育的关键。教育的根本在于增进学生的知识和经验技能，更重要的是影响其思想品德活动，道德品质的培养是大学生应该具备高知识水平的同时，更应具备高尚的品德情操，学生个体参与社会生活的基础。将诚信作为大学生核心价值观构建的重点，鼓励和督促学生逐渐适应从青年到成年独立自主的生活和工作所面临的彷徨，以"诚实守信，历练品质"为价值尺度，用各种实践活动培养艰苦奋斗的精神、善于学习的态度、坚定的信念、坚强的毅力、正确处理与他人关系的能力等宝贵品质，成为诚信、乐观、善良、宽容有道德、有理想、有责任的优秀的人。

（四）笃学慎思，勇于创新

学习是大学生在校期间的首要任务，专心踏实的"笃学"是大学生应具备的学习习惯。大学的学习方法和环境与中学阶段有较大的不同，学习成为一件真正需要主动性和自主性的事情，大学期间衡量学生是否优秀的标准也不仅仅局限于学生的学习成绩，更重要的是学生的能否在实践中不断总结的学习能力，能否驾驭各种学习方法和途径，能否培养良好的学习习惯，从而不断提高综合素质，拓展自身的知识体系，与未来职业发展方向顺利接轨。也正是因为大学学习的这种自主性，在给予学生广泛涉猎各科知识的同时，也会混杂了各种文化思潮的元素，"慎思"就成为大学生核心价值观中的重要方面。由于以往的学习局限于课堂与课本要求的固定的内容，很多知识和思想已经经过了教师的筛选，学生的思考更多是在知识的掌握，而非辩证的理解、甄别，因此我国大学生对于课本、知识的批判能力较弱，甄别能力不强，认为写进书里的就一定是正确的。实际上，理性的批判是马克思主义宝贵的学术精神，列宁曾这样评价马克思："凡是人类社会所创造的一切，他都用批判的态度加以审查，任何一点也没有忽略过去；凡是人类思想所建树的一切，他都重新探讨过、批判过，在工人运动中检验过，于是就得出了那些被资产阶级狭隘性所限制或被资产阶级偏见束缚住的人所不能得出的结论。"真理需要实践的检验，知识需要经得起推敲，大学生必须学会理性地思考所接触的各种思潮，看到其背后的本质内容，就如列宁真诚地告诫年轻一代："你们不仅应该掌握知识，而且应该用批判的态度来掌握这些知识，不是用一堆无用的垃圾来充塞自己的头脑，而是用对一切事实的了解来丰富自己的头脑。没有这种了解就不可能成为一个现代有学识的人。如果一个共产主义者不下一番极认真、极艰苦而巨大的工夫，不弄清他必须用批判的态度来对待的事实，便想根据自己学到的共产主义的现成结论来炫耀一番,这样的共产主义者是很可悲的。这种不求甚解的态度是极端有害的。""笃学慎思"的大学生核心价值观就是要以真正的求学态度渡过宝贵的大学时光,以清晰的头脑应对各种文化思潮的干扰,做到真学、真知、真用。

教育部在《面向21世纪教育振兴行动计划》中提出,"要瞄准国家创新体系的目标,培养造就一批高水平的具有创新能力的人才,大力提高高等学校的知识创新能力。"因此,"创新"已成为大学生核心价值观不可或缺的组成部分。那么究竟什么是具备"创新能力"的人呢?一方面,创新是一种综合能力,不仅是思维的活跃,还需要人格的完善。有的学者认为:"创新是指人们在生产力、生产关系和上层建筑全部领域中进行的创造性活动,就是对不断出现的新情况、新现象、新问题、新领域做出新的理性分析和理论解答。"还有的学者指出:"创新人才是指具有创造性思维、完善的自我实现目标和被社会与他人接纳的人。这样的人,首先应该是一个具有高尚人格的人。"另一方面,对于正处于成长过程中的大学生而言,不是"没有人做过的事情我来做"就是创新,创新是需要建立在较为全面的知识基础和慎重理性的思考基础之上的,是需要扎实的知识、开放的头脑、理性的思维共同作用下的创造能力。因此,"勇于创新"是建立在"笃学慎思"的基础之上的,"笃学慎思"是需要创新精神支撑的,二者相辅相成,是大学生群体适应知识经济发展时代的必须素质。同时,不论是"笃学慎思,勇于创新"的哪一方面都不是一朝一夕能够完成的,需要建立一系列大学生创新能力培养体系,以各种教育方法和手段帮助大学生树立"笃学慎思,勇于创新"的核心价值观,大学生自身也需要不断完善知识体系的系统性,自觉追求创新意识和品质的培养,努力成为具有可持续发展潜力的创新型人才。

第二节　大学生价值观形成与发展的特点及规律

一、大学生价值观形成的特点

大学生价值观的形成特点主要是根据新中国成立70年来大学生价值观的演变，从大学生个体的角度，横向比较和探讨其价值观的形成过程，主要归纳为以下几点。

（一）具有鲜明的时代性和前卫性

大学生价值观的形成总是在国家意识形态引导下，受到时代背景的影响而形成的，因此在大学生价值观的形成过程中具有浓厚的时代气息，或者说具有时代性。例如，在20世纪80年代改革开放的大潮中大学生个体价值觉醒，受到时代限制在价值观的选择上出现了"潘晓"大讨论的迷茫期；对书本知识的渴求，高呼"学好数理化，走遍天下"，在一定程度上忽视了情感培育和实践能力；在工作和生活的选择上大多数以服从国家分配为主。而在当前信息化、多元化及经济快速发展时代的影响下，现在的大学生敢于冲破"三纲五常"等传统落后价值观的束缚，向往"平等""自由""独立"，以平等的视点看待上下级的关系、师长关系，敢表达自己的真实感受；对于金钱持有一种比较现代的态度："一方面，金钱不是万能；另一方面，没有金钱万万不能"；开始注重自我价值；基本树立与社会主义市场经济相适应的价值观，如主体价值、竞争意识、开放意识、信息意识、效率意识、创新意识、市场意识、公关意识、环保意识等；能正确地看待竞争，重视应用能力的学习与发挥，正确地理解效率与公平的统一；逐步淡化"量入而出""精打细算"等强调"有计划"的传统性消费观，主张"能挣会花"和"多挣多花""借贷消费"的现代消费观。

与时代性相对应，大学生的价值观还具有明显的前卫性。大学生群体正处于人生中精力最为充沛的时期，生理和心理年龄特点决定了其思想极其活跃，对新事物的接受能力较强，所以在任何时代，大学生的思想都走在时代的前沿，在当代则更明显。大学生作为每个时代的新生体，尤其是当代大学生生活在祖国深化改革开放、经济高速发展、社会制度逐步完善、高度重视教育和文化建设的新时代，他们接受大量的新知识和新理念，走在时代的前沿，是时代的弄潮儿。他们特立独行，坚持自我；敢爱敢恨，有进取心；他们的思想创新而不守旧，紧跟时代潮流甚至率领潮流。当然，他们的某些思想可能一时不被大多数人所接受，被称为"标新立异"。但是在"前卫"的大学生群体中不乏思维不成熟或一味追求新奇而难辨是非的学生们，他们不加分辨地接收西方思潮的观点，"崇洋"思想严重，认为国外的一切都是好的；认为传统的思想政治教育守旧过时，甚至是要控制他们思想的工具；过于以自我为中心，在与他人或社会的关系上只从自我立场出发，而不能从他人或社会位置去思考或处理问题……因此，更显当前大学生价值观的形成与发展的重要性与迫切性。

（二）具有典型的被动性和从众性

大学生价值观的形成通常是被动的。一方面由于大学生在成长过程中都接受过不同程度的社会价值观教育和引导，其价值观形成不能彻底摆脱"预制性"；另一方面，由于受到知识水平、思维能力、心理状态等方面尚未成熟的限制，其价值观的稳定性有限，容易受社会价值导向和其他群体的影响。

与被动性相联系的从众性，是大学生价值观形成的另一重要特点。所谓从众，就是在群体的影响和压力下，个体放弃自己的意见或自身的需要而采取与大多数人相一致的行为，即通常所说的"随大流"。从众是日常生活和工作中常见的社会现象，在大学生价值观形成中也很普遍，如优秀学生干部、学习成绩好、研究生录取率高的学生往往集中出现在某些班级或寝室，相反，网络成瘾、逃课挂科等现象也会以"集体性"方式出现的学习从众；无视自己的经济基础，互相攀比，将"美"和"自尊心"建立在物质基础上的消费从众；认为自己应该到了年纪为了恋爱而恋爱，但大多以"毕业就分手"为结局的恋爱从众；以"公务员热""考研热"为标志的择业从众；都说一部电影好却不知道好在哪里、都反映一个事件影响恶劣却不知缘由的评判从众等等。大学生价值观的从众性原因是多方面的：第一，从众是集体生活中处理群体与个人关系的简单方法，尤其当代大学生独生子女多，他们难以适应群体生活的人际关系，从众就成为他们处理问题的重要方法之一；第二，受我国传统文化中的"群体归属"意识影响，学生从小接触到的家庭教育和社会环境都以"少数服从多数"为评判标准之一；第三，学生自身思维、意识、心理发育尚不成熟，对群体舆论敏感，面对多元化的价值观冲击，缺乏理智思考和选择，而依托于"模仿"……从众心理人皆有之，是个体适应社会生活的必要手段，盲目的从众使个体失去个性和创造性，被动从众容易使大学生迷茫和无措，甚至产生过大的精神压力，导致挫折和失落，但理性的从众有利于大学生道德的社会化，能够帮助学生树立正确的价值观，构建大学生核心价值观。

（三）具有明显的即时性和多变性

大学生价值观形成过程中的即时性是指大学生的价值观容易受突发事件的刺激和影响而发生改变，会因为父母离异、家庭经济变动或社会热点事件的发生，对人际关系失望，将由信任为基础的交往观念转向崇尚利益至上；也会因为一场生动的模范报告、激动人心的奥运赛事而充满民族自豪感，开始在行为上规范自己，甚至亲身践行西部支教。在即时性的同时，恰恰也凸显了大学生价值观形成的另一特点，即显著的变动性。在当前信息发达、价值多元的时代这种变动性特点更为显著，一条微博的转发、一个帖子的发布都可能引起大学生强烈的好奇心和关注，或怀疑或确认自己已有的价值评判标准。

大学生价值观形成的这种即时性和变动性的特点，无论是在学生个体的大学生涯周期内，还是在一个时代的大学生群体中，都有显著的表现。从内因上来说，虽然大学生的逻辑思维和个体意识已取得显著进步，渴望独立的自我和个性，但仍处于发展和稳定的阶段，缺乏对事件更深层次的理性思考和对自我的全面分析，因此在面对纷杂的外界信息刺激时，难以真正的坚持自我，却因为青春期特有的冲动和热情反复变化个体情绪和认知，使价值观处于波动和不稳定的状态。从外因上来看，日益变化的国际国内形势、不断涌现的社会思潮、四通八达的信息渠道、丰富而尖锐的媒体舆论等等都使大学生处于一个多刺激的外界环境，强烈地影响着大学生的价值观形成。在这样的内、外因素的作用下，大学生价值观的不断调整和变化是值得理解的，也正是由于这种价值观的形成特点证明大学生的价值观存在很强的可塑性，较容易受到核心价值观的影响而适时回调，使大学阶段的核心价值观构建具有操作性。

（四）具有突出的双重性和矛盾性

大学生价值观的形成具有鲜明的双重性，从历史发展的角度来看，尽管大学生价值观在新中国 70 年来的发展中出现了阶段性的特点，但我国大学生价值观形成过程中最根本的、最核心的价值观念始终存在：强烈的爱国主义和民族精神，发扬和继承中华传统的美德，认同和支持中国共产党领导下的祖国发展，同时要求个体价值的实现，要求实现自我的人生理想和幸福美好的生活，随着改革开放的深入和时代的发展，开始关注其他国家和民族的文化和思想精髓。在这种集体与个人、传统与现代、本土文化与西方文化的交织下，自我价值与社会价值共重、西方价值观中的精华与传统价值观中的精髓并存，开始在自我价值和社会价值、传统价值与西方价值的对立统一中，建构自己的现代价值观。

这种价值观形成的双重性，经过去伪存真、去粗取精的过程能够促进价值观的科学化形成，但在实际的选择过程中常常伴随着矛盾性：既想要特立独行、个性发展，又有很强烈的从众心理，在意同学、家人的评价和看法；既希望按照兴趣爱好选择专业，又屈从于热门专业的诱惑；既要求找到与专业对口的工作，又大部分局限于公务员、薪金高的职位；既有着强烈的爱国热情和较高的社会责任感，又缺乏对自身行为的约束力。相当多的青年认为书本上的人生理论是正确的，但在现实中是难以实现的；他们以集体主义来要求别人，却以个人主义来对待自己；他们反对别人自私自利，自己却以个人利益为重；他们既存在着所处时代产生的价值观，又存在着传统的民族的价值观。大学生价值观形成过程中的矛盾性使他们面临价值选择时常常处于矛盾状态，无法做出正确的价值决策。其实，矛盾是事物发展变化的根本原因，大学生的价值观形成同样需要各种理念的逐渐磨合、消化和解决，通过这种怀疑与困惑对立的矛盾运动实现价值观统一的认可与接受，因此能够把握大学生价值观形成过程中的主要矛盾与矛盾的主要方面，是实现大学生社会主义核心价值观有效构建的关键。

（五）具有浓厚的物质性和现实性

大学生价值观的形成逐渐出现了物质性和现实性。随着市场经济的不断发展，大学生群体对我国现行的以公有制为主体的多种经济所有制并存的认识明显提高，市场经济观念日益增强，竞争意识、实惠观念越来越重，在价值观上表现为人生理想趋于实际，试图把理想追求与物质功利联系起来，将事业上的成功和舒适安逸的生活作为现实理想；崇尚自我个性，在校园生活和社会实践中以是否能够获得自身能力提升或物质利益为参与标准，并希望得到重视，占据主要位置，强调自我价值的实现；认为曾经的"为实现共产主义理想奋斗终生""做社会主义接班人"等口号式的理想标准虚无缥缈，认同和关注"尊重的教育""民生政策""以人为本"等切实关系到个人发展和生活水平的理念。

马克思主义认为，"人们的奋斗所争取的一切都和他们的利益有关"，因此大学生价值观形成过程中将物质和现实作为评判标准符合人的发展需求，也是大学生群体脚踏实地面对学习、工作和生活的开端。但是基本的物质需要和正确的利益观是和"功利"有着本质区别的，"功利关系具有十分明确的意义，即我是通过我使别人受到损失的办法来为我自己取得利益"，心智发展的不成熟、物质的吸引、西方思潮的不良影响、特色社会主义与资本主义经济"趋同论"的舆论等等原因，也使不少大学生过于以自我为中心，偏离合理的物质追求使之功利化，缺少社会主义理想归属与寄托，仅有具体的学习目的、工作期待，而对集体利益漠视、对社会政治冷淡，造成价值观迷茫、徘徊甚至偏差，这一切对大学生价值观的形成与发展过程提出了新的要求，需要以正确的价值观引导大学生正确的物质、利益评判标准。

二、大学生价值观发展的特点

通过从历史的纵向发展角度来看新中国成立后70年大学生价值观的演变，大学生价值观的发展呈现出了在冲突中整合、在分化中趋同、在自觉中务实的特点。

（一）在冲突中不断整合

价值观冲突是指同一主体自身或不同主体之间对某一价值对象产生的价值评价或态度存在矛盾、发生对抗甚至无法协调的状态；价值观整合则是指群体成员在共同的生活过程中，将群体的共同规范、信仰和价值接受并内化，成为自己价值意识的一部分，从而使自己从属于集体价值观。有作为个体的人存在就会有价值观的分歧，而作为群体的人又会或主动或被动地进行价值观整合，以寻求必需的归属，大学生群体也是如此，由于其所属年龄阶段的特殊性这种分歧显得更为明显，而寻求归属的需要也更为强烈。

随着改革开放的不断深入，我国的社会经济、文化不断发展，巨大的物质利益和多维的外来思潮，给人们的价值观带来了强大的冲击，这种情况对作为价值观尚未形成的大学生的影响尤为明显。笔者将大学生群体的价值观冲突主要归纳为以下几个方面：一是，自我理想与实践行为不匹配。大学生都是富于理想的新时代青年，但是多数大学生缺乏社会实践，所谓理想很大程度是自我想象的憧憬，带有大学生独有的心高气傲的浪漫主义色彩，具有实现理想观念上的大抱负，在真正践行理想时却缺乏动力，缺乏从小做起、从难做起的耐心和勇气，因此常常抱怨不得志或者不公平。二是，个人行为选择与理想价值观念相冲突。大学生对于诚信、民主、公平持肯定态度，在社会的发展进程中，难免会出现某些社会问题甚至极端个案，大多数的大学生对这些不端的行为嗤之以鼻，但发生在自己身上时却会产生犹豫情绪，难以判断。例如，对考试作弊的不诚信行为，几乎所有的学生都知道并认可是错误的，但是自己也会产生"钻空子"的想法；对"老人摔倒不扶"的问题持鄙夷的态度，但发生在自己身上，很多学生都会产生犹豫心理这是价值观不成熟时对于个体取向和社会取向冲突的最明显的表现。三是，外在物质观与内在精神的冲突。人对物质有着自然的需要，在社会主义市场经济大潮下，大学生追求正当的利益也是无可厚非的，但是由于还是处于象牙塔中的状态，对于既希望坚持专业上的兴趣追求，又渴望找到高薪稳定的工作，是把价值定位于外在物质、功利，还是更注重内在精神追求，又如何能够将二者达到协调，令他们困惑苦恼。

　　需要指出的是，虽然当前我国大学生群体中存在着价值冲突，但是随着我国社会主义市场经济体制的不断完善、社会保障制度的日益完备、高校思想政治教育日趋科学，新时期的大学生们对社会的认识正逐步趋于理性、全面和深刻，大部分青年能够将自我价值的实现与现实情况、社会道德联系在一起，将中国传统价值观的先进精神与西方价值精华相结合，对中国特色社会主义的共同价值的认定，对邓小平理论和"三个代表"重要思想的高度认同、对社会主义市场经济体制完善基础上各种规范的共同信念的认可，以及中国几千年传统文化的凝聚作用，都使新时期中国大学生的价值观不断融合。同时，政府已将高校思想政治教育放在了首要位置，思想政治教育学科建设经过 40 年的建设也已卓有成效，在高校中普遍形成了良好的教育氛围，价值观教育作为思想政治工作的一部分也已获得了充分重视。这样的教育环境下，也使高校学生的价值观不断进行调整与整合，一方面与学校教育、社会要求相契合，一方面与周围同学形成和谐氛围相融入，并经过实践检验认可社会主义核心价值观的内容，例如爱国情怀和民族自豪感已成被当前大学生普遍认同的价值观，中华传统文化精髓与道德观念也成为高校学生关注和自觉践行的热点。

（二）在分化中走向趋同

进入新时期后，大学生的价值观呈现多元化的发展是不争的事实。价值观是一个主体性的概念，价值观的多元化原因之一就是主体的多维复杂性，即不同主体或同一主体不同时期的不同思维方式，使价值观呈现复杂、丰富的特征。新中国成立 70 年大学生价值观的演变证明，整齐划一的主体价值观、所有行为方式均理想化地以集体利益为主、忽视个体需要，这其实是不正常的现象，也是不符合大学生主体需要的，大学生价值观的分化正是由新时期大学生主体需求的分层决定的，也是社会发展进步的表现。

在主体需求分层导致价值观分化的同时，新时期中国青年价值观发展还表现出了趋同性特征，学者杨雄从价值目标和价值取向方面归结为四点：一是政治观、经济观上的现实性和理智化。随着社会制度的不断完善，民众的社会参与方式和社会体验逐渐自主化和多元化，大学生也是如此，他们不仅追求社会制度的公平公正，也要求自我价值的实现以及保障自身的经济利益和人身权益。二是在价值选择上将自我实现与服务社会趋于整合。大学生更能够体会到，自身的发展同社会的进步是紧密相关的，更为理性地思考中国的改革开放和社会进步的趋势，能够有一定意识地将自己的价值选择、个体价值实践途径与社会道德、规范的要求趋向统一。三是青年的教育需求越来越高。"大学热""考研热"

持续升温,表现出青年对于教育的强烈需求。四是青年更加注重消费和生活质量的改善。随着我国消费结构的方向调整,居民生活水平明显提高,新时期大学生对自身消费权益的保障与总体生活质量的改善看得十分重要。总的来说,这种趋同性是我国社会主义社会发展进步,社会主义核心价值观逐步得到实践认证而被越来越多的大学生主动接受的表现;是人在全面发展的过程中对经济水平、教育水平、生活水平要求提高的普遍性规律;是在市场经济的竞争现实中自我提升、理性发展、科学规划的表现。

(三)在自觉中逐渐务实

改革开放之前,中国大学生的价值观和国家所倡导的价值观基本上是高度一致的,其自觉性不够明显,这是由于当时高度统一的社会体系中,意识形态高度集中,国家和社会的要求基本上就是大学生的追求;国家和社会所推荐和倡导的,也就是大学生的选择与目标。青年不用去思考和选择自己的价值观,只需要按照国家和社会提供的目标、标准和模式学习就可以了。而新时期的大学生更加有主见,有能力将周围环境进行理性加工,例如社会改革的矛盾与艰难、市场的激烈竞争、文化的交融与冲突,都在大学生头脑中产生刺激,也迫使大学生去思考、去实践、去比较,以进行慎重的选择和判断。在市场经济的冲击下,新时期大学生在个体意识、民主观念日益增长的同时,他们对事物的评判标准更加实际化。他们关心个人发展、事业理想等"看得见摸得着"的实惠,但也关注社会环境、国家与民族的前途和命运,注重如何将个人发展与社会进步相结合以取得更加和谐幸福的生活。但也有部分大学生没有认清个人与社会发展的一体性,在价值判断上更注重个人本位,甚至带有浓厚的个人功利色彩。总之,求实惠、讲实效、重现实成为大多数青年的选择,当代青年在价值目标的选择上明显地表现出现实主义和实用主义倾向。

三、大学生价值观形成与发展的规律

列宁指出:"规律就是关系,……本质的关系或本质之间的关系。"规律问题是哲学中的深层问题,是事物、现象和过程的内在的、本质的、必然的、稳定的联系,提炼出大学生价值观的形成和发展的规律,探求大学生价值观的发展趋势,对顺利进行大学生核心价值观的构建具有决定性意义。根据大学生价值观的个体形成特点,及其群体历史发展特点,结合思想政治教育学科思想形成规律的相关研究,笔者归纳总结大学生价值观的形成和发展规律如下。

(一) 大学生价值观形成的内在规律

1. 大学生的自然渐进性

马克思认为:"全部人类历史的第一个前提无疑是有生命的个人的存在",人在特定的成长阶段具有不同的生理、心理特点,是影响认知与判断的自然因素。从年龄划分上,我国大学生大多是处于 18－23 岁,属于心理学上的青少年时期,是从少儿向成年发展的过渡时期,是社会所赋予的、为成人做准备的合法延缓期,既保留着部分少年儿童的心理,也具有很多成年人的特点。

第一,成熟的身体结构上却保留情绪上的冲动。在少儿时期,人对于自己的情绪难以控制,会因为自己的需要没有得到满足,以发脾气、吵闹的形式发泄情绪;反之,这种情绪的不稳定性和冲动性,因畏惧于成人的威严而有所收敛。而随着年龄的增加,在身体形态方面,大学生的身高体重成长已趋稳定,与成年人基本无异,其体力机能等甚至超越成人,开始摆脱因客观身体结构的劣势而对成人的畏惧和服从,成熟的外观和知识量的增加,使他们在意识上认为已经成人,开始出现叛逆心理并"勇于"反抗成人的教育,表达自我观点。生理上成熟,也刺激了青年人激动和狂热等情绪,步入大学后不再像高中要求统一服装和作息时间的管理,相对的自由化使学生们更加注重自己的外貌打扮,复杂

的心理活动增多，容易兴奋也容易失落。因此当家庭、学校人际关系、社会等外界环境发生变化时，能够敏感感知，即使很小的刺激也会引起强烈的情绪反应，但也正因如此，青年大学生更关注并容易接纳新鲜的事物或观点，对未来充满了热情和幻想，是富于创新同时又带有冲动意识的高智商群体，有极其敏锐的感受力，处于价值观的确立与稳定时期。

第二，日趋理性的思维方式却缺乏成熟的判断力。大学生时期的学生受到高等教育培养，人的思维能力得到了充分发挥。自我意识也趋于高度分化，对人的价值观形成的作用得到了充分发展，大学生在多年的学习生活中，思维方式已经从感知事物的表面现象发展到探究背后的原因，逐渐掌握某些事物发展的规律和重要的科学理论，能够在各种经验和现象的基础上进行理论升华，这表明他们的思维日趋理性化和抽象化，更加的成熟和深刻，独立思考能力得到高度的发展，开始对个人发展问题、社会问题有了较多的关注和思考，能够相对理性地判断成败挫折、人际关系和社会现象等问题。但是在这一时期，他们还不能完全准确和深刻的理解社会准则以及他人的思维方式，认知思维的迅速成熟使他们具有强烈的自我意识，固执于自己的意见和判断，尤其对一些复杂的现实问题和社会问题仍以表面化或单纯化的方式思考。由于希望从自己还不够丰富的经验中判断问题的是非，从多元化的价值观念进行选择，因此逻辑思维并不严密，在受到如家长、教师或社会的考验时会因为经受不住推敲而出现反抗情绪，容易出现单纯过激的行为，因此大学生的价值观尚不稳定，需要核心价值观念的正确引导。

第三，自我控制能力的提高却存在自我认识的迷茫。在日益独立学习和处事的过程中，大学生渴求得到他人的认可，凡事要有自己的主张，自我控制能力得到显著发展，主要表现为使自我行为服从自我意志，贯彻自我的思想主张。随着年级的提升，学生逐渐意识到任性冲动的行为不仅会影响到集体人际关系，也会影响到个人评价，因此自我控制和协调能力开始逐步提高，坚强、忍耐、抗挫折能力等意志品质逐渐形成，能够对自我心理活动进行调节、对行为进行控制，服从于自我的未来发展需求和社会核心价值观。与此同时，大学生对自我的认识尚不科学和透彻，大多数的大学生对自我能力、性格、兴趣等评价和未来生涯发展规划并不明晰，容易受到他人和消极情绪的影响，出现从众行为，缺乏远大的理想，自我实现的程度较低，自我价值体系容易向个体本位转移，患得患失，消极或激进处事。

综上，大学生个体自然性的本质决定了大学阶段是价值观形成的关键时期，学生的价值观在形成过程中总是陷于矛盾之中，不断调整其价值评判标准并最终得以确立。同时，上文我们分析的大学生价值观形成过程中的前卫性、矛盾性、多边性等特点也与其个体发展的自然本质密不可分，也要求将大学生核心价值观构建与大学生的自然本质相契合并保持适度张力，使大学生自觉选择和践行社会主义核心价值观。

2. 大学生的社会发展性和历史延续性

马克思和恩格斯指出："人的本质并不是单个人所固有的抽象物。在其现实性上，它是一切社会关系的总和。"社会性是人的根本属性，"社会"是人的存在形式，社会性的人是历史的存在，大学生也不例外。大学阶段是学生步入社会前的过渡期，学生通过大学生活的学习和实践，将已有的知识、技能进行补充和提高，逐步获得参与社会生活与工作实践的基本能力，从一名学生转变为可以独立处理工作、人际、生活、家庭等诸方面事务的"社会人"。学生在大学阶段不仅会在教师的指导下学习知识和实践锻炼，还面临如何运用已有的知识、能力、经验等妥善解决、承担集体生活和成长中出现的各种问题和责任，学会理解并遵守社会道德、法律规范；能够掌握生活、学习、工作等基本能力；能够接受并形成社会主导的政治信念、思想体系、价值观念；能够具备判断社会事件是非、认知社会交往的思想意识；能够有效参与社会活动；增强社会责任感，不断提高自身的社会发展能力，以成功步入社会。这是各个时期每一名大学生必经的成长之路，也是大学生所独有的社会性发展过程。因此，学界公认的高校的三大基本职能是储备和传播知识教学的职能、创造新知识的科研职能和服务社会的服务职能，高校在教书育人的同时也要为社会的经济发展服务，为社会培养高素质的人才。在大学生社会性发展的必然需求和大学提供的社会性培养平台的共同作用下，一批批人才被输送到社会或更高层次的学府进行深造，最终会成为社会发展的中流砥柱，因此学生能否适应社会并被社会所接受尤为重要。在这里大学生与社会连接的最为紧密也最为关键的就是思想意识，只有学生具备了正确的价值观念和价值评判标准，心态积极地在社会中找到自己的位置，被社会所接纳，才能利用具备的基本工作技能实现自我理想的同时为社会做出相应贡献；反之则会在社会竞争遇到挫折或失败时，感到自卑、抑郁、激进、不辨是非，压抑不得志，无法融入社会之中，甚至自暴自弃或做出违法乱纪的行为。

大学生除了作为一名"社会人"，也是"历史人"。一方面大学生存在于自己成长的历史之中。"大学生"不会一蹴而就，而是经历了家庭教育、中小学教育、社会教育近20年的经历后步入大学的，每一名学生的处事和交往都带有自己特有成长经历的痕迹，每一名学生都是独立的个体，具有特殊性，但是受年龄、成长环境局限，涉世浅、阅历少、经验不足、心理发展不成熟，也具有普遍性特点。另一方面，大学生存在于社会发展的历史之中。马克思认为："人们的观念、观点和概念，一句话，人们的意识，随着人们的生活条件、人们的社会关系、人们的社会存在的改变而改变。"人类创造了历史，也生活在历史之中，大学生也是如此。所有的学生都生存于社会历史之中，受到社会发展局限，不同年代的学生也带有了不同年代特色，例如20世纪60年代末70年代初上山下乡的老三届，80、90年代被改革开放春风激醒的改革青年，21世纪新时代大学生则思想多元化、要求个性独立发展。所以，我们研究大学生核心价值观的形成，必须把他们放到特定的历史背景和社会环境之中，构建大学生核心价值观时也必须符合大学生的时代特点，尊重其自身成长规律、个体发展需要并使之符合社会历史发展进程。

（二）大学生价值观形成的客体规律

大学生价值观形成的环境"三螺旋"作用规律是指大学生价值观在形成过程与社会环境、家庭环境和教育环境三方面之间的一种客观存在的本质联系的规律，三方面环境对大学生价值观的形成的影响是交互相连、彼此相依能够以螺旋上升的形态共同作用于大学生价值观形成的过程。

1. 社会环境为大学生价值观的形成提供方向性指引

马克思说："统治阶级的思想在每一个时代都是占统治地位的思想。这就是说，一个阶级是社会上占统治地位的物质力量，同时也是社会上占统治地位的精神力量。支配着物质生产资料的阶级，同时也支配着精神生产的资料；因此，那些没有精神生产的人的思想，一般地是受统治阶级支配的。"统治阶级会通过倡导代表统治阶级利益的思想道德观念，使个体形成统一的社会价值观，以维护统治阶级的利益，并由国家机关通过政策文件、法律规范、营造社会环境普及推行，以深刻影响国人的价值观的形成和确立，各个国家皆是如此。以我国为例，我国实行人民民主专政的社会主义制度，人民是国家的主人，经过长期的革命与改革的实践凝练和建构的社会主义核心价值体系，集中表现了中华民族和当代中国人的价值追求、价值理想、价值取向和价值规范，具有科学性、民族性、时代性、包容性和开放性，并有国家机关通过政策文件、法律规范普及推行，是大学生核心价值观构建的重要依据，能够对大学生价值观的形成起到指引性作用，受此影响，当前我国大学生价值观整体呈积极向上的趋势。

与此同时，多元、开放、包容的社会环境就会存在不同的思想声音，能够使人实现自觉主动的选择，所以在大学生价值观的形成过程中会出现波动、偏差。从大学生价值观变化的阶段总结可以分析出，每个阶段的价值观变化都与国际、国内环境变化、社会变革、党中央的政策引导方向有着密切的关系。例如，20世纪80年代，对外开放将与外部隔绝的中国带到世界面前，中国通过艰苦努力的改革建设实现了经济的快速增长，实现了人民的共同富裕；90年代，中国与外部、与西方的关系发生了一定的改变，从战略合作转变为战略竞争关系，对于中国内部而言，实际上意味着时代主题、时代精神的转变；21世纪全球联系更加紧密，中国的发展使一些西方国家开始产生不安，以各种途径干预中国的发展。这些外部环境的变化导致中国民众，包括大学生群体的价值观不断发生变化，产生了相应的行为表现，如强烈的自主意识、民主要求等。而我国实行的社会主义制度是在中国共产党领导下，以马克思恩格斯创立的科学社会主义理论为根本指导思想，经历了70年的社会建设和不断改进，经得起实践验证的正确的社会制度。在经济基础上经历了计划经济到市场经济的转型，树立了以人为本的意识形态。纵观我国新中国成立后的历史，无论是新中国成立初学生的热情高涨，还是"文革"期间的盲目，抑或是当代学生追求个性的思想，都与国家政治价值观的转型密不可分。我国的政治价值观从封闭化、情绪化转变为开放化、理性化，逐步形成了"民主""科学"的新型价值观。目前，随着网络的高速发展和信息时代的到来，中国与世界接轨得更加密切，拥有着高素质的大学生绝大部分可以熟练地运用互联网作为工具，对整个世界的认知力要远远超过此前的大学生。加上当代大学生是独生子女，社会对教育的重视也让他们的自我意识膨胀到了一定的程度。"自我"的概念是当今大学生身上最深的烙印。同样，在各个时期学生都会通过对社会的认知而形成不同的价值观，20世纪80年代经济膨胀、就业自主化使学生价值观产生了个人主义的偏差、90年代的稳定发展等因素使学生价值观开始务实化。

2. 家庭环境为大学生价值观的形成提供基础性指引

家庭是个体最初也是最主要的社会化机构，父母是孩子的第一位老师，父母的价值观在学生的成长过程中起到启蒙性的影响，是学生评判事物最初的观点采纳者和行为的模仿对象，步入大学乃至整个人生发展都或多或少的带有家庭价值观的烙印，例如有的家庭父母乐观、开明，孩子通常也会较坦然地面对失败，宽容他人；有的父母精明自私、处事圆滑，孩子大多也会斤斤计较，交友范围较广。家庭成员中成年人的价值观念构成了学生价值观的基础性要素，在接触到社会、学校环境时如果有契合就会进一步的认同和接受，如果较之有所出入，则会产生疑惑和思考，通过分析、判断选择和采纳，重新确立价值观，这也是大学生价值观形成过程中首先面对的抉择。除了家庭成员的价值评判标准和行为方式的影响外，家庭的经济情况、家庭成员年龄情况、家庭所处的地理位置、家庭环境的和谐程度等都会对大学生的价值观形成造成影响。因此，大学生的家庭成长环境和整体价值观取向是影响其价值观形成的最初也是最基础的组成部分。

3. 教育环境为大学生价值观的形成提供发展性指引

教育环境包括教育主体、教育方法、教育内容等因素，是学生个体在价值观形成的发展和完善阶段身处的环境。具体说来，大学教师等教育者作为教育主体对大学生价值观的形成具有重要的引导作用，教育者在教学过程中采用的教育方法对于大学生价值观具有不可忽视的影响力，同时教育内容是否适应并符合学生主体的认知水平和心理需求也会对大学生价值观形成不可忽视的影响。因此，高校在引导学生树立价值观上起到了不容忽视的关键作用。例如对于恢复高考后第一代大学生的价值观教育，高校给予了充分重视，采取了有效措施，包括在思想教育理论课中增加马克思论人的本质的重要内容，通过重大的纪念活动引导大学生的爱国热情，开展热点问题讨论等，保护了大学生的积极性，澄清了他们在价值观上的某些困惑。而20世纪80年代末"学潮"的发生原因之一，正如邓小平同志指出的："我们最大的失误在教育，对年轻娃娃、青年学生教育不够。"这里的教育主要指思想政治教育，其中也包括价值观教育。这期间，学校教育一直处于被动状态，对大学生价值观的引导十分不力，在客观上造成了学生价值观的混乱。历史和现实证明，高校的教育对于学生的价值观形成和确立起着重要的引导作用，是宝贵的教育阵地。

每个时代、每个国家、每个大学生的价值观形成都是在上述三方面环境的共同作用下发展形成的，家庭成员是经历教育后步入社会的社会人，学校教育要受到国家政策的指导和制约，社会是以家庭为单位构建的共同体，家庭、学校和社会就像紧密咬合的齿轮，共同形成了大学生价值观的形成动力。如果三方面环境能够达成一致，大学生价值观的形成就会方向明晰、健康发展；如果其中一方面出现分歧或相背离，就会在大学生价值观形成过程中产生摩擦和阻力。事实上，在大学生价值观形成的实际环境中，三方面必然会出现不同步的现象，例如家庭的处世准则与学校教育和社会倡导的集体主义有出入，学生会疑惑个人与集体的关系或与他人的交往方法；学校的教育方法传统、没有新意，学生会认为国家意识形态与个人的生活、学习相距甚远，而周转寻求家庭的帮助或迷惑社会舆论之中；国际形势突变或媒体舆论不尽不实，学生会担忧未来的发展或质疑学校教育的可信度。因此，如何在大学生价值观构建过程中获得家庭成员的配合，营造创新的符合学生成长和心理需求的教育环境，推动政府相关政策和平台的搭建，环环相扣、相互衔接，形成核心价值观教育合力是又一关键问题。

（三）大学生价值观形成的主体规律

能动受动统一规律是指价值观形成过程中，主体行为表现出的主观能动与客观受动辩证统一的规律。能动性表现为大学生价值观在形成过程中，主体具有自主选择或自主接受的能力，大学生能够主观地辨别价值取向、选择价值目标。同时，大学生的价值观形成的这种能动性又是在客观环境的制约下形成的,表现为一种受动时状态。

人之所以能成为主体,区别于动物的根本原因在于人具有自我意识,具有改造世界的主观能动性,而自我意识是价值观形成的主观条件。大学生的这种主体能动性一方面表现为大学生对价值观的一种内在需要,需要具备某种价值观作为学习、生活、成长过程中的一种标准和能力。美国心理学家马斯洛在1943年发表的《人类动机理论》一书中提出了需求层次论,将人的需求划分为五种,即生理上的需求、安全上的需求、情感和归属的需求、尊重的需求和自我实现的需求,马斯洛认为某一层次的需要相对满足了,就会向高一层次发展,追求更高一层次的需要就成为驱使行为的动力。大学阶段的学生的自我意识已经开始逐渐成熟,能够主动提出需要什么,不需要什么,渴望自我同他人区分开来,追求个体所需。这时价值观作为人的价值标准,在一定程度上决定了人的生活态度、生活方式和未来发展趋势,对于大学生而言就是实现独立判断事物、表达个性自我、实现个人理想的思想观念。社会发展越是进步,年龄越是增长,大学生这种独立进行选择、判断从而摆脱父母牵制、教师管理以自我实现的需求就更为凸显。另一方面,进入大学阶段之后,学生正在进行学校与社会的衔接、开始青少年时期与成年期的过渡,其生理和心理已做好独立判断、选择、行为的初期准备,试图在社会上找到自己的位置,能够有自己的见解,甚至期望能够通过自我的行为和思考方式影响他人,价值观就作为思想层面的要素指挥着大学生的处世态度和方法,作为判断事物是非、美丑、对错的尺度。学生希望根据已有的生活、学习经验结合他人评价进行自己的判断和选择,形成自己的生活方式,而主动的分析自我、接受他人意见、接触社会实践并最终发表个人意见,逐步形成自我价值观。

四、大学生价值观形成与发展的趋势

大学生价值观的发展趋势是在对大学生价值观的发展与演变的特点

分析的基础上,对大学生价值观的未来发展进行的预测,能够为大学生核心价值观构建提供科学性依据。

(一) 价值目标由理想主义向现实主义转化

在社会主义革命时期,为了能够推翻陈旧的政治、经济制度,人民常以某种理想化的口号、标语等憧憬理想,作为精神支柱,在一定程度上忽视了人的正当物质利益和自身需要。到了社会主义建设时期,人们开始逐渐摆脱不切实际的"超现实"精神追求,更看重现实的世俗生活的物质追求。总之,现代文化逻辑起点的世俗化、实际化,是社会工具理性成熟的表现之一,必然会引起人的精神世界发生新的变化。社会充分肯定人的现实追求、提高物质生活水平、丰富大众娱乐,也反映出个体对社会民主、和谐、完善的要求,在一定程度上促进了市场经济、民主政治、社会参与等社会主义建设的完善。在这样的社会变化中,青少年学生尽管也注重理想和追求,但相比较而言,现实和物质的需求更突出,希望把理想追求和现实功利结合起来;从注重奉献的理想主义,转向注重实惠、实用和物质享受的现实生活,倾向于奉献与索取并重;从注重知识的价值、理想的追求、到注重金钱的价值、感官上的享受,认为即使是追求理性和知识的同时,也需要金钱和物质享受;他们接受现实,把现实作为一种前提条件,在适应社会的过程中达到改造社会的目的。

(二) 价值主体由社会本位向社会本位与个人本位相结合转化

主体与客体、个人与社会的关系一直以来都是价值观念的核心问题,其中如何处理好个人与社会的关系更是关系到人类社会发展的关键。马克思认为,个人是社会中的个体,而社会则是由个人及个人相互关系组成的群体性组织。但是,中国传统的价值观也将个人服从于整体放在首要位置,甚至忽视了个体利益和发展、以整体来压制个体,即使在新中国成立后改革开放前,仍将集体主义作为道德和价值的唯一准则。这是对个人与整体的关系认识不明晰或者对社会主义建设时期经验不足导致的，但以大公无私、先人后己、顾全大局等精神品质为代表的传统价值观精华也成为中国社会的美德风范。

到了当代，新时期的大学生最明显的即是不再像他们的父辈年轻时那样把个人命运同国家前途和命运紧密联系在一起，与上辈相比，他们更具有独立思考的理性。有调查显示，作为信息敏感的时尚探索群体，"大学生对社会事务极为关注，留意最新的社会变化，并且着意突出自己的角色，以表现中学生群体的作用。他们在文化发展、环境保护、国际事务、消费时尚方面具有自己的独特意见"。与此同时，他们在自我价值的定位和个性发展的取向方面也表现出明显的个人本位化倾向。大学生不赞成完全忽略或牺牲个人价值去服从集体价值观，既要求个人能够为社会、集体贡献力量，同时也要求社会和集体能够尊重、保护甚至促进个人正当利益的获得，他们寻求的是个人利益与集体利益的和谐统一。

但在大学生群体中还存在一部分学生在认可个人价值之时，比较偏重从个人需要的满足去考虑，不太强调从个人对社会贡献中去认同个人价值，似乎个人价值就对个人而言，考虑问题更多是考虑自己，在人格的建构中出现自我中心倾向，过分强调个人利益，凡事从个人利益出发，不为他人、集体、社会考虑，容易陷入极端个人主义、功利主义的误区，是学校德育重点引导的对象。

（三）价值取向由单一向多元转化

社会的主流价值观曾经一度是青少年学生唯一的价值选择。然而，新时代价值观已呈现了多元化的鲜明特点。此时，出生于不同年代的人有着不同的价值观念和行为模式。即使是同一个年代，由于主体的社会分层和多样化，价值观念也必然是多样化的。甚至是多元的。不同的阶级、阶层、群体和个人，由于所处的生存发展条件不同，利益、需要和立场不同，其所持的价值观也不可能完全一样的。这是我们必须面对的价值观的基本事实。

进入90年代特别是21世纪后，受经济全球化的影响以及我国市场经济体制的逐步确立，人们的生活空间和思维视野得以拓展，生活质量随着物质生活水平显著提高，已呈现多元化的态势。即使同样出生于七八十年代的独生子女群体，他们的想法和需求也会大相径庭。在他们身上，传统的以儒家伦理为核心的价值观念、革命战争年代形成的优良作风、社会主义新时期价值观念、市场经济价值观念所产生的影响，其范围、程度也很不一样。个性多元发展是未来流行大势中自然的选择。在一个多元化时代每个人尽可以按自己的理解与价值追求来表达生活、演绎生命，社会也因此而能欣赏到多样化的色彩，不同群体内部的分化现象也导致这种趋势的发展。知识学习成绩的优异、高考的胜出不再是评判他们才华、确立他们成才的唯一标准。

（四）价值评价由苛刻向宽容转化

在中国传统社会和社会主义改革建设初期，包括学生在内的人们对于社会主流价值观以一种近乎严苛的态度来对待，如有带有自我价值观点的思想很有可能被视为"异类""大逆不道"，承受批斗甚至法律的制裁，例如汉代的"独尊儒术、罢黜百家"、清代的"文字狱"、"文革"时期的"两个凡是"等等。这主要是由于社会发展的落后性、政府的独断专权以及与之相适应的民众狭隘的视野和盲从心理造成的。而当前社会建设的日益完善，政治、文化氛围日渐宽松，人们不仅可以通过书籍、网络等途径接受知识、拓宽视野，更可以凭借报纸、电视、微博等媒体渠道公开发表个人言论和见解。如果说老一辈人还存在着思想的僵化，那么新时期的青年人，尤其是大学生主体的90后群体，出生在这样一个宽容的社会氛围内，思想更少的受到传统思想的束缚，以一种更加理解的、中立的态度去面对身边及社会上的事物。对于某一件事情的众说纷纭的评价司空见惯，并不会因为意见的不同而形同陌路，而是报以一种理解的态度，认为成长环境、理想需求不同而产生对事物评价、美丑、是非的不同认知是非常正常的。但是，大学生这种价值评价的宽容是存在底线的，那就是不能损害社会和他人利益、不能违背社会道德、不能违反法律规定，在这种标准的限制下，学生会根据价值评价的相似或相同来交友相处，但不同的评价并不影响学生与学生之间的正常交往。

不可否认，从苛刻的价值评价标准转向宽容的价值评价标准是一种社会的进步。但是，我们也应该注意到价值评价的过分宽容可能会导致主流价值观受到冲击，特别是价值观不成熟的大学生群体在面对模糊化的评价时感到疑惑，难以甄别，甚至会受到有不良企图人士的错误诱导或者被不负责任的媒体影响，使应该倡导的、赞美的价值观得不到完全的认同，而应该被批评的、谴责的价值观则受到了所谓的"理解"和"原谅"。而青少年学生的价值观还是一种未定型的价值观，对诸多道德问题的评价往往显得幼稚而游移不定，如果过分地纵容无准则的价值评价，则会导致青少年学生失去了价值评判的标准和选择方向。显然不利于青少年身心的健康成长。因而，需要学校德育加强主流道德价值观的引导，使学生获得正确进行价值评价的能力。

五、大学生价值观形成与发展的影响因素

在大学生价值观形成与发展的过程中，存在很多内部的或外部的、长效的或瞬时的、显性的或隐性的等影响因素，这些因素不同的运作模式或加速、或延缓、或促成、或阻碍了大学生价值观的形成与发展。清醒认识并明确分析各种因素，有助于我们尽量修正不良的影响，并更充分地发挥正向的影响。从影响大学生价值观形成与发展的范围分析，大学生价值观的形成与发展的影响因素可分为宏观因素和微观因素。宏观因素主要包括社会结构的变革，社会政治、经济、文化的变迁和大众文化传媒等，微观因素是指大学生特定的生活实践所涉及的因素，其中影响最大的主要包括学校和家庭。此外，作为受教育主体的大学生，社会主义核心价值观形成与发展的影响因素也要着重关注人的因素。

(一) 宏观因素

"宏观环境包括社会经济制度及经济生活条件、社会政治制度及现实政治状况、社会文化及各种文化活动、大众传播媒介等。之所以将它们看作是宏观环境因素，是因为它们都是对人思想政治教育总体活动及全体社会成员发生影响的因素。"人是具有社会属性的，这也是人区别于其他动物的重要属性，人在社会中生存，就必要受到社会环境的影响。大学生核心价值观是在一定的宏观社会环境影响下中形成的，它作为最外围的环境，包裹并浸润着大学生的成长空间，因此，社会环境构成了影响大学生价值观的形成与发展的重要因素。马克思主义认为，"观念的东西不外是移入人的头脑并在人的头脑中改造过的物质的东西而已"，"人们的观念、观点和概念，一句话，人们的意识，随着人们的生活条件，人们的社会关系，人们的社会存在的改变而改变"。社会主义核心价值观属于人的观念，大学生社会主义核心价值观的构建，也会深刻地受到社会环境的影响。

1. 社会结构变革是先决条件

1978年改革开放以后，我国进入了社会转型的重要时期，由中央集权的计划经济体制逐步转变市场经济体制，市场化是这一时期社会变革的核心内容。首先，在社会结构上，出现了新的社会结构和资源。新的经济体制的引入，为新的社会阶层的产生构成了社会接触基础，也出现了社会分层的新体制。如，私营企业主的涌现，中间阶层和"白领"的出现。其次，市场化的社会结构变革导致了社会不平等现象的加剧。一方面，当市场机制成为社会资源和社会分配的主要机制后，市场化所带来的社会不平等也成为主要的不平等机制。另一方面，由于社会处于转型时期，两种社会体制的混合使两种体制的不平等因素叠加在了一起，加剧了社会的分化。第三，市场化机制取代再分配机制。改革开放以前，政治因素是社会分层的主要机制，而改革开放以后，经济因素的地位不断上升，成为与政治因素比肩的重要因素。随之而来的，家庭背景也成了社会分层的重要影响因素。社会转型带来的社会阶层分化加剧，社会不平等现象的增多，经济地位和家庭背景成为制约个人发展的重要因素等，为大学生核心价值观的构建带来了挑战。大学生正处于价值观念形成的重要时期，社会结构变革带来的负面因素影响也强有力地抢占着社会主义核心价值观的主流地位，学生中存在的西化思想、个人主义、功利主义等冲击着学校体制中的传统价值观念。

2. 社会政治、经济、文化的变迁是主要因素

社会政治、经济和文化的变迁会产生新形态的政治环境、经济环境和文化环境，它们是影响大学生社会主义核心价值观的构建的主要因素。政治环境包括社会政治制度与现实的政治状况。经济环境包括社会经济制度和经济生活条件。广义的文化是指人类所创造的物质财富与精神财富的总和，狭义的文化是特质一定的社会意识形态以及与之相适应的制度和组织机构。文化以物质为基础，随社会物质生产的发展而发展，又反作用于社会物质生产。

第一，社会政治变迁对大学生价值观的形成与发展的影响。在资本主义国家，人们的核心价值观往往是民主、自由、利己的，人们往往更关注自身的利益和发展，进入后现代社会，价值观念更是逐渐呈现去权威、去主义、去主体、去本质的现象，核心价值观受到了严重的挑战，人们的思想得到了更大程度的自由空间。而社会主义国家人民的核心价值观往往是服从大局、爱国爱家、利他奉献、集体利益至上的。可见，这些政治制度和政治现实为社会价值观的生成提供了导向，使某种适应社会政治的价值观得以可能，核心价值观与社会政治环境是互相对应和影响的。在我国，中国特色的社会主义政治道路也影响着核心价值观的构建，我国的核心价值观要适合中国国情，适合中国的发展方向，即为有中国特色的社会主义核心价值观。构建大学生的核心价值观，一方面，要以与社会政治制度、政治现实相适应的社会主义核心价值观为总纲和方向进行构建，另一方面，构建的过程和效果也受到社会环境的

影响。

　　第二，社会经济变迁对大学生价值观的形成与发展的影响。党的十一届三中全会提出了新时期党的工作重心是以经济建设为中心，这是中国特色社会主义理论的重要组成部分，是我党在国家重大转折时期正确的战略选择。坚持以经济建设为中心的发展战略是根据我国社会主义初级阶段的基本国情提出的，改革开放40年以来，我国经济发展迅速，国民生产总值稳步增长，受到了全世界的瞩目，这些的成功经验证明，这一战略是正确的，是符合国家发展需求的。在经济形势发展大好，人民生活逐渐富足的形势下，也出现了一些不和谐的现象。如人们的功利主义、金钱至上的倾向日益严重，部分地方政府和部分官员唯"GDP"至上的观念也为社会主义核心价值观的构建提出了挑战。在大学生核心价值观的构建过程中，我们应充分利用经济腾飞的伟大成就牢固学生的爱国意识，提升学生对社会主义制度的认同感，也要充分利用良好的物质条件改善教学环境，为学生提供更好的平台。同时，我们也要注意纠正学生功利主义、金钱至上的错误观念，引导学生树立正确的价值观念。

　　第三，社会文化变迁对大学生价值观的形成与发展的影响。文化对大学生价值观的形成与发展的影响是广泛的，大学生所处的社会文化、地域文化、校园文化、时代文化等等都会对学生价值观的形成产生影响。文化是由人创造的，它受特定时代的限制，是一个复杂的系统。文化无处不在，它的影响是润物无声、细致入微的，大学生时刻都处在文化的浸润和熏陶之中，不断接受、反思、内化并践行着某种文化。社会文化通过学生的生活的社会、学校、家庭，通过他们接触的家人、教师、朋辈相互传递、相互影响。大学生核心价值观的构建过程也是在文化环境中进行的，后者为前者提供了广阔的意识形态空间，甚至可以认为，前者也是后者的一部分，学生对主流的核心价值观的认知、认同和实践程度，决定了学生在社会文化中的融入程度。大学生对社会主义核心价值观接受的广度和深度,也对社会文化的变迁产生着作用。

3. 大众传媒是重要媒介

根据维基百科的释义,大众传媒,又称大众媒体,是指在一个国家或地区中具有大量受众(大众传播)的一类传播媒体,它同时具备第三产业、知识产业和信息产业的共同特征。其包括20世纪上半叶的无线电广播、报纸和杂志等传统媒体,到目前以互联网和计算机为基础的网络媒体。大众媒体依其发明的顺序大约可分为以下七类:印刷——自十五世纪后期开始;录音——自十九世纪后期开始;电影——约从1900年开始;电台广播——约从1910年开始;电视——约从1950年开始;互联网——约从1990年开始;移动电话——约从2000年开始。进入21世纪,新媒体成为大众传媒的新锐力量,新媒体泛指利用电脑(计算及资讯处理)及网络(传播及交换)等新科技,是对传统媒体的形式、内容及类型所产生的质变。

大众传媒是大学生价值观的形成与发展的重要媒介。首先,大众传媒与大学生的生活密切相关。随着时代的发展和社会的进步,地球村时代已经来临,其中一个重要的表征就是大众传媒影响下的信息传播迅速、广泛。在这个信息爆炸的时代,学生每时每刻都在通过大众传媒接受新的信息,大众传媒成为大学生生活的重要组成部分。大学生作为青少年网民群体的重要组成部分,上面的一串数字也约略可以说明大众传媒在大学生中的覆盖率增长迅速。因此,大众传媒对大学生社会主义核心价值观宣传的广度提供了帮助,同时,由于大众传媒自身的优势,也为社会主义核心价值观传播的时效性、实效性给予保障。其次,大众传媒营造的舆论环境可以成为大学生价值观的形成与发展的导向因素。思想政治教育在很大程度上,受到传媒的影响,而这种影响是具有双重性的。在一般情况下,若大众传媒所传达的信息与思想政治教育信息一致或者互为补充时,大众传媒会强化思想政治教育的效果;相反地,若两者提供的信息相互背离,南辕北辙,则会造成思想政治教育效果的弱化。同样的，大众传媒营造的良好的舆论环境可以帮助大学生构建核心价值观，而消极的、反面的舆论导向则影响及时构建和顺利构建。我们要注重大众传媒的正确导向，教育引导学生学会判断、筛选获得的信息，接受正向的、积极的舆论，摒弃不良的、消极的舆论，培养学生树立正确的是非观念，在舆论的海洋中把握正确的航向，为核心价值观的构建寻找最为正确的路径。

大众传媒是大学生价值观的形成与发展的重要载体。大学生核心价值观是意识形态层面的，我们要将其具象化，转变为可学习、可感知、可接受的实体，就要通过一定的载体将其呈现出来，大众传媒无疑是最适合、覆盖面最广、最迅速和便捷并附有时效性的有效载体。大众传播的广泛受众和良好的基础，为大学生核心价值观的构建提供了科技条件和物质载体，大学生的广泛接触和认同也使这一载体的使用成了必然。我们要用社会主义核心价值观赋予大众传媒正确的方向，使之渗透到方方面面，充分发挥大学生的主观能动性，在接收信息的同时，发挥大众传媒的独特优势，鼓励学生参与传媒的互动，利用多种形式，构建强大的传播系统，为构建大学生核心价值观营造良好的环境。同时，我们也要充分认识到大众传媒的一些弊端，如信息的复杂性、多样性，这些也会使传播中出现一些不和谐的声音，我们要引导学生树立正确的价值观，自觉抵制不良言论。

（二）微观因素

影响大学生价值观的形成与发展的微观因素即为大学生的生活范围和实践范围，如家庭环境、学校环境、社区环境、工作环境、朋辈群体环境等。微观环境是与学生的学习生活更为密切的环境，它的学生的影响也更为长久和深刻，这些影响的效果也是显而易见的，相对于宏观环境而言，这种影响更直接，更具体，操作起来也更方便。在这些与学生息息相关的环境中，以学校环境和家庭环境的影响最大，而对于大学生来说，高等教育是在学生价值观形成的关键时期产生着关键的影响。

1. 高等教育是关键环节

学校教育是指教育者按照一定的社会要求，向受教育者的身心施加有目的、有计划、有组织的影响，以使受教育者发生预期变化的活动。高等教育包括专科、本科和研究生层次的高等院校，其中涵盖了多学科多层次的综合性大学和专科性大学。自 1999 年高等教育扩招以来，经历了短短数年的努力，我国的高等教育已经从金字塔式的精英化教育走向大众化教育。1999 年，普通高等院校招生的增幅达 42%。2006 年全国普通高等院校招生 540 万，是 1998 年的 5 倍；高等学校在学人数 2500 万，毛入学率为 22%。高等教育规模成为世界第一。一方面，高等教育的受众历来都是在同龄人中选拔出的优秀人才，是国家和社会发展的栋梁之材，可以说，大学生的整体素质决定着社会的发展潜力，大学生的价值观对社会的价值观形成有重要的影响。另一方面，这些优秀人才的规模不断扩大，影响力不断扩大，而大学生正处于价值观形成的关键时期，因此，在高等教育阶段对大学生进行社会主义核心价值观构建的重要作用得以凸显。

高等教育为大学生价值观的形成与发展提供了必要的条件。普通高等院校作为高级人才教育的场所，具有正确的政治方向、完备的师资力量、厚重的知识背景、前沿的学术研究、严谨的课程体系，是社会主义核心价值观研究、传播的重要环节，更是培养认同和践行社会主义核心价值观的高端人才的机构。首先，高等教育教师的素质对大学生核心价值观的构建会产生影响，教师的教学质量、人格魅力、治学精神都会直接地影响到学生。其次，高等教育相关于社会主义核心价值观的教育内容会对大学生的构建产生影响，教育内容是教育过程的起点和归宿，教育内容是否能将教育目标和受教育者的特点联结起来，是大学生价值观的形成与发展的关键要素。再次，高等教育中的教育方法也影响到构建，适合教育内容和教育者接受的教育方法，会使教育过程事半功倍。第四，学校的教育环境会影响到大学生价值观的形成与发展，如果学校的整体环境符合社会主义核心价值观的要求，学生就更易受到熏陶。学生在高等教育阶段，将面向社会需求，积累必备的知识素质、能力素质和道德素质，完成学生向社会人的角色转换，引导学生树立正确的价值观会使学生在融入社会的过程中更为顺利。我们在认清高等教育对大学生价值观的形成与发展的重要性的同时，也要看到当前我国的价值观教育存在一些不足之处，如"思想政治理论课"教学是价值观教育的主阵地，形式单一；说教为主，方法单一；理论先行，内容抽象；评价以考为主，效果欠佳等等。我们也要积极地借鉴国内外德育、思想政治教育的教育经验，取长补短，不断进行高等教育中社会主义核心价值观构建的师资建设、课程建设、载体建设、环境建设等。如，荷兰在进行价值观教育时，教师阐明人的价值观念是存在差异的，在承认与尊重，差异的前提下，表明自己的价值取向，易于为学生接受。美国思想道德教育的方式方法灵活多样，注重隐形教育与显性教育相结合，挖掘一切可能资源成为思想道德教育的载体。

2. 家庭教育是长效因素

家庭是社会最基本的构成单位，是最基本的社会组织形式。家庭是每个人的第一所学校，父母是学生的第一任教师。学生在成长的过程中，都会受到家庭的影响，而且，这种影响是最持久的。父母的举止言行、价值观念、人际交往方式等都会潜移默化地给子女施加影响。父母在日常生活中的言传身教，都会在孩子的心里打上深刻的烙印。中国有句俗语说"龙生龙，凤生凤，老鼠的孩子会打洞"，又说"虎父无犬子"，除了遗传基因外，来自家庭及其成员的后天影响也是关乎孩子成长的重要因素。恩格斯也曾指出："忽视一切家庭义务，特别是忽视对孩子的义务，在英国工人中是太平常了，而这主要是现代社会制度促成的。对于这种在伤风败俗的环境中——他们的父母往往就是这环境的一部分——像野草一样成长起来的孩子，还能希望他们的后代成为道德高尚的人！"这也从反面说明了家庭对孩子的重要影响。当然，我们也不能绝对地说，父母的价值观正确，孩子的就一定正确，父母的价值观有偏差，孩子的就一定是非观念错位，但是这种影响是存在的，并且在大多数情况下都会发生影响并产生效果的。

家庭教育是构建大学生社会主义核心价值观的长效影响因素。首先，家长自身的言行会对孩子产生影响。孩子在成年之前，每天与父母相处的时间最长，因此，要与父母共同经历很多生活场景，父母在其中表现出来的待人待物的态度、语言表达的方式、处理问题的方法，都是对孩子进行着教学。其次，家长的价值观会部分转移为孩子的价值观。子女在成长的过程中，会与孩子共同面临很多次价值选择和价值判断，由于孩子也是具有独立意识的个体，所以会有自己的价值观念，但是在一定程度上，或多或少地直接移植父母的价值观。再次，家庭氛围是影响孩子价值观形成的重要因素。一般来说，家庭和睦、互相关爱、其乐融融、乐观向上的家庭氛围会塑造出开朗、积极、乐观的孩子，而单亲家庭的孩子在一定数量和程度上往往会出现一些人格不完善的现象。要对大学生进行核心价值观的构建，要从社会的构成细胞——家庭入手，家庭整体的氛围、家庭成员的观念能够与社会主义核心价值观相一致，父母的言行能够强有力地践行社会主义核心价值观的内容，家庭环境具备社会主义核心价值观"有价值"的基础，那么大学生作为家庭的成员，也会自然而然地受到熏陶。

（三）人的影响因素

在大学生价值观的形成与发展的过程中，教师和学生同为人的要素，关于教师，我们已经在高等教育这一影响因素中做过论述。从教育要素的角度来看，大学生是社会主义核心价值观教育的对象，既是学的主体，也是构建的主体，因此，对于大学生的人性关怀和人文关照便显得尤为重要。作为活生生个体的学生，尤其是当今的大学生，他们自小就成长在信息化时代，接受各个方面的信息，其中有积极健康的，当然也有消极负面的。他们的价值观还未完全成型，但是他们的自信心较强,自我意识较强,因此,在价值选择和价值判断的过程中,若缺失能给他们情感"热度",并有感召"力度"的教育,大学生极易形成偏失的价值观。当前,大学生整体呈现价值多元化的现状,价值多元化是人的主体意识觉醒的结果,人发展进步的标志,但是,缺失了核心的多元,便是无源之水、无本之木,极易走向偏颇甚至偏激的道路。

1. 大学生自身成长需求是源动力

以学生为中心,在教育中就要以他们的经验和本能"冲动"兴趣为基础,以学生自身的成长需求为基础,以开展从未知到已知的教育历程。在这个历程中,要以个人兴趣为导向,而不是以社会需要为导向。而将这两种导向联系起来的事物,绝不是教师和教材强加给学生的外部力量,而是以学生的生活经验和兴趣为基础——兴趣是把两个本来远离的东西联系起来的东西,兴趣是学生自身成长需求的外部表现。首先,社会主义核心价值观的重要内容是将社会发展的需求与学生发展的需求结合起来,使人与社会、人与人达到互通共融的和谐关系,从而为人的生活创造更好的环境,这本身就是以人为本的重要表现。第二,对大学生进行社会主义核心价值观教育的重要方法就是以人为本,把大学生作为社会主义核心价值观教育的出发点和落脚点,把大学生看作具有独立个性和特定观念的主体,在教育过程中重视启发引导大学生自身的兴趣和需求,重视将教育内容与学生的生活经验相结合,通过调动和激发他们主动地参与甚至主导学习的过程,并由此形成继续学习和发展的积极性、主动性、创造性,使学生自觉地培养和树立科学的世界观、人生观、价值观,形成正确的思想道德素质和高尚的道德品质,促进大学生的全面发展,从而使他们真正成为合格的社会主义现代化事业的建设者和接班人。

对大学生进行社会主义核心价值观教育,首先其内容是与大学生的生活紧密相连、不可分割的。在大多数人看来,价值观是高于人们日常生活的、是意识形态层面的,而社会主义核心价值观也是处于这种类似佛龛上的信仰一类的事物。事实上，社会主义核心价值观的形成过程、主要内容以及应用范围，都是与生活息息相关的。它是我党、我国人民在长期的社会实践中、在社会主义建设事业中经过不断的、循环往复的提炼、总结、反思、实践而形成的。它所涵盖的在社会主义核心价值体系中居于统治地位，在马克思主义理论中处于核心地位的价值理念，也是人们社会生活中所要时刻保持和应用的重要价值理念。第二，在教育资源上，大学生社会主义核心价值观的教育是渗透到社会生活的方方面面的，它一方面指导大学生正确进行判断，准确采取行动，另一方面，成功的、愉悦的体验会不断促使这种价值观内化为个体的价值观体系，并逐渐居于主导地位。第三，在教育的必要性方面，朱志明等人做的一项关于"大学生对社会主义核心价值体系认同度调查"的结果显示，大学生对社会主义核心价值体系的认知、认同和践行出现了知行脱节现象。现实的情况是，大学生自上学起，通过小学的思想品德课、社会课，中学的思想政治课，大学的"思想政治理论课"学到了很多知识，受到了很好的教育，但受多元文化的冲击，大学生在价值判断与选择中，在集体利益与个人利益发生冲突时、在义与利互相冲突时，部分人会做出错误的选择，这反映了大学生在核心价值观上知与行的脱节，也反映了现行的思想政治教育不能完全地帮助学生在实际的价值选择中做出正确判断。因此，我们要对接学生自身深层次的成需求，将这一因素列为教育中考虑的重点，避免此类情况的延续。

2. 大学生主体接受特点是关键因素

大学生是一个具有较高文化素养和综合素质的人群，他们有自己的判断力，并对自己的判断抱有自信，但是，由于年龄和阅历的原因，他的价值观往往是处于从不成熟走向成熟的过程中，这种自信在某种程度上也就成了"固执"。要引导、帮助大学生进行核心价值观的构建，就要考虑到大学生自身的接受特点，考虑他们乐于接受什么样的教育。客观的审视当前对大学生进行的社会主义核心价值观教育，还是存在着一定的问题的，存在着的问题在一定程度上阻碍了大学生核心价值观教育作用有效、全面的发挥，甚至使教育本身处于尴尬的境地。大学生社会主义核心价值观教育的教育者、受教育者、教育内容是确定的，那么，若想解决教育者与被教育者沟通中的瓶颈问题，使教育内容真正内化为受教育者的价值取向，并成为主导其价值观的核心价值观，就需要寻找新的教育理念、教育方法或者教育活动等。以往教条式的、政策式的教育制度、教育要求不能解决这些问题，而传统的教育者与受教育者的课堂关系、单一的灌输式教学方法也不能解决这些问题，我们尝试寻找一种新的突破口，寻找契合学生主体接受特点的方式，为解决这些"瓶颈"问题，使教育过程更为顺畅，教育效果更为明显。

情感是一种特殊的意识形式，当代情绪心理学的研究也表明，情感有激化—动力、认知—预测、评价—选择、享用—保健的机制，对一个人行为活动的方方面面有着重要的影响，对个体的活动发挥着重要的作用。情感对个体的生存和发展有重要的影响，具有动力功能、感染功能、疏导功能、调节功能、强化功能、协调功能、传递信息及促进个体身心健康发展的功能。情感教育正是兼具"热度"和"力度"教育理念。中央教育研究所所长朱小曼教授认为，"情感教育是一个与认知教育既相对又相融的教育概念，它把情感作为人的发展的重要领域之一，对其施以教育力量，促使个体的情感潜能在新的教育氛围下，发生新的质变，达到人的素质的整体性提高和人性的完满发展。"刘晓伟教授认为，"情感教育是根据青少年的成长规律和现代社会对人的和谐发展的要求所实施的一种教育活动，它不仅是对智力教育的补充，也不仅是'让学生感到身心愉快的教育'，而是全人教育的一个重要组成部分，无论对教育活动还是对个体成长来说，都是不可或缺的。"对于情感教育的概念分析，有些观点已经达成共识的认知。

第一，情感教育关注人的情感、情绪因素，以人为本，充分考量人的身心体验和切实感受；第二，情感教育旨在培养"完整的人"，即既要具备扎实深厚的理论功底,掌握精深切实的生存技能,也要具备健全的人格和完满的人性。

对大学生进行社会主义核心价值观教育,情感教育具有得天独厚的优势。首先,情感教育的观念具有人性的"热度",它将大学生的个体情感、情绪作为教育的重要考量因素,这种观念,使大学生在接受社会主义核心价值观教育的过程中,变被动接受为情感感召,变生涩消化为情感升华,易调动学生接受的积极性,通过情感的共鸣,达到良好的教育效果。第二,情感教育的活动具有感召的"力度",大学生一般都具有一定的知识水平和理论功底,对于是非的判断具有自己的偏好,社会主义核心价值观的教育是意识形态层面的教育,这一层面教育的特性不同于普通文、理学科的知识学习,它需要学生的认知、认同和践行,并且要由内而外、自发地进行内隐接受和外显行动。因此,情感教育的活动有助于学生与教师之间,学生的价值结构与核心价值观之间的互通和共融。

研究大学生价值观的形成与发展的影响因素,有助于我们更明确地认识到大学生社会主义核心价值观教育中存在的问题,趋利避害、扬长避短,更充分地发挥教育的作用。当然,大学生价值观的形成与发展的影响因素还包括教育方法、教育目标、教育途径等等,在教育和研究中,我们也要考虑到这些因素的影响作用,更全面地进行分析。

第三节 大学生核心价值观是社会主义核心价值体系的体现

社会主义核心价值体系是社会主义理论的重要组成部分,社会主义核心价值体系的建设是发展社会主义先进文化,增强国家文化软实力,维护国家意识形态的重要举措。价值观影响着人们的思想意识与行为方式，影响着人们的价值追求和价值实现程度，大学生作为祖国的未来和社会主义事业的接班人，决定了必须对他们加强思想建设与引导，大学生核心价值观是否能够正确，与我国社会主义事业能否稳定、健康、有序地发展紧密相关。我们凝练的大学生核心价值观能否体现社会主义核心价值体系，是检验其是否科学、有效的重要标准。

一、"坚定理想，传承文化"是大学生核心价值观的灵魂

不同民族、不同社会制度之间的竞争，最终取决于价值领域的较量，而价值领域的力量体现在由这种民族和社会制度下所生活的个体的价值观和价值追求的集合，这些个体中又以青年学生的可塑性最大。因此，要凝聚意识领域的力量，青年学生始终是我们争取的重点。在人的精神力量中，尤以理想信念的力量最为强大，以文化的传承最为宝贵，所以将"坚定理想，传承文化"定位成大学生核心价值观的灵魂内容，体现了社会主义核心价值体系中的马克思主义指导思想和中国特色社会主义共同理想的融合。马克思主义是我国党和人民经过实践的验证选择的认识世界和改造世界的正确立场、观点和方法，是立党立国的根本指导思想，也是我国意识形态的旗帜和灵魂；社会主义共同理想是人民对国家和民族美好发展前景的向往和追求。"坚定理想，传承文化"就是要大学生树立建设中国特色社会主义的共同理想，坚定马克思主义科学信念，传承中华民族的优秀文化，并将此作为个人的学习目标、生活态度、职业理想的价值判断标准，树立个人价值和社会价值辩证统一的科学的价值观。

二、"胸怀祖国，奉献社会"是大学生核心价值观的主题

社会主义核心价值体系的一项重要内容为"以爱国主义为核心的民族精神"。民族精神是"一个民族在长期的共同生活和社会实践中形成的，为本民族大多数成员所认同的价值取向、思维方式、道德规范、

精神气质的总和",中华民族精神的核心是爱国主义,但爱国主义不是"纸上谈兵"的空洞文字,也不仅仅是内心中的某种情感,而更重要的是踏踏实实的自觉践行。爱国主义是一个历史范畴,在古代参加科举考试,积极谏言或保家卫国被称为爱国;在民主革命时期,为人民的利益同仇敌忾,抵御外辱是爱国;在社会主义改造时期,艰苦奋斗,投身社会主义建设是爱国。不论在哪一个时期,爱国和爱社会都是统一的,在新中国成立后,爱国最本质、最重要的表现就在于建设和保卫社会主义现代化事业,维护祖国的统一,这也是国家和民族赋予大学生的历史任务。但爱国的形式确实多种多样的,将"胸怀祖国,奉献社会"作为大学生核心价值观的主题内容,就是要让大学生铭记历史使命,并能够将爱国情感融入奉献社会的切实的行动中去,将国家、社会、家庭和个人的利益紧密地结合。

三、"诚实守信,历练品质"是大学生核心价值观的基础

社会主义荣辱观是社会主义制度下公民应该具备的基本思想道德规范、法律规范和健康文明的生活方式的高度概括,是社会主义核心价值体系的重要内容。人的道德品质要靠价值观、人生观和世界观来体现,一个具有正确价值观的人才能在道德的是非面前做出正确的选择。高校作为知识的集散地和培养人才的摇篮,在传授知识的同时必须为即将步入社会成为社会主义建设者的青年学生们敲响道德的警钟。只有具备了高尚的道德品质,才能够真正成为对社会有用的人,才能够真正实现人之为人的价值。将"诚实守信,历练品质"作为大学生核心价值观的基础内容,就是要使大学生真正懂得应该坚持什么、反对什么、倡导什么和抵制什么,确保马克思主义世界观、人生观、价值观的主导地位,培养和历练大学生具备善良、宽容、乐观、坚强的优秀品质,并真正融入学生的思想和行为中去,积极地应对挫折,勇敢地面对生活,崇尚科学和法治,真正地成长成才,最后成为社会输送高品质的人才,以建立

民主法治、诚信友爱、安定有序的和谐社会。

四、"笃学慎思，勇于创新"是大学生核心价值观的精髓

高校承担着丰富学生知识体系和发展学生学习能力的重要任务，学生进入大学校园的直接目的是进一步丰富知识体系和锤炼能力，因此学习始终是大学生的首要任务，也是贯穿于学生大学生活的本质力量和内在动力。在经济全球化和科学技术发展所带来的挑战下，创新也成为大学生所必需的思维意识，大学生要时刻走在时代的前列，以新的视角和态度面对生活和学习。大学生的本质任务规定了"笃学慎思，勇于创新"是大学生必须具备的核心价值观，这也是大学生核心价值观的精髓内容，是社会主义核心价值体系中"弘扬以改革创新为核心的时代精神"的内容体现。

"坚定理想，传承文化；胸怀祖国，奉献社会；诚实守信，历练品质；笃学慎思，勇于创新。"正是在大学生价值观体系基础上，凝练最核心、最重要的部分，既符合大学生的历史任务、角色特征和心理需求，也明显高于最基本的价值诉求，能够起到督促和引导的目标导向作用。最重要的是，这四方面恰恰是社会主义核心价值体系的体现，也证明了社会主义核心价值体系的提出正是集中地体现了社会主义意识形态的本质，是中国最广大人民的精神动力和理想目标。而大学生核心价值观是根据大学生群体的特殊性，能够体现社会主义核心价值体系的主旨内容的、符合大学生价值观要求的、正确科学的核心价值观内容。

第四节 社会主义核心价值体系对大学生核心价值观的引领作用

所谓引领是指能够指引事物发展方向的个体或群体，既然能够起到引领的作用，那么作为引领者必须具备一定的超越性、包容性和可信性，才能够整合、吸引事物受其引导。社会主义核心价值体系就是这样一个在当代中国具有主导价值观地位的思想体系，对我国当前经济基础条件下的每一位社会成员的价值目标、价值标准、道德品质等方面都提出了集中要求，以其强大的包容力、统摄力成为连接各民族、各阶层的精神纽带。大学生的核心价值观也必须以社会主义核心价值体系为引领，并将其贯穿于大学生核心价值的形成、凝练、培育中去。

一、社会主义核心价值体系引领大学生核心价值观的内容凝练

大学生价值观培育的关键问题在于什么样的价值观是正确的，什么样的价值评判标准是科学有效的，什么样的价值目标才是有意义的，而社会主义核心价值体系回答了在当前的历史条件下，社会主义意识形态应该以何种精神面貌、遵循何种行为准则、朝着什么目标前进的重大问题，为各阶层核心价值观的内容凝练提供了借鉴和要求。首先，在大学生核心价值观的目标建构上，要以马克思主义科学理论作为指导思想，这是人们改造世界和认识世界的行动指南，是不可或缺的理论根基，在大学生核心价值观的建构中起到方向性的引领作用。第二，在大学生核心价值观的属性建构上，要以群体的根本利益和意愿作为基础。所凝练的核心价值观是否得到大学生群体的认同是大学生核心价值观构建的关键，如果在构建过程中，基础的内容整合在根本上受到群体的排斥，那么即使有再先进的教育手段和方法也于事无补。对于大学生群体而言，我们所凝练的核心价值观是否能反映他们的价值需求、符合他们的价值特点，关键在于能否符合他们的根本利益和意愿。社会主义核心价值体系在这一点上起到了启示性的引领作用，因为社会主义核心价值体系本身就是党的主张、国家意志和人民意愿的统一体，是价值理念同社会主义性质同一的结果，始终与人民的根本利益和意愿高度一致。这使大学生核心价值观的内容凝练始终要坚持从现有的大学生价值观中来，最终

也要能够顺利回到大学生群体中去，真正的是属于大学生这个特殊群体所认可的带有大学生发展属性的核心价值观。第三，在大学生核心价值观的范畴规定上，要涵盖以能够起到统摄性作用的核心观念。对于大学生群体而言，由于成长环境的不同、所接受的教育方法不同、生理与心理特征不同等原因，使其在进行价值评判时都有着自己的接受准则，使大学生价值观也具有多样性的特点。但这之中，有起到主导性作用的、大多数大学生认可的核心价值观，如何能够分辨这些核心价值观，社会主义核心价值体系提供了原则性的引领作用。社会主义核心价值体系是中国社会主义发展到一定阶段所凝练出的为社会大多数成员所共同认可、共同追寻并自觉践行的主流价值观，是中国社会思潮的一部分，其最大的特点在于具有核心地位的代表性的同时还具有极大的包容性，来源于大部分社会成员价值需求的同时又高于实际水平，成为一种导向性的体系目标。大学生核心价值观的内容凝练也需要有这样原则性的前提保障，来源于大多数学生的价值认同，又能够体现一定的理想目标；是众多价值观中的起到主导性作用的核心价值，又能够尊重包容其他价值观的存在，与之形成辩证统一的关系，作为一种体系目标在大学生的成长过程中不断与其个人价值观进行碰撞，并逐渐内化成为大学生个体价值观的一部分。

二、社会主义核心价值体系引领大学生核心价值观的形成过程

作为大学生核心价值观的引领主体，社会主义核心价值体系在大学生核心价值观形成过程中的引领作用也尤为凸显。首先，在大学生核心价值观形成初期，社会主义核心价值体系起到熏陶引导作用。马克思主义理论、爱国主义和时代精神、社会主义理想和社会主义荣辱观，一直以来都是社会思想的主流，已经深入人心，社会主义核心价值体系将这些内容核心加以提炼，作为大众化、群众化的民心工程，是全国自上而下由党和国家倡导创建的过程，在这个过程中，社会主义核心价值体系来自群众，本身具备贴近生活、切近实际、切近民众的亲和力，在科学而有力的舆论氛围、文化辐射、政策激励和制度安排下，既能引领民众的思想又能服务群众，具有强大的向心力和凝聚力。在全国上下的这种氛围下，大学生核心价值观形成初期就会受到社会主义核心价值体系潜移默化的影响，在处事做人上不自觉地就会存在主流价值观的痕迹。第二，在大学生核心价值观形成时期，社会主义核心价值体系起到教育引领作用。大学生核心价值观内容的凝练是完全能够体现社会主义核心价值体系的主要内容的，以社会主义核心价值体系引领大学生核心价值观的形成，就是大学生核心价值观的形成培育过程，这也是高校思想政治教育的重要工作，其构成的四方面内容是教育内容的主要来源和引导方向。为了达到教育效果高校必须将社会主义核心价值体系融入大学生思想政治教育的全过程中去，一方面利用第一课堂进行理论灌输，使大学生在接受课堂教育的同时逐渐形成正确的政治素养、思想道德认知和行为习惯；另一方面利用实践活动强化教育效果，使大学生在实践中将社会主义核心价值体系的科学内涵内化为思想道德意识，并指导于实践。第三，在大学生核心价值观已基本形成时，社会主义核心价值体系起到精神归属作用。《论语》中有一句话是说"吾日三省吾身——为人谋而不忠乎？与朋友交而不信乎？传不习乎？"，这是人在价值观基本形成后精神状态的最好写照。当人已经形成了较为稳定的价值观，除了会在选择、判断事物时要利用已有价值观作为价值标准本能的做出反应，这种价值观意识还会经常在人的思想头脑中以反省自查的状态出现，在不断厘清思维脉络的同时能够检验价值观本身的正确性、检验处理事情的标准是否合乎自身价值观要求，来对价值观进行进一步的审视，对行为进行进一步的约束。大学生核心价值观也是如此，它以社会主义核心价值体系基本内容为内核，具有先进性和科学性，在进入大学生的头脑后，经得起实践的检验，更以强大的精神归属力，在大学生走出校园进入到各个领域后，其内核不会发生变化，因而能够进一步地认同和内化。

第五节　在大学生核心价值观培育中融入社会主义核心价值体系

作为培育祖国未来接班人的高校，育人为本，德育为先，我们凝练的大学生核心价值观又根植于社会主义核心价值体系，将社会主义核心价值体系融入大学生核心价值培育，是新时期高校思想政治教育工作的重要任务。

一、在大学生核心价值观培育中融入社会主义核心价值体系的基本要求

大学生核心价值观的培育就是要解决大学生应该"成为什么样的人才"和"怎样成为人才"的问题。首先，社会主义核心价值体系为大学生核心价值观培育指明了方向。要以社会主义核心价值体系的主要内容加强社会主义意识形态建设，这是形成的基本依据，也是根本政治方向，同时为社会主义核心价值体系融入大学生核心价值观的培育理念和运行机制指明了方向。对于社会主义核心价值体系本身而言，是具有科学性的理论体系，是大众化的理论形式，是能解决实际问题的理论工具，将社会主义核心价值体系融入大学生核心价值观教育，就是要在价值取向多元化的背景下使大学生能够确立自己的核心政治思想道德观念，形成正确的行为规范，培养社会主义事业的合格建设者和可靠接班人。第二，在大学生核心价值观的培育方式上要适应社会主义核心价值体系的培养要求。社会主义核心价值体系是传统文化与时代精神的统一，这就要求我们在对大学生进行核心价值观的培育时，既要延续传统的、好的工作方法，更要在此基础上根据学生的新需要、新变化进行创

新。同时社会主义核心价值体系是先进性与广泛性的统一,这就使得大学生核心价值的培育要不断加强民主方法的建设,尊重个体差异,突出大学生的特殊性和主体地位,充分发挥学生主体的能动作用,激发广大学生参与到培育的全过程中来,将教育与自我教育相结合。第三,社会主义核心价值体系融入大学生核心价值观教育,必须将传统的灌输方法,向"融入"的模式转换。这就使大学生核心价值观教育,不能局限于传统的课堂式传授,而要突出实践教育的重点地位,构建以渗透、体验、自我教育等形式多样的实践教育方法体系,将社会主义核心价值体系和大学生核心价值观的教育有机结合起来,积极预测未来社会的发展方向和大学生价值观特点以及变化规律,科学、有效地培养大学生核心价值观。

二、在大学生核心价值观培育中融入社会主义核心价值体系的理念模式

将社会主义核心价值体系融入大学生核心价值观的培育,就是要坚持社会主义核心价值体系在大学生核心价值观培育中的引领地位,要根据社会主义核心价值体系的内容要求对大学生核心价值观的内容进行重构和凝练。为了实现社会主义核心价值体系在大学生核心价值观培育的融入过程,就必须要根据这一目标,构建适应新的培育要求、科学鲜明的工作理念和模式。一方面,社会主义核心价值体系是从价值这一基本点着手,尊重、包容个体差异,而价值观的培养必须由主体主动接受、内化才能达到培育效果,因此社会主义核心价值体系的根本着眼点要求我们在对大学生核心价值观进行培育时必须体现"尊重"的工作理念,尊重学生的特点和成长规律,尊重学生的个性特征和心理需求,根据不同的学生运用不同的教育方法,使大学生核心价值观的教育达到"自上而下"到"自下而上"的转变,使学生对教育、对社会、对国家产生情感共鸣和认可,实现学生接受大学生核心价值观的培育由外在牵引

向内在驱动的转变。另一方面,社会主义核心价值体系是传统与时代的结合,是先进与大众的结合,因此高校传统的"自上而下"的课堂教育和由团委或辅导员下派的实践活动已不足以满足教育的需要,需要构建"融入"培养的新工作模式。根据大学生所处高校的培养理念、学生的专业特色、学生的个体需要,搭建基础理念、校园文化特色、专业主题和个体反馈的"四位一体"的工作模式,即社会主义核心价值体系作为思想理念基础,引领培养的目标和方向;将大学生核心价值观的内容融入大学生校园文化建设,营造培养氛围;根据专业特点开展与学生切身相关、能够激发兴趣的实践体验活动;搭建学生个体的反馈平台,有针对性地解决学生的价值困惑,了解学生所需。在这一新型工作模式中,以社会主义核心价值体系作为基本方向的价值引领是关键;营造大学生核心价值观的培养氛围是基础;因材施教,实践培养是手段;个体反馈的接受情况和问题是工作模式的检验标准。通过"尊重"的工作理念和"四位一体"的工作模式,切实将社会主义核心价值体系融入大学生核心价值观的培养中。

三、在大学生核心价值观培育中融入社会主义核心价值体系的运行机制

社会主义核心价值体系融入大学生思想政治教育全过程,是根据社会主义核心价值体系要求和教育对象主体接受及意识形成规律,对教育对象施加有目的、有计划、有组织的教育影响,促使其内在形成并固化一定社会所期望的核心价值意识的系统教育过程。大学生核心价值观培育作为大学生思想政治教育的重要内容和主要工作目标,也是遵循同样的教育过程。在社会主义核心价值体系融入大学生核心价值观培育过程中,如何能够根据基本要求,发挥理念模式,要靠运行机制的构建。在社会主义核心价值体系的要求下,大学生核心价值观的运行机制,必须政治方向鲜明,能够承载大学生的时代特征,可以包容大学生的个性特

点，类型多样。因此，大学生核心价值观培养的运行机制，首先，要以高校领导设计的上层管理机制为"头"。要以社会主义核心价值体系为指导依据，把握政治方向，必须由顶层把握方向盘，以明确的方向和管理手段，推动大学生核心价值观培养的正确路线。第二，要以一线教师为主体设计的协调机制为"轴"。政治理论课和专业课教师、团委指导教师和辅导员是都是接触学生的一线思想政治教育工作者，是最切近学生学习、生活实际的教育者，是大学生核心价值观培育最直接的实施者。培养教师的社会主义核心价值观，以高素质、高效率的精神风貌，以创新思维的工作方法，以亲和的沟通方式，成为落实大学生核心价值观培养的纽带桥梁。第三，要以学生为主体构建的实践实施机制为"心"。大学生核心价值观构建的关键在于大学生能否认同并应用于实践之中，如何能够使教育者精心设计的实践活动得以顺利开展，能够使学生兴趣集中的体验形式得以发挥，是大学生核心价值观培育运行机制的关键问题，因此充足的经费设置、指导教师、资源供给是大学生核心价值观构建实践实施机制的必然保障。第四，要以学校领导、一线教师和学生共同构建的整合机制为"联动"。要发挥教育效果的最大化，必须认真研究大学生核心价值观教育各环节要素的相互关系，兼顾各要素的特点和优势，及时反馈各要素的需求和教育反映，调动各要素发挥最大作用。在大学生核心价值观构建过程中，学校领导起到统帅作用，教师主体是培育的直接力量，学生是培育效果的接受者也是检验者，那么社会主义核心价值体系能够真正有效地融入到大学生核心价值观的培育，这三方要素是关键。因此，必须加强领导整合，使学校领导能够将推进社会主义核心价值体系融入大学生价值观培育作为一项重要工作常抓严管；必须发挥教师的典范作用，不断提高教师队伍的综合素质和责任感，积极发挥社会主义核心价值体系的示范作用；必须要重视大学生核心价值观培育的教育者与受教育者的衔接问题，形成通畅的反馈渠道，及时创新培育方法和手段，探索培育新模式。第五，要以学校的政策制度组成的激励机制为"驱动"。对于大学生核心价值观培养过程中凸显的先进典型要予以肯定和宣传,并作为榜样激励全校师生,将利益调节、精神鼓励与物质鼓励统一起来,形成有利于社会主义核心价值体系融入大学生核心价值观教育的激励氛围,调动培养主客体的积极性与主动性,提高大学生核心价值观构建的实效性。

第三章

新时代大学生成长肩负的历史使命与责任

第一节 社会主义核心价值观在大学生成长过程中的作用

一、引导大学生确立正确价值观

随着社会发展和科技的不断创新,社会对人才的要求越来越高,不仅需要拥有扎实的专业知识,更需要良好的综合素质,包括诚信、责任、合作精神、法制意识等等。社会主义核心价值观作为社会主义社会的主导价值观,是推动经济社会发展的精神动力,代表着社会的发展方向。"三个倡导"的社会主义核心价值观,分别从国家战略、社会规范、公民要求等三个层面明确了社会主义核心价值观培育和践行的基本要求和价值取向。"三个倡导"以坚持中国特色社会主义道路和我国国家发展的富强、民主、文明、和谐为最高价值观目标,以自由、平等、公正、法治的社会和谐和社会规范的核心价值为关键环节,以对公民个人的爱国、敬业、诚信、友善要求为落脚点,体现了国家发展方向、社会规范尺度、公民个人要求的核心价值取向的有机协调,三者之间联系紧密,具有高度的系统性。大学生思想政治理论课教育实践中,必须将社会主义核心价值观作为大学生深刻领会社会主义核心价值观的科学内涵，自觉践行社会主义核心价值观，形成崇高的理想信念，确立正确的人生观和价值观，全面提高思想政治素质，成为中国特色社会主义事业未来的建设者和接班人。

社会主义核心价值观就是这样一个在当代中国具有主导地位的价值观，对我国当前经济基础条件下的每一位社会成员的价值目标、价值标准、道德品质等方面都提出了集中要求，以其强大的包容力、统摄力成为连接各民族、各阶层的精神纽带。大学生的核心价值观也必须以社会主义核心价值观为引领，并将其贯穿于大学生核心价值的形成、凝练、培育中去。

二、促进大学生树立高尚品格

党的十八大以来，我们党把社会主义核心价值观建设放在十分重要的位置，习近平总书记多次做出深刻阐述、提出明确要求。他强调，要把培育和弘扬社会主义核心价值观作为凝魂聚气、强基固本的基础工程。加强社会主义核心价值观建设，不仅要立足中国优秀传统文化，而且促进中华优秀传统文化的继承和发展。高校通过开展经典诵读、古诗词比赛、历史名著宣讲等活动，使大学生提高对优秀传统经典的认识，树立高尚品格，为践行社会主义核心价值观打下基础。在《大学》中有云："所谓诚其意者，毋自欺也。如恶恶臭，如好好色，此之谓自谦，故君子必慎其独。"《论语》中有"见贤思齐焉，见不贤而内自省也"的论述。读经典，不断自省、慎独。北齐著名思想家颜之推曾说："劝一伯夷，而千万人立清风矣；劝一季札，而千万人立人风矣；劝一柳下惠，而千万人立贞风矣；劝一史鱼，而千万人立直风矣。"伯夷的清高、柳下惠的坚贞、史鱼言行的耿直等等，将对大学生的思想和行为发生重大影响。

在大学生社会主义核心价值观教育过程中促进文学经典的阅读，推进道德素养的提升。社会主义核心价值观它一方面充分吸收传统文化的精髓，另一方面又根据时代发展赋予中华优秀传统文化以新的内涵，从而使社会主义核心价值观具有更加强大的生命力。在中华民族几千年的发展史中，传统美德处处散发着迷人的光芒。一是以仁爱为核心的道德修养。儒家强调"修身齐家治国平天下"，意在通过自身修为达到内圣外王的境界。《大学》云："自天子以至于庶人，壹是皆以修身为本，其本乱而末治者否矣。其所厚者薄，而其所薄者厚，未之有也。此谓知本，此谓知之至也。"儒家认为道德修养是人之为人的"根本"，要求把爱护人、关心人、尊重人内化为人的自觉德性。二是海纳百川的宽广胸怀。《易经》指出："地势坤，君子以厚德载物"，强调对人应宽厚包容。"海纳百川，有容乃大"；"己欲立而立人，己欲达而达人"；"冤冤相报何时了，得饶人处且饶人"；"十年修得同船渡""相逢一笑泯恩仇""宰相肚里能撑船""千里修书只为墙，让他三尺又何妨？万里长城今犹在，不见当年秦始皇"等格言、警句和历史佳话都向我们传达一种智者的仁慈和豁达的风范。这种宽容忠恕在现代社会中也是不可或缺的。社会在快速发展，各种竞争压力难免使人浮躁，只有保持宽厚的心胸，才能在激烈竞争的社会环境下保持平和的心态。三是尊老爱幼的伦理观念。古训"百善孝为先"，强调孝道的重要地位。

在中国传统的伦理道德观念中，"年长者不仅是知识文化的掌握者，也是高尚道德的拥有者。"用"德高望重"来形容那些富有道德知识的长者，并把他们作为后辈人学习的楷模，这种敬老爱老的传统古已有之。如孟子的"老吾老以及人之老，幼吾幼以及人之幼"，并把这种对父母的"孝"和对子女亲人的"爱"推广到社会。在儒家看来，"教民亲爱，莫善于孝"，孝道可以促进人与人之间的相亲相爱，更有利于促进社会和谐、国家安定，"其为人也孝弟，而好犯上作乱者，鲜矣！不好犯上，而好作乱者，未之有也。"既承接民族传统又体现社会主义本质的社会主义核心价值观，在更为宽广的社会层面体现着中华儿女共同的价值诉求，彰显着中华优秀传统文化的价值内核，同时体现着中华民族的美德和品质，反映了全体中国人民的精神追求。

三、提高大学生创新能力

高校以优秀传统文化推动大学生践行社会主义核心价值观，必须发挥优秀传统文化海纳百川的包容精神，选择能发挥大学生践行社会主义核心价值观主动性和能动性的角度和方法。大学生通过阅读经典和交流，阐述传统文化与社会主义核心价值观观点，分析传统文化与社会主义核心价值观关系，分享践行社会主义核心价值观感受，升华大学生文化意识。以社会主义核心价值观为主流的价值观宣传与培养，创造了良好氛围，以优秀传统文化优化培育和践行社会主义核心价值观的氛围，陶冶大学生情操，触动大学生的心弦。

在浓厚的氛围中，大学生内心澄澈、崇德向善、积极向上，使社会主义核心价值观入脑入心，为践行社会主义核心价值观打下基础。将优秀传统文化融入社会主义核心价值观，不断汲取优秀传统文化的精神滋养，才会有深厚的民族根基，才能得到大学生的广泛认同。这样，大学生才能学会思考、分析，才能正确抉择，面对纷繁多变、泥沙俱在的社会现状，才能保持是非明，方向清，路子正。大学生在学习优秀传统文化践行社会主义核心价值观的过程中积极思考、学会分析，才能确立思维方式，启发感悟与灵感，增强创新能力。

从社会主义核心价值观的特点来看，社会主义核心价值观具有教育性、逻辑性、批判性等特点。第一，社会主义核心价值观具有鲜明的教育性，它要求社会主义核心价值观要充分挖掘并合理利用优秀传统文化、高校思想政治教育等因素，将社会主义核心价值观教育寓于理论教育之中，强调不仅要教书更要育人。同时，社会主义核心价值观教育还必须结合学生自身和社会实际对学生开展教育，让学生在实际的锻炼中不断成长、壮大。这样就会使学生具备自主生活、独立实践的能力，初步树立正确的世界观、人生观、价值观，促进学生全面发展与进步。而要充分体现思想政治课的教育性，就需要学生在学习过程中，自觉地掌握和运用辩证观点、历史分析和阶级分析的观点和方法，运用这些观点和方法来解决实际问题，从而提高学生自身的思考辨析问题的能力，即思辨能力。第二，社会主义核心价值观具有鲜明的逻辑性，它要求将"三个倡导"的理论观点和社会生活的实际紧密联系起来，把社会主义核心价值观与优秀传统文化联系起来。因此，学生在听课过程中要把握各个知识点之间的结构关系和新、旧知识之间的逻辑关系，富于系统性。而要做到这一点，培养学生的思辨能力就变得十分必要了。因为学生的思辨能力内涵比较广泛，其中，不可缺少的内容就是逻辑思维能力的培养，这需要我们根据思维发展的规律来逐步提高学生的逻辑思维能力。第三，社会主义核心价值观具有批判性特点，核心价值观教育过程是学生运用马克思主义的基本立场、基本观点和基本方法来批判社会现实，辨析现实的是与非、对与错，运用批判性的思维方法来对待社会问题，而要体现批判性特点，就必须要求学生具有思辨能力，能够就事论事，不掺杂任何个人偏见，学会在比较鉴别中进行取舍，在价值判断中进行选择，在批判中进行扬弃，由此及彼，由表及里，对任何现象和事实都保持批判的精神。以此，规范自己的行为，形成践行社会主义核心价值观的常态。

　　培养创新能力和实践能力，是新世纪素质教育改革与发展的核心目标，也是21世纪高校教育发展的基本方向。社会主义核心价值观为大学生创造、创新能力提供良好氛围。以社会主义核心价值观为主导，通过个性鲜明、创造质量较高的活动，培养学生敏锐的感知力、丰富的想象力以及直觉的洞察力和大胆的创造力。也就是说，在社会、学校积极向上的氛围中，通过社会主义核心价值观教育帮助学生获得正能量，激发学生创新意识和创新潜能。

　　社会主义核心价值观教育不但能促进意识形态的发展，而且常常直

102

接导致新的发现及超越。因为人的创造潜能的开发有赖于敏锐的知觉和丰富的思想,而要培养敏锐的知觉和丰富的思想就必须加强社会主义核心价值观教育,摆正价值观念,这是创新发展的先导。

营造良好的校园氛围,氛围是成长的土壤,要培养大学生的思辨、创新能力,就离不开良好的校园氛围。要以社会主义核心价值观为根本,营造宽松、健康的学术环境,培养大学生的思辨能力、创新精神。没有先秦时期的百家争鸣,就不可能有中国文化的黄金时代。只有在公正、平等的竞争环境和诚信、敬业的品质下,在面对对立或不同思想间尖锐地交锋和碰撞时,在面对相近思想、认识、见解间交流和切磋时,才会不断丰富和完善自己的思想和学说。在社会主义核心价值观的指导下,不断鼓励大学生存疑、辩论,真理从来都是越辩越明。在这样的校园环境下,大学生们才能不唯上、不唯贤、不唯书,只唯实,提出创造性的见解、观点和主张。

第二节 大学生肩负的历史使命和责任

一、新时代大学生的独特的人生阶段和历史时期

新时代大学生是祖国的栋梁和未来,大学阶段是人生发展的重要时期,是世界观、人生观、价值观形成的关键时期,也是当代大学生独特的人生阶段和历史时期。大学时期更是个体价值观发展的关键时期,对大学生推进社会主义核心价值观教育,能够帮助大学生在价值观可塑性强的时期形成社会主义核心价值观。大学生社会主义核心价值观教育是以社会主义核心价值观来影响大学生的思想、行为的过程,目的是促进大学生对社会主义核心价值观的接纳、内化与践行,使大学生逐渐树立社会主义的信仰与理想。

(一) 大学生的独特的人生阶段

首先,大学期间是人才成长的黄金时期,大学阶段是学习知识和技能的最佳时期。大学生正处于智力发展的鼎盛时期,他们记忆能力、认识能力、思维能力和创造能力等四大智能发展到了人生的黄金时期。盛时不再来,人生能有几回搏,这时正是学习的黄金时代。大学生由于身体各种机能的健全和成熟,总觉得浑身有使不完的劲,并从中体验到自己青春的活力,深信自己的能力,感到没有任何力量可以阻止自己前进。因此,大学无疑是人生发展的高峰期。此外,大学阶段还是人生个性心理品质逐步成熟的时期,也是大学生社会情感得到充分发展的时期。大学的几年,为大学生的成长、发展创造了良好的条件,大学生在大学学习期间又处于人生成长过程的黄金时期,大学期间的学习生活是相当宝贵的,"缘分""相互理解""互相信任""同甘共苦""比翼双飞""理想""鲜花""阳光""掌声"等都是最宝贵和最值得珍惜的情感,大学生应十分珍惜自己成长的这段宝贵时期。

其次,大学期间是大学生社会化的关键时期。社会化过程就是人适应社会生活的过程,从某种意义上来讲,人的一生也就是一个社会化的过程。大学阶段是人生的准备期,是人的各种观念、各种心理品质急剧变化、逐步走向成熟的时期。因此,大学期间形成的观念对人的一生特别重要,有些观念甚至影响人一生。主要表现在以下三个方面:一是职业基本趋向初步确立。大学不同于初、中等学校的教育,高等教育主要是职业教育,大学阶段是分专业进行教育的。大学生一进入大学校园基本上就有了一个职业定向问题。大学生围绕一定的职业定向学习基础课、专业课,从而逐步形成了与专业有关的知识结构和思维方式,形成了较为稳定的专业思想。二是恋爱观的初步形成。随着大学生生理机能的日益成熟,第二、第三性征的显示,大学生逐渐产生了对恋爱的渴求。大学生对于异性有机会和条件获得较为深刻的了解,从而容易产生比友情更深一层的感情,这样,大学期间有助于大学生形成独立的恋爱观、爱情观。三是思想观念的初步形成。大学期间,通过广泛而系统的知识学习,大学生逐步形成了一定的知识结构和较为独立的思维方式,这为他们对自然、社会、人生等一系列问题的深入思考创造条件、奠定基础。同时,他们也逐步建立了自己对自然、社会、人生的一些基本看法,基本上形成了较为稳定和成熟的政治观、人生观、世界观以及道德观。

大学时期是大学生人生发展的一个非常重要的阶段,大学生在大学期间,除了顺利完成自己的学业任务以外,还有更为广泛的人生任务。大学生应该抓紧在校的宝贵时间,促使自己各种正确观念的形成和人格的成熟,从而正确树立自力更生、独立自主的进取意识,真正提高自身应对当今社会快速发展的适应能力。习近平总书记说:"中国梦是我们的,更是你们青年一代的。中华民族伟大复兴终将在广大青年的接力奋斗中变为现实。"当代青年要顺应时代潮流,真正把握好在校短短几年的黄金时机,发奋图强、刻苦钻研、做社会主义核心价值观的忠实践行者、宣传者和引领者,努力把自己打造成生活的强者、社会的精英、国家的栋梁。

(二) 当代大学生的独特的历史时期

当今世界,思想意识形态、文化的交流、交融、交锋无时不在,软实力的竞争愈演愈烈。软实力竞争的核心是文化的竞争,实质是价值观的较量。时下,人们的社会价值取向多元化,不少人把对物质利益的追求作为根本的追求,把财富的积累当作人生的唯一目标,把金钱的多少看作成功与否的主要标志。解决这个问题,重要的就是要按照党的十八大提出的要求,"倡导富强、民主、文明、和谐,倡导自由、平等、公正、法治,倡导爱国、敬业、诚信、友善"。我们要深刻理解党的十八大对社会主义核心价值观内涵的阐述,把个人的价值与人民的追求有机地统一起来,使人民群众在不断受益的过程中坚信并形成社会主义的核心价值观。

1. 思想状况的独特性

当代大学生的思想状况呈现积极向上的良好态势。大学生对中国特色社会主义高度认同，热爱中国共产党，入党意愿强烈，入党动机端正；关心时政，政治参与热情较高；推崇奉献精神，对中国梦、社会主义核心价值观积极关注并具有强烈的践行意愿，富有社会责任感；生活态度积极乐观，人生追求健康向上，呈现出了良好的思想道德素质和精神风貌。积极赞同实现民族复兴必须坚持中国特色社会主义道路，政治认同状况良好。大学生普遍认为实现民族复兴必须坚持中国特色社会主义道路，认为当代大学生应当牢固树立中国特色社会主义共同理想，对通过坚持中国特色社会主义实现民族复兴中国梦充满信心。大学生广泛的政治认同与政治共识反映了他们对中国特色社会主义理论与实践及其成就的高度认同与普遍认可。

2. 面临的意识形态形势的独特性

意识形态的基本功能是进行文化与社会的整合，意识形态能够为制度合法性提供理论支撑。任何阶级社会都有它的主流意识形态，"意识形态作为一种观念的力量，它为政治权威与制度的合法性提供道义上的诠释，是统治阶级整合社会公众思想的重要手段。"我们的党，是用马克思主义武装起来的政党，当然要以马克思主义及其中国化最新理论成果为指导，党的十八大提出，"我们坚定不移高举中国特色社会主义的伟大旗帜，既不走封闭僵化的老路，也不走改旗易帜的邪路。"而现在的中国，既有人希望走过去的老路，也有人希望走邪路。这两种主张，实质上一种是封闭僵化的思潮，一种是全盘西化的思潮。今天中国共产党的意识形态就面临着这两种思潮的挑战。过去有这两种思潮，现在有，今后恐怕还会存在。所以，怎么能够真正让马克思主义和共产主义的信仰、中国特色社会主义的信念深入人心，而不受这两种思潮的影响，成为党和人民的当务之急。

当前，意识形态领域的斗争是在信息化飞速发展和全球化迅速蔓延的环境下进行的,更加严峻复杂,尖锐激烈。我们要高度关注和准确把握意识形态领域出现的新情况、新问题,牢牢掌握意识形态工作的领导权和主动权,深入细致地做好思想工作,确保各族人民凝聚在党旗下。马克思曾说过:"如果从观念上来考察,那么一定的意识形态的解体足以使整个时代覆灭。"

一个没有共同信仰的社会,就根本无法存在,因为没有共同的思想,就不会有共同的行动。国际形势风云变幻,国内经济社会转轨转型,现代传播技术迅猛发展,对思想政治工作提出了新的更高要求。宣传思想工作要把围绕中心、服务大局作为基本职责,胸怀大局、把握大势、着眼大事,找准工作切入点和着力点;坚持团结稳定、正面宣传为主,巩固壮大主流思想舆论;坚持来之不易的宝贵经验,抓好理念创新、手段创新、基层工作创新;宣传阐释好中国特色,讲好中国故事,传播好中国声音。这些基本要求,既蕴含着对历史经验的深刻总结,又蕴含着对新形势新任务的科学判断,具有很强的战略指导性和现实针对性。贯彻落实这些基本要求,宣传思想工作就能沿着正确方向发展,做到因势而谋、应势而动、顺势而为。

3. 独特历史时期当代大学生必须树立正确的意识形态

首先,加强高校社会主义核心价值观教育。在"追逐中华民族伟大复兴的中国梦"的今天,高校必须确立社会主义核心价值体系的主导地位,必须牢牢坚持马克思主义的根本方向。社会主义核心价值观是兴国之魂,决定着中国特色社会主义发展方向。它对于引领当代中国先进文化的发展方向,加强民族向心力和凝聚力,提升民族生命力和创造力具有重要作用。大学生树立正确的意识形态,必须紧紧抓住这个根本,牢牢掌握我国意识形态领域的主导权、主动权、话语权,最大限度地凝聚社会思想共识。没有一些意识形态,只有一种意识形态,这就是我们民族的宿命。为此,大力加强大学生社会主义核心价值观教育就显得尤为必要。

其次，深入挖掘中国优秀传统文化。中国要屹立于世界民族之林，要和平崛起，要实现中华民族伟大复兴的中国梦，就更需要文化软实力的强大支撑。中国的传统文化有着鲜明的民族性特征，具有强大的民族凝聚力和社会整合力，是中华民族屹立于世界民族之林的精神支柱。中国传统文化中的许多思想，如"重天道""法自然""尚人道""和谐""和而不同""尚中贵和""仁政""己所不欲，勿施于人""克己复礼"等等，在文化多元化、经济全球化的今天依然具有非凡的哲理魅力和普遍的适用价值，这也是中华文化具有感召力和吸引力的根本所在。教育大学生树立正确的意识形态，就需要在继承优秀传统文化的同时，深入挖掘中华民族优秀的历史文化成果，增强中华文化的亲和力、吸引力和辐射力，让世界真正了解、喜欢和向往中华民族的传统文化，扩大中华文明在国际社会的影响力。

最后，借鉴吸纳国外优秀成果。综观世界文化发展，可以看出，不同国家，不同民族的文化，互相开放、互相交流、互相吸收，同时又不断分化，是各民族文化发展的一条规律。因此，要树立全球开放的视野，不断增强本国文化软实力。中华文化要走向世界，就要告别文化自恋、文化自卑、文化自弃，确立世界的眼光、开放的气度，以更加开放的胸襟、更加广阔的视野、更加平和的心态去参与文化全球化的历史进程，将我国置身于世界、国家或地区先进文明潮流之中，借鉴吸纳各区域的优秀文化、思想观念和制度体系。正如毛泽东所说："中国应该大量吸收外国的进步文化，作为自己文化食粮的原料，这种工作过去还做得很不够。这不但是当前的社会主义文化和新民主主义文化，还有外国的古代文化，如各资本主义国家启蒙时代的文化，凡属我们今天用得着的东西，都应该吸收。"而且"中国的和外国的，两边都要学好。半瓶醋是不行的，要使两个半瓶醋变成两个一瓶醋"。因此，当代大学生要在中外文化的碰撞与交流中，博采众长，辩证取舍，择善而从。

二、新时代大学生肩负实现中国梦的伟大使命

使命,古时候指使者奉命出行,后引申为肩负重大的任务和责任。在社会发展中,人要承担各种使命来完成不同的历史任务。马克思曾经说过:"作为确定的人,现实的人,你就有规定,就有使命,就有任务,至于你是否意识到这一点,那都是无所谓的。这个任务是由于你的需要及其与现实世界的联系而产生的。"新时代大学生承担着建设中国特色社会主义、实现中华民族伟大复兴的中国梦的伟大使命。

习近平总书记对青年一代的成长成才寄予厚望,他指出:"历史和现实都告诉我们,青年一代有理想、有担当,国家就有前途,民族就有希望,实现我们的发展目标就有源源不断的强大力量。"

党的十八大以来,习近平总书记明确提出了实现中华民族伟大复兴中国梦的重要思想,并在不同时间和不同场合,从不同角度对中国梦进行了论述,高度凝练了我们党现阶段的奋斗纲领和目标,凝聚了党心、振奋了民心。他还指出,历史和现实都告诉我们,青年一代有理想、有担当,国家就有前途,民族就有希望,实现我们的发展目标就有源源不断的强大力量。当代大学生作为青年一代的重要组成,应以勇于担当、敢于担当、善于担当的气魄与能力,勇担时代赋予的重任与使命。高校是当代大学生教育、培养的主阵地,应在向当代大学生阐释中国梦,用中国梦凝聚当代大学生的力量,增强当代大学生对中国梦的认知认同,教育引导当代大学生感知中国梦赋予的历史使命等方面主动作为。培育和弘扬社会主义核心价值观,有效整合社会意识,是社会系统得以正常运转、社会秩序得以有效维护的重要途径,也是国家治理体系构建和治理能力现实化的重要方面。历史和现实表明,构建具有强大感召力的核心价值观,关系到社会的和谐稳定和国家的长治久安。

(一)中国梦赋予当代大学生的历史使命

党的十八大报告中指出:"中国特色社会主义事业是面向未来的事

业，需要一代又一代有志青年继续奋斗。广大青年要积极响应党的号召，树立正确的世界观、人生观、价值观，永远热爱我们伟大的祖国，永远热爱我们伟大的人民，永远热爱我们伟大的中华民族，在投身中国特色社会主义伟大事业中，让青春焕发出绚丽的光彩。"这是中国共产党第十八次全国代表大会上传达给每个青年最强烈的信号，是党和国家宏伟大业向每位青年发出的深情召唤。也是让党的事业后继有人，让党的队伍始终充满生机与活力的根本。2013年5月4日，习近平总书记在同各界优秀青年代表座谈时强调，中国梦是历史的、现实的，也是未来的；是国家的、民族的，也是每一个中国人的，更是青年一代的，中华民族伟大复兴终将在广大青年的接力奋斗中变为现实。

青年兴则国家兴，青年强则国家强。青年最富有朝气、最富有梦想。当代大学生作为最富有朝气、最富有梦想的青年群体，应积极、主动担当起时代赋予的历史重任和使命，志存高远，脚踏实地，在实现中华民族伟大复兴的中国梦的生动实践中放飞青春梦想。党中央对广大青年的高度倚重，对青年工作的高度重视，是推动祖国未来事业、激励一代又一代有志青年继续奋斗的源动力。作为高校的青年大学生来说，只有把自己的热情、激情、活力投身于中国特色社会主义伟大事业之中，才能让青春焕发出绚丽的光彩。唯有义不容辞地承担起历史赋予我们的使命，才能让自己的青春在中华民族伟大复兴的征程中焕发出耀眼的光辉。

1. 中国梦要求当代大学生坚定理想信念

中国梦是党的执政理念的升华，是全国各族人民的共同理想，也是当代大学生必须牢固树立的远大理想。这就要求当代大学生应坚持用中国特色社会主义理论体系武装头脑，牢固树立马克思主义的唯物主义世界观、人生观、价值观，自觉树立和践行社会主义核心价值观，把个人梦与中国梦有机结合起来，把理想信念与理性认同科学理论、正确认识历史规律、准确把握基本国情有机结合起来，把个人品德的锤炼与社会公德、职业道德、家庭美德有机结合起来,做一个放眼世界、关心国家、志存高远、追求执着、信念坚定、胸襟宽广的人,树立正确的世界观、人生观、价值观,坚定对中国特色社会主义的道路自信、理论自信、制度自信,坚定对马克思主义和共产主义的信仰、对中国特色社会主义的信念,以实际行动践行中国梦,努力成为可堪大用、能负重任、敢于担当的栋梁之材。

2. 中国梦要求新时代大学生练就过硬本领

中国梦既体现了国家意志,又表达了13亿中国人的愿望,是每一个中国人的梦。当代大学生的素质与本领是影响实现中国梦进程的直接因素之一。这就要求正处于学习黄金期的当代大学生应珍惜美好的大学时光,把学习作为首要任务,作为一种责任、一种精神追求、一种生活方式,每天比别人努力一点点,埋头苦读、刻苦钻研、勤于思考、善于总结,将自己培养成为基础扎实、知识广博、业务精通的复合型人才,为自己扬帆远航、搏击青春提供持久动力与能量。坚持面向现代化、面向世界、面向未来,增强勤于学习、善于钻研、勇于实践的思想自觉、行动自觉,不断更新知识、学以致用,在实践中发现新知、运用真知,掌握真才实学,增强本领技能,积极、主动在践行中国梦的生动实践中、在社会主义现代化建设的大熔炉中奉献青春、奉献才智,积极、主动在现代科学技术的学习和运用中、在迎接新技术革命的挑战中担当重任,成为国家富强、民族振兴的中坚力量。

3. 中国梦要求新时代大学生勇于创新创造

中国梦是崭新的梦、远方的梦,实现中国梦需要一个长期的历史过程,需要发扬中华民族百折不挠、勇往直前、顽强拼搏的精神。当代大学生是富有朝气、活力、创造力的群体,理应成为创新创造的先锋,在各个领域形成积极向上的正能量。这就要求当代大学生应以敢为人先的锐气,超越因循守旧的思维,冲破满足现状的藩篱,致力于解放思想、上下求索、开拓进取,树立在继承前人的基础上超越前人的雄心壮志;

以艰苦奋斗的精神，牢记"空谈误国、实干兴邦"，用逢山开路、遇河架桥的意志，从自身做起，从点滴做起，特别是勇于到条件艰苦的基层、国家建设的一线、项目攻关的前沿，干事创业，经受锻炼，增长才干，让全社会的每个肌体、每个岗位都焕发出最大的创造活力；以持之以恒的韧劲，用探索真知、求真务实的态度，投入到创新创造的具体实践中，坦然面对创新创造道路上的暗礁与险滩、挫折与失败、苦闷与烦恼，敢于啃硬骨头，甘于坐冷板凳，在立足本职的创新创造中不断积累经验、取得成果。

（二）以中国梦凝聚新时代青年大学生的青春正能量

高校推进中国梦的宣传教育、用中国梦凝聚当代大学生的力量是一项政治任务，也是一项系统工程，应从自身特点与优势出发，在唱响主旋律、筑牢主阵地、畅通主渠道上下功夫，积聚起当代大学生在中国特色社会主义伟大实践中同心共筑中国梦的正能量。

1. 凝聚力量，唱响主旋律，引导大学生领会中国梦的精神实质

中国梦体现了中华民族充满自信、大步前行的高昂旋律，是承载几代人夙愿、继承先人光荣传统、具有时代内涵的精神旗帜。用中国梦凝聚当代大学生的力量，要贯穿"中国梦的本质内涵、实现路径、根本保障"这一主线，唱响中国梦的时代主旋律。

首先，把握内涵实质。引导大学生深刻领会中国梦的精神实质，把握好国家富强、民族振兴、人民幸福的基本内涵，把握好坚持中国道路、弘扬中国精神、凝聚中国力量的重要遵循，把握好中国梦归根到底是人民的梦的本质属性，把握好中国梦是对中国古代五千余年文明史的追忆、近代百余年屈辱史的反思、新中国发展改革史的回顾而得出的理性思考，把握好国家梦、民族梦、集体梦与个人梦之间的辩证关系，突出中国梦的思想内涵、挖掘中国梦的历史底蕴、阐述中国梦的现实意义，坚定理想信念、铸牢精神支柱、夯实思想基础，进一步坚定走中国特色社会主义道路的信心决心。

其次，做好结合文章。将中国梦的宣传教育与党的十八大精神的学习宣传贯彻有机融合，与中国特色社会主义的宣传教育有机融合，与社会主义核心价值体系的建设和社会主义核心价值观的培育有机融合，与党的群众路线教育实践活动的开展有机融合，与习近平总书记一系列重要讲话精神的学习领会有机融合，与高等教育质量的全面提高有机融合，与青年教师思想政治工作的加强和改进有机融合，与办好人民满意教育有机融合，进一步弘扬以爱国主义为核心的民族精神、以改革创新为核心的时代精神。

最后，弘扬实干精神。引导大学生深刻认识实现中国梦的关键是靠脚踏实地、真抓实干，必须从自身做起，从现在做起，将实现中国梦的满腔热情转化为刻苦学习、勤奋工作、报效祖国的激情；深刻认识每个个体都是中国梦的参与者、践行者、书写者，必须坚持实事求是，从实际出发，谋实策、鼓实劲、办实事、出实效，踏石留印、抓铁有痕，一步一个脚印地实现梦想；深刻认识圆梦的旅程中可能遇到巨大的阻力、承受巨大的压力，必须以攻坚克难的勇气、开拓创新的精神、持之以恒的韧劲团结在一起，心往一块想、劲往一处使，进一步凝聚起实现中国梦的强大力量。

2. 筑牢主阵地，激发大学生践行中国梦的强大动力

课堂教育教学是高校深化中国梦宣传教育的主渠道。第一课堂与第二课堂共同构成高校育人的有机整体，两者相辅相成、相互促进。用中国梦凝聚当代大学生的力量，要发挥第一课堂、第二课堂的主阵地作用，推动中国梦进教材、进课堂、进头脑。

首先，注重教材建设的系统性。在认真梳理、系统归纳中国梦的基本内涵、提出背景、实现路径、组织保障等的基础上，根据思想政治理论课程的内容及特点，找准切入点、选好结合点、抓住关键点，将中国梦的相关内容全面、科学、合理地融入和渗透到思想政治理论课程教学章节中，并编撰便于教师教学、学生学习中国梦的教辅资料，形成统编

教材与教辅资料相互衔接、互为补充的教材体系。

其次，注重教学内容的全面性。在思想政治理论课程教学过程中深入解读中国梦的历史底蕴、现实意义、时代内涵，以及实现中国梦的重大意义、本质要求、根本保障，深入解读我国革命、建设、改革的历史进程、辉煌成就、宝贵经验和前进方向，深入解读党的十八大提出的两个一百年战略目标；在专业课程教学过程中有意识地融入中国梦的相关内容，引导师生积极投身于实现中国梦的生动实践，并准确解答学生关注的热点、难点、焦点问题。同时，采取通俗易懂的语言、生动鲜活的事例、新颖活泼的形式，不断激发学生学习的积极性、主动性、创造性。

最后，注重教育方式的实践性。以形式多样的社会实践活动为载体，组织大学生积极参与到各级各类以中国梦为主题的社会实践活动中，比如："梦想中国"大学生志愿者行动计划，暑期大学生"三下乡"社会实践活动，学雷锋社会实践活动等，引导大学生深入基层、深入一线、深入百姓，帮助他们将对中国梦的感性认识转化为理性认识，将对中国梦的认识、认知、认同落实到具体的行动、行为上，以实践活动传递中国梦，以实际行动践行中国梦，以实干精神托起中国梦。

3. 畅通主渠道，增强大学生实现中国梦的自信自觉

开展中国梦宣传教育工作是一项面向各层面的系统工程，也是一项重大而长远的政治任务。用中国梦凝聚当代大学生的力量，要畅通由学校宣传教育、教师研究创新、学生学习展示等三个平台共同构成的主渠道，推进以中国梦为主题的校园文化建设，切实把握唱响中国梦的主动权。

首先，构建学校宣传教育平台。精心挑选宣传内容、宣传载体，利用宣传橱窗、教室走廊、文化长廊等校内公共场所的宣传媒介张贴宣传海报、悬挂励志名言、布展名人字画，利用校园网站、电视、广播、报纸、短信平台以及微博、微信等传统、新兴媒体开设中国梦宣传教育的

专题、专栏、专版,广泛宣传中国梦,展现中国梦的强大凝聚力。精心设计活动主题、活动形式,利用主题宣讲、主题班会、主题党(团)日、专题报告、书籍推荐、歌曲传唱、社会实践等形式多样的课外活动平台,开展中国梦理论和实践的宣传教育,引导师生描述民族国家的复兴梦、讲述亲历亲见的中国梦、畅谈个人发展的我的梦,促使中国梦主题教育常态化。发挥先进典型的榜样作用,培育、表彰、宣传师生中涌现出来的热爱祖国、践行梦想、事迹突出的先进典型,传播立德树人、同心共筑中国梦的正能量,激励师生崇尚先进、学习先进、争当先进,引导他们投身于实现中国梦的伟大实践中,形成为实现中国梦而团结奋进的精气神。

其次,构建教师研究创新平台。发挥哲学社会科学理论资源丰富的优势,以扎实推进高等学校哲学社会科学繁荣计划为契机,以马克思主义理论研究和建设工程、人文社会科学重点研究基地建设等为依托,加大中国梦的研究阐释创新工作力度,特别是对中国梦与宪政梦、西方民主、普世价值等的区别进行深入阐述,增强对中国特色社会主义优越性的自信。发挥优质学术资源的优势,以学术前沿论坛、马克思主义中国化论坛等各种形式的学术活动为平台,发挥高校与高校、政府、科研机构之间联系紧密的优势,大力整合、灵活利用各个学术主体的优质学术资源,创建中国梦研究协同创新中心,加大对中国梦的研究、交流、探讨。发挥高层次人才密集的优势,以名师大讲堂、社科大讲堂等校内外学术知识普及活动平台为载体,最大程度地发挥优质人力资源的作用,采取专家解读中国梦、领导讲述中国梦等形式,加大对中国梦的宣传普及力度。

最后,构建学生学习展示平台。以网络为载体,在校园网上开设专题网站,设立专门的互动专区,既为学生学习中国梦的有关理论及新观点、新论述搭建平台,也为学生围绕中国梦的主题抒发自己的情怀、寄语国家的发展未来、展示自我才华创造条件,利用网络的内容丰富、覆盖面广、共享度高的特点助推中国梦的品读、传播、传递。以微博为载体，建立由校方微博、名师微博、微博粉丝等共同组成的微博联盟，在微博上发起以中国梦为主题的互动话题，并通过微博征文、微博签到、微博接力等多种方式，把握微时代的话语主导权，引导师生以独特的视角和全新的创意广泛参与、展现自我，将个人的成长成才梦想统一到中国梦上来，利用微博传播速度即时性、内容自主性、方式互动性的特点助推中国梦的传播。以活动为载体，坚持寓教于乐的原则，举办与中国梦相关的演讲比赛、征文比赛、摄影比赛、文艺展演、影视展播、毕业涂鸦等主题活动，精心组织学生参与活动策划、活动实施，充分展示当代大学生激扬青春、追逐梦想的良好精神风貌，利用活动主题鲜明、组织有力、实践性强的特点助推中国梦的品读、传播、传递。

三、大学生肩负培育和践行社会主义核心价值观的使命

习近平总书记指出："广大青年要把正确的道德认知、自觉的道德养成、积极的道德实践紧密结合起来，自觉树立和践行社会主义核心价值观，带头倡导良好的社会风气。"自觉树立和践行社会主义核心价值观，"坚持以理想信念为核心，抓住世界观、人生观、价值观这个总开关"，是当代大学生实现美好人生梦想的迫切要求，也是当前形势发展的必然。社会主义核心价值观也是引领当代大学生成长成才的根本指针，它为当代大学生指明了努力方向、提供了发展动力、明确了基本途径。

培育和弘扬社会主义核心价值观，有效整合社会意识，是社会系统得以正常运转、社会秩序得以有效维护的重要途径，也是实现国家治理体系和治理能力现代化的重要方面。历史和现实表明，构建具有强大感召力的核心价值观，关系到社会的和谐稳定和国家的长治久安。

（一）践行社会主义核心价值观努力德才兼修

如果说有什么理想能够始终将亿万中国人凝聚在一起，那就是建设

现代国家、实现民族复兴的中国梦。正因如此，党的十八大报告将"倡导富强、民主、文明、和谐"，作为社会主义核心价值观国家层面的价值目标，并将置之于积极培育和践行社会主义核心价值观的首要层面来强调。当代青年，尤其是大学生，要自觉培育和践行社会主义核心价值观，这是时代赋予我们的神圣使命。

践行社会主义核心价值观是国家文化软实力建设的客观要求。社会主义核心价值观是兴国之魂，决定着中国特色社会主义的发展方向。美国知名学者约瑟夫·奈提出，一个国家的综合国力，既包括由经济、科技、军事实力等表现出来的"硬实力"，也包括以文化和意识形态吸引力体现出来的"软实力"。

"软实力"主要是指文化的吸引力、政治制度的生命力、价值观的吸引力、民族的凝聚力、国际影响力和控制力。他还认为国家软实力来源于三个方面：对他国产生吸引力的文化、言行一致的政治价值观和具有合法性和道德威信的外交政策。软实力是通过吸引他人而不是强制他人而达到期望结果的能力，是通过文化等力量来实现的。因此，习近平同志指出："核心价值观是文化软实力的灵魂、文化软实力建设的重点。"一个国家的文化软实力，从根本上说，取决于其核心价值观的生命力、凝聚力、感召力。因此，"要深入开展社会主义核心价值观学习教育，用社会主义核心价值观引领社会思潮、凝聚社会共识。"党的十八大报告指出："文化是民族的血脉，是人民的精神家园。全面建成小康社会，实现中华民族伟大复兴，必须推动社会主义文化大发展大繁荣，兴起社会主义文化建设新高潮，提高国家文化软实力，发挥文化引领风尚、教育人民、服务社会、推动发展的作用。"纵观中国近现代史，就是中国的文化软实力丧失殆尽的历史。中国人民在屈辱与抗争、保种与救亡的挣扎中，受尽了西方列强的欺侮。但自马克思主义传入中国并形成中国特色社会主义理论体系之后，中国人民在共产党的领导下，在马克思主义理论的旗帜下凝聚团结起来，万众一心、形成了一股无坚不摧的巨大力量，坚忍不拔地共克时艰、奋勇向前，中华民族不仅获得了民族独立和民族解放，而且还走上了富强繁荣的民族振兴大道。改革开放以来，中国人民之所以取得了世人瞩目的伟大成就，其中一个重要原因也就是把马克思主义理论和全国人民紧紧凝结在了一起。当今世界，文化软实力越来越成为增进民族凝聚力和向心力的重要源泉。

"假如说硬实力建立在事实的基础上，那么，软实力就是建立在价值观的基础上。"我们一定要加强社会主义核心价值观教育，而社会主义核心价值观教育的重点就是青年，因此，需要加强当代大学生社会主义核心价值观教育，不仅要内化于心，更要外化于行。

社会主义核心价值观教育是立德树人教育目标的要求。"爱国、敬业、诚信、友善"，是从公民层面提出的价值准则，它涵盖了社会公德、职业道德、家庭美德、个人品德等各个方面，是每一个公民都应当树立的道德规范和价值追求。回顾历史，"中国奇迹"的书写、"中国故事"的讲述，都离不开万千胸怀报国理想、坚持道德操守、激扬蓬勃朝气的普通人。青春报国、托起飞天梦的科技功臣，扎根农村、带领乡亲致富的大学生村干部，精益求精、为"中国制造"增光添彩的产业工人，殚精竭虑、为服务群众不辞辛劳的基层干部，一诺千金、宁肯散尽家财也决不拖欠农民工工资的"信义兄弟"，把人民群众放在心中最高位置用生命践行敬业的党的好干部……正是一个个有理想、有情怀、有担当的个人，支撑起共和国大厦的脊梁，推动着中华民族走向复兴的步伐。他们以自己的方式践行着富强、民主、文明、和谐的价值目标，自由、平等、公正、法治的价值取向，爱国、敬业、诚信、友善的价值准则。

党的十八大报告把"立德树人作为教育的根本任务"，把"培养德智体美全面发展的社会主义建设者和接班人"作为办好人民满意的教育的根本要求。"要坚持育人为本、德育为先，围绕立德树人的根本任务，把社会主义核心价值观纳入国民教育计划。"个人的价值选择，是社会价值观念的基础所在、根本所系。涓流成海、积土成山，每个人秉持怎样的道德意愿、践行怎样的理想信念、追求怎样的人格品质，决定着一个社会的面貌、体现着一个时代的气质。当前，社会深刻变革、开放不断扩大，人们思想活动的独立性、选择性、多变性、差异性明显增强。有理想迷失、信念动摇者，有道德堕落、观念扭曲者，有腐朽落后思想文化沉渣泛起，也有拜金主义、享乐主义、极端个人主义暗中滋长。但越是纷繁复杂，越要站得住脚跟，越需以社会主义核心价值观为思想的压舱石、价值的定盘星，培育昂扬向上的公民品格。

有怎样的价值观念，就会有怎样的行动。有"天下兴亡，匹夫有责"的爱国精神，才能承担时代赋予的使命；有"善学者能，多能者成"的敬业作风，才能把握人生出彩的机会；有"以信立身、以诚处世"的诚信品格，才能赢得一个良好的发展环境；有"取人为善、与人为善"的友善态度，才能形成和谐的人际关系。这样的价值，让我们能更好地处理个人与他人、个人与社会的关系，将人生带入更高境界。

（二）践行社会主义核心价值观力争早日成才

北宋史学家司马光说过："才者，德之资也；德者，才之帅也。"用"德"来统率"才"，人生才能不丧失方向。这就要求当代大学生注重道德实践。"如果说社会是大海，人生是小舟，那么理想信念就是引航的灯塔和推进的风帆。"没有理想的人生，就像失去了方向和动力的小船，在生活的波浪中随处漂泊。理想指引人生方向，信念决定事业成败。对于理想信念的重要性，习近平总书记形象比喻道，"理想信念就是共产党人精神上的'钙'，他反复强调，理想信念坚定，骨头就硬，没有理想信念，或理想信念不坚定，精神上就会'缺钙'，就会得'软骨病'，就可能导致政治上变质、经济上贪婪、道德上堕落、生活上腐化。"共产党人的理想信念是什么，习近平总书记指出："对马克思主义的信仰，对社会主义和共产主义的信念，是共产党人的政治灵魂，是共产党人经受住任何考验的精神支柱。"今天,我们正在为中华民族伟大复兴的中国梦而努力奋斗,这是中华民族儿女的复兴梦,中国梦是历史的、现实的,也是未来的。

中国梦凝结着无数仁人志士的不懈努力,承载着全体中华儿女的共同向往,昭示着国家富强、民族振兴、人民幸福的美好前景。"中国梦是全国各族人民的共同理想,也是青年一代应该牢固树立的远大理想。中国特色社会主义是我们党带领人民历经千辛万苦找到的实现中国梦的正确道路,也是广大青年应该牢固确立的人生信念。"中国梦也是我们每一个人的梦想,实现这样的梦想就需要继承中国传统,凝聚中国精神,继承和弘扬社会主义核心价值观,把全体人民的心都凝聚到中国梦的旗帜下,为实现中国梦而努力奋斗。"社会主义核心价值观就是人生奋斗的梦想之舵,是中华民族的精神之钙,是当地中国的兴国之魂。"新时代大学生一定要坚持正确的价值导向,要自觉践行社会主义核心价值观,力争早日成为中国特色社会主义事业的建设者和接班人。

(三)践行社会主义核心价值观争做表率

青年代表未来,一个不重视对青年教育的国家是没有未来的。大学生是最具青春活力、最敏感地捕捉时代发展动脉、最坚毅地引领风气之先、最具创造力和最具发展潜力的群体,他们理应成为培育和践行社会主义核心价值观最重要的主体。

新时代大学生是培育与践行社会主义核心价值观的主力军,中国梦是中国各族人民今后一个时期的奋斗目标,党的十八大报告提出两个"一百年"的宏伟目标,即"一定能在中国共产党成立一百年时全面建成小康社会,一定能在新中国成立一百年时建成富强、民主、文明、和谐的社会主义现代化国家。"

后来,在一次演讲中,习近平总书记进一步明确了时间表:"到2020年国内生产总值和城乡居民人均收入在2010年基础上翻一番,全面建成小康社会;到20世纪中叶建成富强民主文明和谐的社会主义现代化国家,实现中华民族伟大复兴。"这恰好规划了当代大学生的职业生涯。习近平在同北大师生座谈会上说:"现在高校学习的大学生都是20岁左右,到2020年全面建成小康社会时,很多人还不到30岁;到本世纪中叶基本实现现代化时,很多人还不到60岁。也就是说,实现'两个一百年'奋斗目标,你们和千千万万青年将全过程参与。"因此,当代大学生将是未来30年实现中国梦的骨干与中坚,在他们中间培养和践行社会主义核心价值观,意义重大。

新时代大学生是培育和践行社会主义核心价值观的重要抓手。习近平在中央政治局集体学习时指出:"一种价值观要真正发挥作用,必须融入社会生活,让人们在实践中感知它、领悟它。"这就要求我们要注意把我们所提倡的与人们日常生活紧密联系起来,要利用各种时机和场合,形成有利于培育和弘扬社会主义核心价值观的生活情景和社会氛围,使核心价值观的影响像空气一样无所不在、无时不在。在落细、落小、落实上下功夫。要通过教育引导、舆论宣传、文化熏陶、实践养成、制度保障等,使社会主义核心价值观内化为人们的精神追求,外化为人们的自觉行动。要从娃娃抓起、从学校抓起,做到进教材、进课堂、进头脑。润物细无声,要运用各类文化形式,生动具体地表现社会主义核心价值观,用高质量高水平的作品形象地告诉人们什么是真善美,什么是假恶丑,什么是值得肯定和赞扬的,什么是必须反对和否定的。现在我国的大学教育已经走向平民化,每年高校录取人数在700万左右,一人影响一个家庭,就是700多万个家庭,每年700多万个家庭,中国的核心价值观教育何愁不成。

只要每个人都秉持富强、民主、文明、和谐的价值目标,自由、平等、公正、法治的价值取向,爱国、敬业、诚信、友善的价值准则,"积小我为大我,聚个体为群体、集小气候为大气候,才能绘就社会主义中国的美好价值图景。"

大学生要争当培育和践行社会主义核心价值观的表率。时代呼唤英才，希望在于青年。当代大学生要自觉成为时代的引领者，成为时代精神的倡导者，发扬敢为人先、追求真理、勇于探索的精神，争当时代的模范。当代大学生不仅要"知"，而且更重要的是要"行"。社会主义核心价值观教育，既要内化于心，也要外化于行。"天下难事，必作于易；天下大事，必作于细"，当代青年要从现在做起、从自己做起，使社会主义核心价值观成为自己的基本遵循，并身体力行大力将其推广到社会去。

第四章

新时代大学生社会主义核心价值观培育的现状

第一节 社会主义核心价值观培育的障碍

社会主义核心价值观的培育主要包括理论培育和价值观践行，通过问卷调查发现，当前我国社会主义核心价值观的培育和践行之间的不匹配问题仍然比较突出，困扰核心价值观的培育成效，突出表现在培育路线、培育方式与践行路径、培育内容与践行机制等方面的失衡，这些失衡以培育障碍的方式存在，制约了社会主义核心价值观的健康发展。

一、培育路线注重培育轻视践行

社会主义核心价值观的培育路线中普遍高度重视理论培育路径轻视践行对策，在培育路线方面主要表现为资源配置、培育方针和辅助支撑。

资源配置是核心价值观培育能否长期、可持续、平衡发展的关键内容，社会主义核心价值观作为一种意识形态，其培育所需的资源具有多样化，既需要大量的软资源，又需要大量的硬资源，两种资源共同服务于价值观的培育和践行。

在价值观的理论培育方面，需要围绕理论核心进行理论研究、宣传培育、人才培养、平台构建。从当前我国社会主义核心价值观的培育现状看，理论研究方面的软资源相对丰富，充分结合了中国特色社会主义的最新理论成果，并紧密结合国家发展战略，形成了协同呼应的理论支撑。在培育宣传方面，硬件资源和软件资源都比较均衡，借助党政机关的宣传部门进行由上及下的理论宣传，保证了理论宣传的一致性，同时，借助日益发达的信息培育平台，例如互联网、电视、报纸等，有效保证了理论培育的多样性。在人才培养方面，基层理论人才缺乏长期困扰核心价值观的培育，导致理论与基层实践的结合水平低，基层群众对理论的理解深度不够。在平台构建方面，核心价值观的培育长期依赖固有机构，基层社区、高校基层党组织、企业工会等，并没有发挥应有的辐射带动作用，基层组织对核心价值观培育的推动效果不明显，核心价值观在基层的培育缺乏必要的组织机构。

与理论培育相比，资源配置在核心价值观的践行方面相形见绌。核心价值观的践行所需的实践平台、硬件资源严重缺乏。社会主义核心价值观作为一种意识形态，其培育过程需要从感性向理性的过渡和转变，尤其对一些基层群众和高校学生而言，需要通过实践示范的方式，不断探索践行过程中的问题，从调查的践行现状看，群众对如何践行、怎样践行、在何种条件下践行普遍比较缺乏。同时，践行核心价值观所需的辅助硬件条件供应不足，尤其是社会公共资源的分布不均匀，导致很多群众为了基本生活而不得不忽视核心价值观。与核心价值的理论培育相比，践行所需的时间更长，对践行的硬件投入应该是持续性的，而从当前践行现状看，在践行方面的硬件投入，基本都是基于一些政策性的活动，一次性投入一些硬件资源，而未考虑到长期运行，例如为了提高群众生活水平，将一些学校体育设施面向社会开放，但是随着政府投入的结束，后续开放逐渐处于无力运行状态。

培育方针是社会主义核心价值观的培育路线的系统化，主要包括政策供给、过程追踪、效果评价、反馈修正。在培育方针方面，价值观的培育仍然比践行占优势，例如在政策供给方面，围绕社会主义核心价值的多种理论研究在学界广泛开展，各种书籍、文章、报告会、交流会大量召开，通过讨论和学术交流活跃了核心价值的理论氛围。但是，在价值观的践行方面，对应的推动机制相对缺乏，践行的主管部门、服务机构、引导机制不明确，核心价值观的践行完全依靠群众个人自觉性，践行的整体动力不足，方向不明确。核心价值观的践行是一个动态过程，对践行过程的动态跟踪不足，不能及时化解践行过程的问题，尤其是核心价值观与社会热点问题之间的矛盾，长期依靠群众个人化解，难免造成误解和偏颇理解，影响价值观践行的实际效果。对核心价值的践行效果如何评价，仍然停留在宏观层面，关于践行环境、主体、理论的系统性评价相对较少。核心价值观践行的自我调整和矫正不足，对践行过程中的问题没有形成有效对策机制，问题与对策之间的时间落差较大，容易导致小问题演变成大难题。此外，核心价值观的践行过程中，缺乏恰当、有效的对接机制，尤其是与社会道德、家教家风之间的对接，群众将核心价值观完全作为一种新的思想理论，而没有与身边的道德修养、社会风气、家庭教育相结合，容易造成家庭、社会之间的理念冲突。

二、培育途径多样化，践行路径单一

通过问卷调查发现，培育途径多样化与践行路径单一之间的矛盾相对突出，核心价值观的培育可以充分借助传统信息培育渠道，并兼顾党的理论宣传途径，而核心价值观的践行，重心仍然在群众个体，社会资源难以整合与运用。

从培育途径看，党的理论宣传渠道是重要培育方式之一。各级党政机关都有相应的理论研究机构和宣传机构，这些机构具有专业的研究人员和管理人员，并具有健全、系统的培育体系，可以及时、快速、有效地将核心价值观的理论内容从上向下逐级培育。党的理论中心和宣传中心具有得天独厚的信息培育优势，除了固定的研究机构和宣传机构外，还可以通过党报、网站等扩大培育范围。还可以充分发挥各级党组织的辐射作用，通过党员向周围群众培育核心价值观的理论知识。在信息化高度发达的今天，党的理论培育也不断丰富方式。智能手机的快速普及，使得政府官方微博、微信平台、互联网平台等发挥了重要作用，在一些商业网络端口，也可以快速培育党的理论知识。互联网与有线电视的普及，使群众信息获取方式更加丰富，这些信息培育平台，也是核心价值观的培育平台。此外，核心价值观还在报纸、图书、户外宣传等方面大量培育，从而形成了立体培育效果。

培育途径的多样化，与核心价值观的理论形态相关，社会主义核心价值观是中国特色社会主义理论体系的重要组成部分，与我国社会主义指导思想紧密相关，核心价值观培育，可以充分借助既有的理论宣传平台，提高理论培育的速度和效率。但是，社会主义核心价值观的践行，具有强烈的行为特征，不仅需要坚实的理论支撑，而且需要细致、明确的路径支持。通过问卷调查发现，当前社会主义核心价值观的践行，主要以公务员等党政机关工作人员为主，普通群众的价值观践行大部分出于盲从和好奇心理，核心价值观践行的路径不明确，影响了普通群众的有效行为。从践行路径层面看，践行准则、践行流程仍然比较缺乏。

践行准则主要指核心价值观践行过程中应该遵守的原则，践行准则必须以核心价值的基础理论为出发点，但是如何与社会、家庭的准则相结合，仍然不明朗，没有将核心价值观与单位的工作纪律、企业文化、社会公德、家庭美德相结合，也没有与传统文化相融合，当群众实施践行行为时，需要依靠个人思维去理顺核心价值观与纪律、道德、美德、文化之间的关系，间接延缓了核心价值观的践行进度，增加了践行的思想束缚，一旦遇到矛盾，群众个人通常会以个人利益最大化为原则，甚至会受到外来思潮尤其是个人主义、享乐主义的干扰。践行准则是行为的内在动力和边界约束，缺乏明确的准则，容易造成行为困扰，特别是价值利益发生冲突时，明确的行为准则可以帮助群众做出决策。当前核心价值观的践行，整体上明确了出发点和目标，而未充分考虑到群众文化层次、工作种类、社会领域的差别，导致核心价值观始终停留在高端引导层面，而未切实深入到基层行为指导中。

践行流程是指社会主义核心价值观从思想转变为行为的全过程，包括场景辨析、思维决策、行为表达、实施反馈、理念强化等，核心价值观的践行需要通过具体的事件和场景表达，不同的场景下要求展现的核心价值观的主要内容不同，如果不能按照职业特点、社会领域细化行为流程，那么群众很容易在核心价值观践行的起步阶段偏离方向。思维决策是指在践行过程中遇到突发问题或者问题自身很难与核心价值观的要义对应时，做出决策的理论依据和行为指南。我国当前处于社会转型期，社会问题多样化、复杂化，核心价值观践行过程中，缺乏有效的行为指南，导致群众在思维决策方面缺乏有效的支持。行为表达是指群众践行核心价值观的具体行动中，如何去做、做到何种程度。行为表达是核心价值观践行的基本元素，在问卷调查中发现，多数群众的践行行为都没有长期坚持，说明行为表达尚未形成个体行动纲领，行为表达的自觉性和主动性仍然较差。实施反馈是指通过核心价值观的践行，从中能否领悟到道理和收获，践行核心价值观，并不是一味地要求群众去做，而是希望群众通过践行核心价值观，能够将个人与社会、国家的发展高度融合，进一步推动个人和社会的同步发展。当前，我国核心价值观的实施反馈仍然比较薄弱，主管部门没有设置稳定的践行反馈机制，群众个人在践行中也没有明确的反馈意识，导致核心价值观的践行处于单向推进状态，对于践行过程中出现的问题，难以及时有效地进行总结和修正。理念强化是指通过行为实施，强化核心价值观，推动个人价值观的完善。通过问卷调查发现，群众对核心价值的内容、培育和践行的认知水平差异较大，尽管部分群众长期践行核心价值观，但是践行人群总量、践行的社会效应仍然较差，说明在践行过程中，个体的理念强化较弱，整体的理念强化未形成互动效应。

三、培育内容与践行机制脱轨

社会主义核心价值观的培育内容与践行机制是相辅相成的关系，内容是践行的依据，践行是内容的表现。通过问卷调查发现，群众对培育内容和践行机制之间的认知差别较大，其根源在于培育内容与践行机制相互脱轨，二者并未形成协同响应机制，培育内容的多样性与践行机制的单一性之间失去平衡。

践行机制并未按照培育内容进行逐一对接。尽管践行是培育的宏观表现，但是在当前我国社会主义核心价值观的践行过程中，二者之间的错位现象仍然比较严重，一方面，培育内容的形式多样化、内容丰富多彩，从事培育内容研究的群体数量庞大，培育内容的理论体系日益完善，另一方面，核心价值观的践行机制表面健全，实际内容存在较多缺陷，尤其是与培育内容的对接方面，践行机制的口号较多，具体的实施细则较少，组织部门只提出了相应的践行原则和路线、方针，基层部门在具体推动过程中，只是把响应的政策照本转达，而未与基层现状紧密结合，同时，在核心价值观的践行过程中，也没有与不断丰富的培育内容相匹配，尤其是一些新颖、权威的培育内容，与社会热点问题紧密结合，却未在践行机制中及时体现，导致广大群众在理论层面获取信息较多，而在践行机制层面始终得不到有效的指导。践行机制是核心价值观的行动纲领，不仅要充分依靠核心价值观的培育内容，而且需要形象化、具体化。通过问卷调查发现，当前的核心价值观践行中，只有党政机关的工作人员践行比例较大，而其他社会群众践行比例较低，同时，群众对践行现状的认识和践行困境的描述也不明确，说明践行机制的理论支撑不足，对群众提供的行动指南较少。

践行主体与培育主体并未形成延续和统一。社会主义核心价值观的践行主体是广大人民群众，社会主义核心价值观的培育主体也是广大人民群众，这是中国特色社会主义核心价值观培育的基础，也是通过核心价值观实现现代化事业快速发展的重要原则，这一原则在理论层面具有坚实的基础，但是在实践过程中，践行主体和培育主体并没有形成延续性和统一性。例如，在核心价值观培育方面，其主体明确地定位于广大人民群众，理论研究都是围绕群众的意识形态展开的，而在践行机制方面，表面的主体是广大群众，而在实施过程中，研究机构、党政机关几乎完全处于空白位置，整个践行过程，完全由群众自行参与。核心价值观作为一种全社会的意识形态，完全靠群众个人实施，既不能保证方向的正确性，又不能保证效果的可靠性。一方面是理论培育方面的资源过剩，另一方面是践行机制方面的资源匮乏，人民群众在培育和践行过程中，被强制性地放在了核心位置，既是理论培育的中心，又是践行的主体，然而，理论培育和践行实施的连接方面，出现了政策断层和机制断层。当群众被作为培育主体进行理论灌输后，突然失去了践行引导，理论输送到群众一方后，组织机构突然消失，将群众置于践行孤岛中，造成了践行的力量薄弱和意识淡薄。

践行机制的实施与培育内容的评价未构成统一体系。社会主义核心价值观的践行是否成功，能够达到预期效果，必须具有严格明确的评价机制，从当前我国社会主义核心价值观的践行现状看，践行层面只存在定性评价，尚未建立科学的定量评价机制，尤其是对职业、年龄、政治面貌等方面的评价体制，尚未完成行程。在理论培育方面，不断涌现出大量的研究成果和培育途径，信息的多样化并没有形成有效的舆论导向作用，群众面对大量的培育信息，难以有效地取舍，哪些信息最有价值，哪些信息可用指导践行行为，没有明确的区分标准。培育内容的激增和践行评价机制的单一，形成了核心价值观的培育失衡。如果不能将践行机制的实施与培育内容的评价构成统一体系，将会不断造成资源浪费，也会削弱核心价值观的培育效果。

第二节 社会主义核心价值观培育的困境分析

一、培育主体与践行主体的认知存在偏差

认知是指对某一事物的认识和理解，当前国内学者对核心价值观的认知展开了大量研究，在核心价值观的践行中，也蕴含了大量的认知理论，通过对核心价值观培育现状的调查分析，归纳出当前在培育主体和认知主体方面仍然存在较大偏差，主要包括谁负责培育、培育给谁、谁参与培育，以及谁负责践行、谁承担践行、谁服务践行等内容。

从核心价值观的理论特征方面分析，培育应该是一项系统工程，不仅需要大量的理论研究者，而且需要来自各个领域的理论培育者。从理论研究的层面看，既需要广大党员主动研究，以不断丰富党的理论成果，又需要全社会群众积极主动参与研究，社会群众研究核心价值观理论，不应有学历、职业的差别，只要是热爱社会主义事业的公民，都可以参与到核心价值观的研究当中。通过调查发现，广大群众认为核心价值观应该有党的相关负责研究，多数群众认为核心价值观是党的执政理念，具有较高的权威性，社会其他机构无论如何研究，都不可能转变成党的方针和政策。群众对培育主体的认知，从出发点就将学者、普通群众两大主体从培育主体中剥离出来，学者们参与研究的目的是增强理论深度、扩大理论的社会辐射范围；普通群众研究理论，是从基层实践反推党的理论。社会主义核心价值观是面向全社会的意识形态，在理论研究方面，应该广泛吸收社会各界的意见，这样才能在培育中获得最广大人民的认可。普通群众对培育主体的认知偏见，客观上忽视了理论与实践的密切关系，忽视了基层实践与核心价值观的密切融合。此外，各级党政机关在实施价值观培育过程中，也存在不同程度的认知偏差，他们认为培育的主体就是广大群众，因此，他们将培育的重心放在了高校、企业、部队、事业单位等。而我国当前核心价值观的培育过程中，受到干扰最多的就是外来思潮，这些思潮一方面通过电影、网络等途径进入国内，另一方面通过国内的外资企业、合资企业不断扩散，这些企业大部分实行西方企业管理制度，对工作效率、利润价值看得比较重，企业中的中国员工逐渐适应了企业文化，并在价值观方面形成了金钱主义、个人主义、享乐主义等，并通过网络、生活接触等方面扩散了西方价值观，间接地冲击了核心价值观的培育。如果在培育主体中不将外资企业员工纳入其中，就会导致培育主体漏洞日益演变为培育缺陷，甚至会影响整个价值观培育的有效性。

社会主义核心价值观的践行，同样是一项系统工程，不仅要建立在稳定的理论基础之上，而且需要全社会共同参与，按照共同的行为准则在各行业中全面实践。从社会主义核心价值观培育路线看，吸引全社会群众进入核心价值观的践行活动中，是中国特色社会主义发展的客观需求，也是核心价值观长期发展的社会动力来源。但是，通过调查发现，广大群众对核心价值观的践行主体同样存在较大的认知偏差。从学界研究趋势看，都将普通群众作为践行核心价值观的主体，并分析了各种因素对群众践行核心价值观的困境，与此同时，党员队伍尤其是基层党组织在核心价值观践行中的主体地位，并未引起高度重视。核心价值观作为一种意识心态，其践行必然要依靠广大人民群众，但是并不意味着践行主体只有普通群众。从问卷调查数据看，践行主体中比例最大的是公务员，这部分人具有严明的工作纪律和扎实的理论基础，对核心价值观的理解更深入。在核心价值观的践行主体认定方面，既要考虑人群总量，又要考虑理论水平。仅仅将占人数最多的群众作为主体，容易造成数量与质量的矛盾。在问卷调查中可以看到，高校学生既有丰富的理论资源支撑，又会联系家庭、企业，从大学生入学到社会实践，乃至毕业进入社会，全程都同时存在着理论培育和价值观践行的机遇。由此可见，在核心价值观的践行方面，需要充分考虑理论和实践两个层面的既定条件和发展趋势，改变践行主体单一化的现状，是实现核心价值观切实践行的必经之路。

二、培育的理论价值与践行的实践价值存在偏差

从经济学角度分析，价值是蕴藏着商品中的无差别的人类劳动。从理论层面分析，价值是事物存在的作用和意义。社会主义核心价值观的培育，是根据我国经济社会发展现状而制定的意识形态领域的发展战略，核心价值观既是党的理论研究的一次创新，又是全体人民共同建设中国特色社会主义的思想指南。核心价值观的提出，直面当前社会发展中的突出问题，尤其是思想意识问题，因此，从客观角度上看，核心价值观具有重要的理论价值和实践价值。然而，通过问卷调查发现，当前核心价值观培育过程中，对培育层面的理论价值和对践行层面的实践价值，仍然存在较大偏差，从而削弱了核心价值观培育的功能和效果。

培育的理论价值，一方面，可以丰富党的理论体系，尤其是将党的理论研究从执政党的指导思想拓展到指导全社会的行为规范，既体现了党在理论方面的先进性和担当精神，又体现了中国特色社会主义是一个与时俱进的理论体系，体现了社会主义制度的先进性；另一方面，可以为经济社会领域的制度建设和法规建设提供可靠的理论依据，尤其是面对当前社会转型期的各种矛盾冲突，完全依靠法律法规约束，既没有时效性，又缺乏实际功效，而社会主义核心价值观贯穿于法律和道德之间、国家社会公民之间，从全体公民的思想层面进行一次梳理和统一，并起到了缓冲和推进作用。但是，通过问卷调查发现，社会对核心价值观的培育价值的认识尚不清晰，多数人认为核心价值观的培育仅仅是党的理论的一次宣传活动，甚至部分人认为具有形式主义色彩，只将核心价值观作为新闻培育的一种载体，而未将其看作一种思想交流和意识沟通，在这种错误认识下，多数人对核心价值观的培育，仅仅采取了被动

接受的措施，既不会主动了解核心价值的深层含义，又不会主动承担核心价值观的培育义务，从而导致核心价值观的培育只是党政机关的工作，是广大党员的义务，与普通老百姓关系不大。对培育的理论价值的认识偏差，还间接降低了核心价值观的权威性，尤其面对各种社会热点问题时，仍然采用个人价值观去认识辨别，而未利用社会主义核心价值观去分析，从而使社会意识形态在公共热点问题的化解方面，并没有发挥应有的缓冲作用。在错误的理论价值认识背景下，核心价值观被人为地视为了高高在上的理论，而未与道德、公德、家教家风相关联。诚然，核心价值观是高层次的社会公德，但是，如果只将其束之高阁，而未与基层普通道德相融合，产生的后果就是哑铃效应，即一头是日趋高大上的理论研究成果，另一头是日趋捧场的个人价值观，而中间的融合部分日益削弱，一旦长期发展下去，核心价值观的培育将会演变成形式主义，失去对践行的有效支撑。

践行的实践价值，一方面，可以统一思想、化解矛盾，社会主义核心价值观的理论内涵就是在国家、社会、公民三个层面的价值统一，一旦将核心价值观推广到实践中，能够有效地化解社会矛盾冲突，凝聚社会力量，从而推动经济发展、社会和谐、国家稳定等；另一方面，可以有效避免社会转型期的思想动荡和社会动荡，促进全面建成小康社会，我国经历了长期的快速发展，物质文明与精神文明之间的差距、贫富差距等日益扩大，这些社会矛盾不断产生，并日益加剧，通过践行社会主义核心价值观，可以使广大群众在实践中辨析核心价值观的理论价值和实践价值，并且通过实践活动增强公民个人的思想修养，丰富公民个人道德调节的能力，扭转偏颇的价值取向。通过问卷调查发现，当前的社会主义核心价值观践行过程中，实践价值并没有引起高度的重视，大部分群众将实践作为一种负担和包袱，没有将实践与社会的整体发展相关联，也没有与身边的事情相结合，忽略了核心价值观践行的微观融合作用，核心价值观对改善社会关系、抵抗外来思潮方面，没有形成既定事实,其实践验证作用不断被淡化。

三、培育与践行的评价机制错位

评价机制是指采用何种评价指标体系,用何种方法对核心价值观的培育和践行进行科学评价。科学的评价机制,能够全面、准确地发现培育和践行中存在的不足,并对完善培育和践行提供可靠有效的建议。通过问卷调查发现,当前的核心价值观培育过程中,培育和践行两个方面的评价机制出现了错位现象,即评价指标中没有将二者作为相互的边界条件,过度评价培育而忽视践行。上述两个问题的出现,与核心价值观的自身特点相关,首先,核心价值观是一个理论体系,培育侧重于理论,践行侧重于实践,对二者进行评价时,必须将其中一个作为因素,将另一个作为指标,这种相互为边界条件、相互为考察指标的关系一旦打破,就容易使培育和践行脱轨,二者一旦不能形成相互制约关系,那么评价结果的可信度将会大大降低。其次,培育和践行都是一个动态过程,而践行的有效性更需要长期、大范围的考察才能获得真实的验证,而在实际考察过程中,核心价值观的培育评价贯穿的时间相对较短,只在理论的形成、推广阶段进行考察,而未就理论的社会应用进行深入的评价;而核心价值观的践行方面,评价的指标更加简练,只对践行的人员数量进行考察,而未就践行的效果进行深入评价。第三,核心价值观的培育,是一个全社会共同参与的活动,如果仅仅通过官方人员进行官方评价,必定会忽略普通群众的个人意愿。通过调查发现,在实际评价过程中,群众对核心价值观的培育和践行具有各种不同的认识和理解,也对整个价值观的培育具有各自的想法,由此说明,在核心价值的培育评价中,过度忽视广大群众的意见,容易造成基层培育和基层践行的深度不够,甚至无法在基层形成务实的社会效应。

社会主义核心价值观培育在态度层面的效果就是在认知的基础上,通过社会主义核心价值观的培育,作用于受众的观念或价值体系,引起受众情绪或感情的变化，从而使得受众相信、接受社会主义核心价值观并将其融入日常工作、学习和生活，作为自身相对稳定和持久的价值尺度与准则，内化为大众的精神追求。这是道德建设的最高境界，也是增强大众凝聚力的必然要求。大众有了这种情感态度的认同，就能自觉用其评价判断现实社会生活中的某些现象和事物有无价值及价值大小，能在纷繁复杂的思想观念中辨别、认清、抵御错误价值观的渗透，增加其对党和政府的认同感，坚定对马克思主义主流意识形态的信仰，进而坚信实现中国特色社会主义共同理想的信心。培育效果是培育主体通过开展培育活动尤其是通过报刊、广播、电视、网络等大众培育媒介的活动，对受众和社会所产生的影响和结果，通常意味着培育活动在多大程度上实现了培育者的意图。

社会主义核心价值观的培育效果就是要让社会主义核心价值观的三个层次的基本内涵被广大人民群众所接纳、认可，内化于心，同时能够外化于行，并作为文化精髓和价值传统被长期稳定地代代传递。社会主义核心价值观的培育效果应按照从认知到情感态度再到实践行为三个递进层面不断积累、深化、拓展。培育社会主义核心价值观，使受众从认知到情感态度，最终还是要通过诸如习惯养成这样的机制来影响并改变人们的行为决策及行为习惯，外化为受众的自觉行动。这是培育、弘扬和践行核心价值观的最终目的，也是增强大众凝聚力的重要价值和意义。而受众能选择适宜的行为途径与方式将社会主义核心价值观的内容转化为具体行为，并逐渐将社会主义核心价值观外化为受众在日常实践活动中的行为规范，从而进一步更好地维护、弘扬和践行社会主义核心价值观。"一切价值观都要通过规范，诸如风俗习惯、伦理道德、法律等，引申为在一定具体情景中如何行动的规则，才能具体指导人们的活动。"受众通过这种规则的遵守，在全社会践行社会主义核心价值观的道德氛围中，逐步实现由偶然行为到习惯自然的转变。践行社会主义核心价值观偶然做到一两次不难，难的是成习惯、成自然，只有这样的自觉行动，才能形成社会良好风气，巩固、强化社会主义核心价值观。由此可见，社会主义核心价值观在行为落实层面的效果就是让受众以社会主义核心价值观来引领指导具体实践活动，并在实践中进一步丰富和发展社会主义核心价值观。因此，行为落实层面的效果是社会主义核心价值观培育效果的目标阶段。

第三节　社会主义核心价值观培育与践行的辩证关系

社会主义核心价值观作为一种意识形态，必须通过培育实现社会认知，作为一种行为指南，必须通过践行实现社会检验。社会主义核心价值观具有理论科学性和实践先进性，单一的进行培育或践行，都难以充分发挥社会主义核心价值观的作用。在全面建成小康社会的历史进程中，科学处理培育与践行之间的辩证关系，能够明确培育、践行的独立功能，能够挖掘培育、践行的内在关联，为全面推进社会主义核心价值观的培育和践行提供理论支持，为制定科学的培育路线、可行的践行机制提供理论参考。

一、培育影响认知

（一）培育路径影响认知效率

社会主义核心价值观的培育路径是指其培育载体和培育方式，培育载体主要包括文字、视频、声音以及三种基本方式的组合，培育载体在实际应用中通常以广播、电视、报纸、互联网等方式，互联网方式又包括计算机网络和移动网络两种；培育方式主要包括宣传、教育、宣讲、案例等方式，宣传方式主要是借助新闻媒体途径进行宣传，教育方式主要是通过学校课堂传授方式，宣讲方式主要是通过演讲、事迹报告、集体学习等方式，案例方式主要是对已发生的真人真事进行再还原，形成典型的真实案例。社会主义核心价值观的认知效率是指学习的效率、理解的效率、执行的效率；学习效率是指学习主体通过培育途径和培育方式获取核心价值观理论的速度和质量，理解的效率是指学习主体通过培育载体和培育方式获取社会主义核心价值观的各种表现形式，并形成主管思维意识的速度和质量；执行效率是指学习主体将社会主义核心价值观从理论形态、意识形态转变成行为行动的速度和质量；认知效率的评价指标主要在于速度和质量。

培育路径对认知效率的影响是指培育载体和培育方式对认知速度和质量的影响。从信息培育特点分析，文字、视频和声音的组合方式更利于认知效率的提高，通过文字方式可以直接、准确地表达信息内容，通过声音方式可以扩大信息培育范围，通过听觉扩大感官刺激，通过图文方式尤其是视频方式可以增强信息传递的整体效应，通过三种方式的组合体，可以在较短的时间内，形成信息培育的全方位表达。社会主义核心价值观的培育实践中，各种培育载体的应用与培育方式具有相对固定的组合方式，这与培育的对象、场所、目的性有较大关系。

在宣讲培育方式中，主要是通过主讲人的现场讲述引导听众思考，其中贯穿着一些听众身边的真人真事，降低听众的理解难度，在宣讲培育中，通常会借助多媒体设备播放一些视频、图片，用于强化听众对宣讲内容的认知；宣讲培育的效率与宣讲人的个人背景有较大关系，宣讲人的学术地位、社会地位、个人品质等都是一种无形的公信力，宣讲人在社会主义核心价值观的理论研究、社会实践中成绩越大，听众对宣讲内容的认知速度越快，听众能够消除潜在的质疑，能够换位思维，将个人与宣讲人做潜在对比，形成适合自己的思维方式、意识形态，宣讲培育在高层次社会主义核心价值观教育中应用较多，由于具有较高影响力的宣讲人数量较少，导致宣讲教育是实践中应用较少。

在学校培育方式中，主要是通过教师课堂授课、课外实践相结合的方式，对广大学生进行理论教育，学校教育以理论教育为主、实践教育为辅。学校培育的最大特点是与课程设置紧密关联，多以考试的方式对学生进行评价，学校培育客观上存在应付心理，教师可能为了完成教学任务而应付授课，学生可能为了完成学业任务而应付考试，教师、学生之间的应付心态客观上降低认知的质量。当前学校进行社会主义核心价值观教育，通常与思想政治课程相结合，与马克思主义理论体系相结合，虽然能够保证理论的延续性和系统性，但是又降低了社会主义核心价值观的主题特点，重点不突出，引不起学生的重视。一旦学校的课堂传授引不起学生兴趣，课外实践教育与核心价值观主体不匹配，就有可能导致学生对核心价值观理论的抵触，或者对核心价值观实践的不坚定。

（二）培育内容影响认知质量

社会主义核心价值观只有24个字，如果只对这24个字培育，那么社会主义核心价值观将干瘪、枯燥，甚至会影响群众对其内涵的理解。不断丰富社会主义核心价值观的科学内涵，并按照理论、实践相结合的方式，以群众喜闻乐见的方式进行培育，对提高核心价值观的认知质量具有重要影响。

社会主义核心价值观的培育内容不但包括其文字表述，而且包括其文字阐释、案例事迹、理论研究成果、政策规章等，文字表述即十八大提出的三个倡导，用全面、简练的文字高度概括了社会主义核心价值观，文字表述是社会主义核心价值观体系的高度概括，是对核心价值观的高度凝练，既涵盖了国家、社会、公民三个层面，又综合考虑了社会发展、传统文化、优良作风的社会需求和群众基础。社会主义核心价值观的文字表述具有提纲挈领的作用，指明了方向、表明了立场。文字阐释是对社会主义核心价值观的全面、权威解读，其来源主要是国家领导人、知名学者、权威媒体对社会主义核心价值观的含义拓展、要义解读等，例如引用国家领导人在一些重要会议上的讲话，辅助解释核心价值观的相关内涵；借助人民网、人民日报等权威媒体的文章，引导群众正确理解核心价值观的要义；中共中央办公厅印发的《关于培育和践行社会主义核心价值观的意见》等权威文件，辅助理解核心价值观体系；通过文字阐释，对概念内涵、发展历程、价值意义、基本原则等进行全面解读，降低群众对核心价值观的理解难度。案例事迹是社会主义核心价值观的综合表达，通常会突出表现核心价值观的某一方面，并针对群众的某一群体，案例事迹是核心价值观的理论与实践相结合的典型代表，能够为学习、实践核心价值观提供有力参考。理论研究成果主要来自学界，学者们针对核心价值观展开全面研究，包括对核心价值观内涵探讨、核心价值观与社会发展问题的对接分析等，理论研究成果能够有理有据的表达学术观点，从多个角度分析核心价值观的现状、功能、问题及对策，对解答群众疑惑具有重要作用。政策规章是核心价值观的深化和细化，主义是各级政府为了推动核心价值观的实施，结合当地现状和发展方向，制定具有地方特色和行业特色的政策规章，能够在短时间内形成社会舆论效应，在核心价值观的践行方面具有一定的强制性。

社会主义核心价值观的认知质量包括理论质量和践行质量，理论质量包括对理论认识的正确性、全面性、系统性，践行质量包括践行的有效性、持续性、主动性。能否正确理解核心价值观的科学内涵，能否立足三个倡导，拓展对理论的认识范围，能否将核心价值观与马克思主义理论、中国特色社会主义理论形成系统认识，这些都关系到社会主义核心价值观对实践活动的全面影响和科学指导。孤立地将核心价值观作为一个理论或一种政策，都会降低核心价值观的行为指导功能，也会形成理论认知的心理负担和思维负担。践行的有效性是指通过实践活动能够全面贯彻执行核心价值观的要义；践行的持续性是指能够形成常态化和长效机制，形成个人行为的重要组成部分，脱离形式主义；践行的主动性是指将社会主义核心价值观作为个人信仰的重要组成部分，内化成个人思想观念和意识形态，转化成个人的行为指南，在一切社会活动中能够将核心价值观作为科学指导，核心价值观对个人行为具有有益功能，个人能够从中获得成就感、荣誉感、认同感，将社会的共同价值观与个体的价值观和信仰充分融合，形成个人与社会、国家之间的价值观一致性。

（三）培育机制影响认知时效

社会主义核心价值观的培育机制是指培育的组织实施、监督管理、辅助支持等，认知时效是指认知时间的有效性。

社会主义核心价值观作为一种理论，其培育既要借鉴现有理论的成功经验，又要探索一条适合自身培育的途径。当前的培育机制中，组织实施方式主要基于中国中央办公厅下发的《关于培育和践行社会主义核心价值观的意见》（以下简称《意见》），《意见》第六条明确规定了社会主义核心价值观的组织实施机制，在组织主体方面，明确了各地党委和政府担负政治责任和领导责任，党员干部带头，党政部门、工会、共青团、妇联等人民团体相互配合，分工明确，农村、企业、社区、机关、学校等基层单位抓落实。监督管理方面，并未将广大群众纳入范围，主要以党委为监督核心，将核心价值观的培育和践行作为党的一项重要政治任务，在贯彻实施中起到核心作用，对党员及各级党政机关进行监督、督促。社会主义核心价值观是意识形态的主要内容，通过数量考核难免造成形式主义，所以，在监督管理机制中，以各级党委为主要力量，基层党组织和党员领导干部为监督体系，面向全行业进行宣传、引领、推进。辅助支持机制方面，明确提出了政府、企业、农村、社区、学校等的重要性，社会主义核心价值观是全体人民共同认可的价值观，是面向广大人民群众的普遍性、共识性价值观，不分年龄、职业、职务，力求形成思想上的高度一致、行动上的高度自觉，推进核心价值观的培育和践行，离不开相关机构的辅助支持，各人民团体和基层机构与相应领域的群众具有便利的沟通渠道、快捷的互动方式，充分利用人民团体和基层机构的体制优势，可以快速形成全面的社会舆论，提高社会主义核心价值观的社会影响力，并且在全社会践行培育核心价值观过程中，形成学习积极性和热情。

　　社会主义核心价值观的认知时效是相对于"两个一百年"这一奋斗目标而言的，在中国共产党成立一百年时全面建成小康社会，在中华人民共和国成立一百年时建成社会主义现代化国家。从中国特色社会主义的发展历史看，"两个一百年"奋斗目标时间紧、任务重，如果社会主义核心价值观的认识时效性不强，将对"两个一百年"奋斗目标构成严重影响。从改革开放40多年的发展经验看，思想不解放，改革的信心和决心就不足，创新能力不够，改革的有效性就跟不上。从中国共产党发展的90多年历史看，思想路线不正确，必定会走弯路，党的队伍建设不严格，必定会影响党的团结、伤害党群关系，甚至会失去党的公信力。面对"两个一百年"奋斗目标，需要充分总结改革开放和党的建设的经验教训，切实抓住社会主义核心价值观这一意识形态，在社会全行业开展有效的核心价值观培育和践行活动，而且要切实围绕当前经济建设、社会变革、党的建设、民生建设等领域中的实际问题，依靠意识形态教育破解建设难题，依靠建设活动强化意识形态。一旦意识形态和建设活动脱钩，那么社会主义核心价值观也就失去了实践指导作用，时效性也就荡然无存。因此，在社会主义核心价值观的培育机制方面，必须紧密结合全面建成小康社会的现状，充分依靠广大党员干部、人民群众，通过机制创新、机制渗透、机制务实实现高效学习、有效认知，推动社会主义核心价值观融合到实践互动中，从而使意识形态转变成实践能力，确保社会发展与思想进步协同并进，提高中国特色社会主义事业发展的科学性和可持续性。

二、践行检验认知

（一）践行主体检验认知的主动性

　　践行主体是指活动或行为的发出者、实施者，社会主义核心价值观的践行意味着将核心价值观从理论转变成行动，践行主体代表能够将价值观转化为行动指南的人员，践行主体的数量、构成、分布可以作为检验核心价值观认知特点的重要因素。核心价值观的认知主动性是指出于个体自身需要，将核心价值观转变成个体行为指南，不受外部力量和利益因素干扰，完全源自自身需求。

践行主体的数量是指社会主义核心价值观的实践群体总量，按照《意见》规定，在全国各族人民中进行社会主义核心价值观的培育和践行，践行主体的数量在实际共组中很难准确测量，并不是以参与活动的人员数量而衡量的，需要从理论、实践、思想、行为等多个方面进行全面衡量。尽管践行主体的数量难以准确测量，但是其能够准确检验社会主义核心价值观的认知程度。例如在学校教育中，可以通过实践活动、民主测评方式，评价学生践行社会主义核心价值观的数量，通过这一数量推算学生对核心价值观的认知程度，这种检验方式比传统的理论文化考试更加准确，能够真实反映学生对核心价值观的认知实况。同样，在人民团体践行核心价值观的认知检验方面，同样可以通过践行活动加以评价，包括人民团体举办的践行活动的数量、次数、实践等，这种检验方式能够有效方式形式主义、官僚主义，能够促使社会主义核心价值观的践行落到实处。

践行主体的构成主要是践行主体的人员组成，是以年轻人为主，还是以老年人为主，是学生群体多，还是政府机关工作人员多；践行主体与学习群体有着本质区别，践行主体是指通过行动去实施社会主义核心价值观的群体，学习群体是指参与学习社会主义核心价值观的群体，通常践行侧重与行动，学习侧重于形式，二者有着本质区别；践行多发自个体主动性，学习则包含了外部干涉。对践行主体人员构成的分析，能够直接掌握将核心价值观转变成行为指南的人员构成。践行主体的人员年龄构成能够检验认知主动性来源，青年是国家建设的接班人，青年在践行主体中的比例，能够反映青年对核心价值观的认知主动性，如果青年践行群体数量少，说明在青年价值观培育方面工作不细致，青年对价值观的认知薄弱，会影响社会主义事业能够传承、中国特色社会主义能否创新发展。践行主体人员的职业构成，是指践行主体中工人、农民、知识分子、学生、机关人员、科研人员的组成，人员组成特点，能够反映社会阶层对核心价值观的认知主动性，工人、农民、知识分子是国家的重要组成部分，如果这一群体在践行主体中所占比例不高，将直接威胁社会主义核心价值观能否立足、能够弘扬；机关人员在践行主体中的比例，说明党在核心价值观的培育方面是否带好头、能否形成原动力；科研人员在践行主体中的比例，说明科技工作者对社会主义核心价值观的认同程度，关系到全面建成小康社会的创新动力是否充足。

践行主体的分布主要指践行主体的地域分布，从当前我国经济发展现状看，西部地区仍然是全面建成小康社会的短板，东北地区经济下滑严重、发展后劲不足，中东部地区的革命老区仍然长期处于落后状态。社会主义核心价值观的要义是实现国家的富强、社会和谐、人民幸福，践行主体在经济落后地区的分布表明了发展的思想动力，如果经济落后地区对核心价值观的践行薄弱，那么，这些地区将会长期处于被动落后状态，不能从自身寻找发展优势，被动式的发展会长期拖累全面小康社会这盘棋。通过对经济落后地区践行主体的分析，可以准确获取上述地区对核心价值观的认同主动性，为制定经济社会发展政策寻找切入点和突破口。

（二）践行路径检验认知的全面性

践行路径是指践行的途径，认知全面性是指认知的范围。社会主义核心价值观的践行路径，是指通过什么样的途径、面向什么领域，实施社会主义核心价值观，践行路径是社会主义核心价值观的落脚点，是培育社会主义核心价值观的终点。社会主义核心价值观践行所涉及的范围，能够反映出在该领域内社会主义核心价值观的认知，践行路径越广泛，认知范围越全面，依靠社会主义核心价值观的践行路径，检验认知的全面性，具有较高的可行性。社会主义核心价值观践行路径主要包括岗位工作、志愿服务、创新创业三个方面。

　　岗位工作是最基本的践行路径。不分年龄、职业、行业，人们在各行各业中坚守工作岗位，不仅完成岗位职能，而且按照社会主义核心价值观的内容的要求，在平凡的岗位中充分发扬职业道德精神，大胆创新，勤奋工作，使岗位职能充分发挥，使岗位效益最大化。社会主义事业是由无数工作岗位组成，社会生产力的发展与每个工作岗位的产出密切相关，工作岗位的效益与人的主观能动性有很大关系，不仅需要熟练的技能，还需要坚定的信仰、强烈的职业精神。通过社会主义核心价值观教育，可以使每个在岗人员发扬主人翁的精神，与本职工作紧密结合，主动发现问题、主动解决问题。社会主义核心价值观明确提出了爱岗、敬业，只有在各自工作岗位中充分发挥自觉性和创造性，才能从社会生产力的最终端创造活力，推动社会主义生产力形成强大创新力和发展动力。通过对岗位工作态度的评价、岗位效益的评估，可以检验职工是否尽职、是否自觉、是否有责任感、是否有担当精神，通过岗位表现可以检验职工能否认知核心价值观。因此，岗位工作能够将核心价值的认知渗透到社会生产力的最终端，在行业范围、行业深度等方面，都具有全面性，能够充分反映工业、农业、服务业等全行业的核心价值观认知状态。

　　志愿服务是社会主义核心价值观践行的特色路径，社会发展到一定程度，社会公德将成为社会文明的重要表现，我国具有志愿服务的传统美德，是乐于助人、团结友爱等传统美德的现实表现。随着社会发展水平的提高，社会对志愿服务的需求越来越多、要求越来越高，城镇化建设速度的加快，要求大量的社会服务；高校培养模式的改革，要求大量的社会志愿服务；政府工作模式的转变，要求更多的服务型社会志愿服务。社区服务能够检验基层党员对核心价值观的模范带头作用，能够检验基层政府在社会主义核心价值观践行、认知方面的组织协调能力，社区服务直接面向基层群众，通过群众满意度进一步检验社会主义核心价值观的践行是否贴近群众，通过基层社区服务能够让群众眼见为实，能够用身边的行动证明社会主义核心价值观的认知对社会发展的贡献。高校社会志愿服务是大学生社会主义核心价值观教育的必要环节，是将课堂理论转移到社会实践的必要途径，是实现理论联系实际的重要方式，通过社会实践活动，能够锻炼大学生的社会生产能力，提高大学生的社会服务意识，促使大学生在实践中感悟社会主义核心价值观的要义，帮助其加深对核心价值观的认知，为其走向社会后保持社会主义核心价值观的践行奠定基础。服务型政府是政府职能转变的重要举措，是改善政府工作人员作风的重要促使，是增强群众对政府工作监督的有效方式，服务型政府的内涵是核心价值观的服务意识，进一步加强服务型政府建设，能够有效检验政府工作人员尤其是窗口人员对核心价值观的理解，考察其践行核心价值观的主动性。

（三）践行机制检验认知的持续性

社会主义核心价值观作为全面建成小康社会、实现中国特色社会主义伟大事业的重要理论指导，是社会主义价值体系的核心，也是经济社会发展的行动指南，"两个一百年"奋斗目标不是一朝一夕可以实现的，必须依靠广大群众长期坚持、长期践行，全面贯彻到现代化建设事业中。社会主义核心价值观的践行机制，蕴含了谁组织、如何执行、拿什么保障三个方面内容，共同决定了核心价值观的认知是否能够持续性发展。

社会主义核心价值观的践行组织机制，从理论发展和实践需求来讲，需要由各级党委统抓统管，充分发挥党委的理论政策研究优势，深入挖掘社会主义核心价值观的科学内涵和现实意义，与马克思主义价值观形成科学系统，与中国化社会主义理论创新成果形成价值链条，将社会主义核心价值观融入党的组织建设中，尤其是基层党组织的建设。党委统抓核心价值的组织实施工作，必须充分团结人民团体，通过工会组织发动广大职工加入理论学习中，通过团委带动青年团员学习。社会主义核心价值观的理论性较强，要提高核心价值观学习的有效性，必须牢牢把握理论先进性，立足核心价值观的基本内涵，结合地方经济发展、各群体现状与需求，将理论向基层转化，形成与工作、学习、生活相关的知识。党委在组织学习践行核心价值观中，要确保学习与实践的同步，防止形式主义，尊重人民群众的言论自由，注重倾听群众的意见。利用党委的组织优势，将基层群众和人民团体凝聚在一起，提高组织的稳定性，为社会主义核心价值观的认知奠定群众基础，使广大群众有稳定的认知平台和可靠的认知依据。

社会主义核心价值观如何践行，关键在于执行机制，涵盖执行的程序、责任方、评价方法等。社会主义核心价值观作为一种理论形态，真正实现现实意义，必须走好践行这条路。践行一方面需要个体主动实施，另一方面需要客体推动实施。践行社会主义核心价值观，必须建立明确、清晰的执行机制，将价值观理论细化成践行准则，面向不同群体，结合不同行业，由组织机构指定明确的践行活动，并与各人民团体确定明确的分工，通过从上到下的引导机制，带动广大群众共同践行核心价值观。组织实施过程中，形成党委、政府机构、学校、人民团体多方联动机制，组织机构负责活动方案制定，基层街道办事处负责社区宣传，形成践行核心价值观的舆论氛围。在践行实施过程中，要明确责任和评价机制，执行机制每个环节落实到人，执行效果评价由第三方机构或群体负责，加大群众对践行效果的评价和考核比重。

社会主义核心价值观的践行保障机制，是确保能推动认知长期发展的关键机制，群众对理论的认知过程是一个长期过程，缺乏有效的保障，很有可能导致践行的积极性受损。保障机制必须从理论保障着手，确保核心价值观的理论宣讲有高度、有深度，并在实践环节方面加大实施保障，畅通实施路径，防止人为因素造成践行阻力。

三、培育是践行的基础，践行是培育的目的

社会主义核心价值观的培育与践行具有相辅相成的关系，培育是践

行的基础,践行是培育的目的,践行离开了培育,会变成盲目的行为,培育离开了践行,也会失去现实意义。在社会快速发展的今天,科学把握培育与践行的关系,利于实现社会主义核心价值观的利益最大化,从而推动国家、社会、个人三方共同快速发展。

(一)培育客体是践行主体

社会主义核心价值观的培育和践行具有密切联系,但同时又具有显著区别。从理论本质层面看,培育和践行都遵循于社会主义核心价值观的理论要义,从实践层面看,二者都是为了更好地指导个体行为。然而,在社会主义核心价值观的培育与践行目的、主客体性质等方面,仍然存在较大差别。

社会主义核心价值观的培育目的是实现理论最大化,包括理论宣传、学习、细化。社会主义核心价值观作为一种理论形态,要得到社会的认可,必须走培育这一路径,而培育的载体各种各样,可以是电视广播,可以是互联网等新媒体,培育载体不同,理论宣传的对象和效果也不相同。社会主义核心价值观是面向全体群众的,其培育载体必须多元化、多样化,使社会各阶层在培育载体中能够获得与之现状匹配的理论形态;在接受理论信息的同时,与个体原有思想形态相融合,形成对核心价值观的思想认识。核心价值观培育的另一目的是激发群众的自发学习热情,在物质经济快速发展的今天,要实现群众自发学习理论知识,面临着很多现实困难,包括理论自身的吸引力和个体的学习动力;这些困难都要寄希望于理论培育的方式;只有通过理论培育造成良好的社会影响力,才能使理论学习形成社会主流,带动社会学习的主动性。社会主义核心价值观的理论培育过程中,必定面对不同群体,实现大众化的普遍适用,必须细化理论培育内容,尤其是将24字内容与社会生活典型案例相互配合,辅之以图片、漫画等内容,用简明扼要、喜闻乐见的方式进行培育,降低培育的理论障碍和形式障碍。

社会主义核心价值观的践行,落脚点是谁践行和如何践行。显而易见，社会主义核心价值观是全国各族人民共同的价值观，需要全体人民共同践行，不分民族、年龄、职业，也就是说，全体人民是社会主义核心价值观的践行主体。但是，这些践行主体的践行质量，与他们自身的理论水平密切相关，必须具有扎实、稳固的理论基础，才能促进践行科学、持续，因此，广大人民群众既是理论培育的客体，又是理论政策面向的主要对象。从理论与实践的辩证关系层面看，社会主义核心价值观的践行效果与培育效果关系密切，科学处理实践主体和培育客体之间的关系，影响社会主义核心价值观的社会整体效应。在践行中，要尊重主体的意识形态自由，促进践行发自内心；在培育中，要尊重客体的文化基础和阶层现状，促进培育得当、有效。对践行效果的评价考核中，要兼顾培育有效性，使践行与培育共同聚焦在人民群众身上，这样将有助于发现问题、查找问题、解决问题，有助于核心价值观形成长效机制。

（二）培育内容是践行的理论依据

社会主义核心价值观的践行必须有明确的理论依据。明确核心价值观的践行理论依据，必须从培育内容抓起。社会主义核心价值观的培育，是政府官员、理论学者、普通百姓共同关心的话题。从培育的根源看，社会主义核心价值观仅仅是24个字的高度概括，但是从践行的理论依据需求看，则需要政治、经济、社会等多方面的理论依据。提高社会主义核心价值的社会功能，必须从理论依据反推培育内容，促进培育内容符合社会主流、贴近公民社会需求。

培育内容必须为解决社会热点问题提供正面理论依据。社会热点问题是群众关注度最高的问题，也是对群众社会价值观影响最大的问题。社会热点问题通常与群众生活密切相关，关系到群众的切身利益，例如上学问题、医疗问题、就业问题、社会保障问题等，社会热点问题的背后通常隐藏着明确的社会价值观问题，如果社会主义核心价值观的培育内容不能直面社会热点问题，那么将会自动放弃践行理论依据这一重要社会功能。当前我国经济处于快速发展时期，各种社会矛盾都通过热点问题集中暴露，运用社会主义核心价值观科学分析当前热点问题，能够找出问题原因，提出解决方案，从而使广大群众看到社会主义核心价值观的理论功能和实践功能。基于践行理论依据，社会主义核心价值观的培育内容必须打破利益障碍，在理论培育过程中主动与群众需求相结合，从热点分析中提高理论价值水平，通过典型案例剖析，增强群众对理论的信任，主动地将培育内容作为群众践行社会主义核心价值观的依据。

培育内容必须为对抗外来思潮提供正面理论依据。社会主义核心价值观面临的直接竞争对手就是外来思潮，尤其是改革开放以来大量外来文化产品的流入，使西方享乐主义、个人主义、英雄主义在国内盛行，普通群众从初始地对西方文化培育媒介的好奇，到对培育载体的认可，再到对西方思潮的接受，都是依靠西方思想培育方式。西方思潮对我国社会主义现代化建设的威胁在于，普通群众不仅了解西方思潮，而且将其作为个人的行为准则，在实践活动中大量应用，从而打乱了社会主义核心价值体系。面对西方思潮的冲击，不应该采用强制手段打压，而应该学习西方思潮的培育方式，将社会主义核心价值观用更加优良的方式培育向广大群众。通过开发优秀的文化产品，增强群众对本国文化产品的喜爱、兴趣，通过推广文化产品丰富核心价值观培育内容。在文化产品开发中，要将传统美德、家教家风、名人事迹等优秀思想来源融入其中，增强文化产品与核心价值观的融合度，提高文化产品的可靠度，使广大群众在文化消费中了解历史、感悟道德。同时，面对外来思潮的碰撞，要敢于直接碰撞，针对外来思想所描述的种种优势，要敢于用社会主义核心价值观直接揭露他们的不足，并将我国传统思想与社会主义优势与国外做对比，使群众在对比中主动发现社会主义核心价值观的优越性。只有消除群众的疑虑，才能使其发自内心的将核心价值观作为自身的行为指南，这样才能在践行中作为理论依据，面对各种外来思想挑战，能够经受住诱惑，增强对社会主义核心价值观的信仰和立场。

（三）践行内容是培育的实践依据

社会主义核心价值观的培育内容，最根本的依据是24个字的价值观要义，而具体培育内容则要联系实际、服务实践，因此，社会主义核心价值观的培育内容的实践依据必须建立在践行的内容基础之上。社会主义核心价值观的践行目的是增强国家荣誉感、社会责任感、个人成就感，践行的内容涉及国家利益、社会公益、个人道义。

践行内容影响培育方向。社会主义核心价值观践行的内容，决定了社会主义核心价值观的理论应用领域，这些领域客观上形成了理论培育方向。践行内容越明确，理论应用领域越突出，理论培育方向越明确。践行内容与群众的个体行为关系密切，群众对核心价值观理解多少，就会在行动中表现多少，这种外在表现会对国家、社会、个人产生各种影响。提高核心价值观的培育效率，关键在于提高培育方向的有效性和针对性，根据践行内容推到践行领域，从践行领域反推培育方向。在当前信息高度发达时期，信息自身的发散性特点对核心价值观的培育方向构成干扰，如果不以价值观的践行内容为培育方向导向，将会造成有限的价值观资源在培育过程中浪费，使一些关键领域缺少应有的理论支撑。通过分析践行内容，探寻社会主义核心价值观的需求领域，从而将培育与践行直接对接，将理论与行动直接关联，确保社会主义核心价值观的培育始终服务于实践，实践又始终丰富培育。

践行内容影响培育内容。社会主义核心价值观的培育内容尤其是具体内容需要具体化，才能对不同阶层、不同行业的群众产生引领作用。培育内容的选取与践行内容关系密切，培育的目的是推动践行，践行的目的是丰富培育，所以，将践行内容作为培育内容的实践依据，能够从输入端和输出端建立对接，以培育内容为输入端，以践行内容为输出端，要实现全社会践行社会主义核心价值观，必定会在输出端形成明确的价值观现实领域,这些现实领域既是对践行的评价依据,也是践行所服务的领域,这些领域的最大特点是与社会实践密切相关,涉及经济、社会等发展过程的诸多问题。通过对践行领域的归纳总结,反向构建理论培育内容的框架,为核心价值观的理论研究、理论培育载体、理论培育方式提供明确要求。按照社会实践的明确要求,推动理论培育内容不断完善。

培育效果是培育主体通过开展培育活动尤其是通过报刊、广播、电视、网络等大众培育媒介的活动,对受众和社会所产生的影响和结果,通常意味着培育活动在多大程度上实现了培育者的意图或目的。社会主义核心价值观的培育效果就是要让社会主义核心价值观的三个层次的基本内涵被广大人民群众所接纳、认可,内化于心,同时能够外化于行,并作为文化精髓和价值传统被长期稳定地代代传递。社会主义核心价值观培育内容的凝练度及情感渲染力。培育内容本身的科学性及说服力是影响培育效果的根本因素。面对价值观多样化的挑战,不断凝练优化社会主义核心价值观的内容与其培育的可持续效用直接相关。目前,社会主义核心价值观以传统媒介培育为主,即在党和政府领导下运用报刊、电视和广播等进行有效培育,这对牢牢把握正确舆论导向,增强社会主义核心价值观的影响力和号召力有重要作用。一种价值观要真正发挥作用,必须融入社会生活,让人们在实践中感知它、领悟它。社会主义核心价值观的培育要与培育对象的日常生活相契合,才能将其融入受众的社会心理,从而引起培育共鸣。社会主义核心价值观作为我国意识形态的本质体现和核心,当受众将其内化为社会心理层次的态度、动机、文化性格时,社会主义核心价值观才能外化为受众立事、处事的行为动因,才能被潜移默化地渗透进受众的日常行为,成为引导日常生活的价值取向。因此,社会主义核心价值观的培育要与人们日常生活紧密联系起来,在落细、落小、落实上下功夫。要尊重受众的内心需要,与受众的风俗习惯、生活常识相互渗透,要运用生活化、朴素化、实用性的用语对其进行转化，要按照社会主义核心价值观的基本要求，健全各行各业规章制度，完善市民公约、乡规民约、学生守则等行为准则，让受众在喜闻乐见、通俗易懂、下接地气的日常生活话语体系中实现社会主义核心价值观的有效培育，使社会主义核心价值观成为人们日常工作生活的基本遵循。

第五章

大学生社会主义核心价值观培育的理念创新

第一节 立足中华优秀传统文化创新社会主义核心价值观教育理念

2015年12月30日，习近平总书记在中央政治局第二十九次集体学习关于"大力弘扬伟大的爱国主义精神，为实现中国梦提供精神支柱"时强调，"中华优秀传统文化是中华民族的精神命脉。要努力从中华民族世世代代形成和积累的优秀传统文化中汲取营养和智慧，延续文化基因，萃取思想精华，展现精神魅力。要以时代精神激活中华优秀传统文化的生命力，推进中华优秀传统文化创造性转化和创新性发展，把传承和弘扬中华优秀传统文化同培育和践行社会主义核心价值观统一起来，引导人民树立和坚持正确的历史观、民族观、国家观、文化观，不断增强中华民族的归属感、认同感、尊严感、荣誉感。"立足中华优秀传统文化，创新社会主义核心价值观的教育理念，在二者统一的基础上，不断探索教育理念与教育路径的创新。

一、优秀传统文化与社会主义核心价值观教育理念的关系

优秀传统文化在其漫漫历史长河中无时无刻不在影响着历朝历代社

会发展，而立足中华优秀传统文化推进社会主义核心价值观教育理念的创新，是对培育和践行社会主义核心价值观思路的总结，对其内容的丰富和路径的拓展，立足中华优秀传统文化更是迎合历史潮流和社会发展趋势的应然之举，影响深远。

（一）社会主义核心价值观教育理念的困境与优秀传统文化的承继

从文化传承角度而言，教育的现代化与一个民族传统文化的复兴和强化是同时进行的，中华优秀传统文化作为中华传统文化体系的主体和精髓，是中华民族传统文化理念与形态的结合体，见证了中华民族的跌宕起伏和荣辱兴衰。经过几千年的传承和洗礼，它至今仍影响着我们这个民族的秉性、品格和价值观取向。优秀传统文化倡导的是"修身、齐家、治国、平天下"，提倡秉性与人性合一，主张"己所不欲、勿施于人"，崇尚和谐，把德修与国家责任统一起来，"国家兴亡匹夫有责"，坚持仁义大于私利，而这些都与社会主义核心价值观24字内容相一致。随着我国经济和社会的高速发展，传统思想和文化形态在意识形态日益多元化、政治形态逐渐民主化、社会管理日趋法制化的今天逐渐显得难以适应，大学生社会主义核心价值观教育及道德素养教育滞后于现代经济和社会发展。在这种情况下，为更好地传承我国优秀传统文化，我们应坚持理性思维，批判地继承以优秀传统文化为主要代表的民族文化遗产。尤其在社会主义核心价值观教育体制现代化方面，唯有坚持将中华优秀传统文化吸收到社会主义核心价值观教育理念中，才能化理念为现实行为，拓展社会主义核心价值观教育的现代化路径，我国的文化教育方能吸收无穷的优秀文化因子，进而展现出中华文化的魅力和生命力，提升我国文化软实力。

（二）优秀传统文化与社会主义核心价值观教育理念的契合

优秀传统文化育人思想以"礼乐文化"为主，育人政治与人生，这一点与社会主义核心价值观教育富民强国理念不谋而合。"礼"在儒家育人思想中的意义本质上是为封建等级制度服务的,但这一思想和行为规范中的道德规范内涵对现代社会的育化人仍具有发人深思的启迪意义,这就需要从当今德育理论和实践中扬其精华,弃其糟粕。除此,中华民族的文化是人本文化,无论修身还是治国,从来都是以人为出发点。先哲们倾其毕生的精力所探讨的也就是人之如何为人,如何立世的问题,道家"自然"说"道生之,德育之,物行之,势成之"(《老子》第十五章),又说"生而弗有,为而弗将,民而弗"(《老子》第十章),天地万物皆是由道而生,因势而成,皆有自身的发展规律和特点。社会主义核心价值观教育理念也是如此,以大学生为主体,在教育过程中按照符合大学生特点的道路成长发展,研究当代大学生的时代特点和群体性特征,以此可以提升社会主义核心价值观的教育理念,并且还要结合个体的性格特点,尽可能地为他们提供适合其发展的环境条件。这也是当前社会主义核心价值观教育理念现代化的目标和要求。自社会主义核心价值观提出以来,全国高校都在倡导、培育和践行社会主义核心价值观,优秀传统文化"仁、义、礼、智、信"等的育人理念也为大学生注入积极向善的正能量。它引导受教育者积极地将人格的完善与国家、民族和社会的整体、长远利益密切结合起来,追求个人价值和社会价值的和谐统一,坚持社会共同体。西方哲学思潮追求的是理性主义,追求的是普遍性、形式理性和工具理性,它的价值体现在促进了科技教育的进步和发展。而优秀传统文化哲学相比西方哲学更加理性,更加务实,其追求实质理性,大大促进了我国古代思想教育的进步,为社会和经济的发展做出了重要贡献。由此,优秀传统文化育人思想将随东西方哲学理性的融合而彰显其时代性和科学性,社会主义核心价值观教育将这种融合贯彻到整个教育理念中,是中华文化软实力的提高,也是思想意识形态的进步。

（三）优秀传统文化的局限性与社会主义核心价值观教育理念的冲突

从辩证唯物主义角度分析，任何思想和理念都有其客观局限性。从历史渊源和时代性而言，传统文化思想作为维护封建统治的正统思想具有不可回避的历史局限性。首先，传统文化思想的主体儒家思想强调恪守人伦道德规范，压制公民个性和创造性发展，这一点与当代民主理念相冲突，特别是到封建社会晚期，人伦道德的要求更加极端，并为统治阶层所利用。其次，传统文化育人思想过于强调死啃书本知识，倡导学而优则仕，只求功名利禄。这些都与现代化的教育理念相违背。由此，我国在进行社会主义核心价值观教育现代化改革进程中，应树立正确的教育理念，从优秀传统文化育人思想中吸取精华，注重人性道德素养教育，重视人心疏导，从而指导价值观教育路径的正确性，促进教学方式方法多样化。与此同时，亦要弃其糟粕，摈弃等级观念和"官本位"思想，将社会主义核心价值观的"三个倡导"内容上升为教育理念，倡导科学和民主精神，倡导自由、民主的教育理念，深入研究自然科学知识，鼓励自主思考精神；尊重呵护人性，提倡人文主义。优秀传统文化作为中华民族的精神命脉，其传统育人思想中的许多精髓仍对我国教育现代化改革具有重要借鉴价值。

二、汲取营养智慧，优秀传统文化教育理念解析

优秀传统文化育人思想注重受教育者的道德素养的培育，这无疑与我国当前社会主义核心价值观教育所契合，同时，社会主义核心价值观教育理念的不断创新与发展是对传统文化教育理念的现代性诠释。

（一）优秀传统文化教育理念十分重视教育的实践价值

社会主义核心价值观教育面临着当今世界思想文化交流交融交锋形势下的思想观念和意识形态冲击和挑战，而优秀传统文化是我中华民族数千年来的结晶，优秀传统文化育人思想对转型期的社会主义核心价值

观教育仍具有不可或缺的借鉴意义和实践价值。在儒家看来,教育是育人才、正道德、正人心、美风俗的重要手段,是治国安邦的根本措施之一。优秀传统文化的育人价值体现在强化受教育者思想政治和爱国主义意识,使其树立积极向上的人生观、世界观和价值观,树立安邦定国的宏伟志向;引导受教育者树立集体意识和团队观念,形成团结协作的群体意识;同时,注重受教育者加强心理素质锻炼等。社会主义核心价值观教育旨在提高大学生的思想意识与道德素养的培养,这与我国传统文化教育理念是不谋而合的,通过接受严格的通才教育,使受教育者成为社会栋梁之材,树立天下为公,服务社会的态度,进而达到"建国君民与化民成俗"的目标。在此过程中,优秀传统文化育人理念强调受教育者内在品格的提升和垒叠,进而追求"慎独"的理想境界。如此,修身固本,齐家、治国、平天下也就水到渠成了。

(二) 优秀传统文化教育理念注重人文主义内涵

优秀传统文化教育理念把人伦纲常与政治、教育融为一体,以伦理道德为重,强调"礼"对受教育者的启发和敦促。优秀传统文化关于"礼"的论述和实践,既是我国传统道德教育的主要内容,也是当前社会主义核心价值观教育理念的重要来源。修身养性,以"礼"是人,是我国"礼"文化形成与传承的重要形态,也是优秀传统文化育人的重要宗旨。由此,知礼、习礼和行礼的过程即教育的过程。教化育人功能不仅是优秀传统文化的首推要义,也是社会主义核心价值观教育的应有之义。对优秀传统文化"以礼为教"追求"建国君民与化民成俗"这一教育方式的重新认识,不但为批判继承传统的教育理念和教育文化提供新的研究视角,也为通过对受教育者情感呵护与人性尊重,解决转型时期教育现代化难题提供可供借鉴的路径或启发。在进行中国特色社会主义教育现代化进程中,我们应秉持客观、辩证和尊重的态度,对优秀传统文化中的人本主义进行批判和继承。在尊重其的根本思想的同时,进行形态化创新,探索这一优秀传统教育文化中人文性思想政治教育的价值和内涵，挖掘并实现这一优秀传统教育文化中人文性的内在价值，进行完善和创新，充分发挥优秀传统文化育人思想中人文精神意识形态教育的实践价值，为践行社会主义核心价值观奠定文化基础。因此，优秀传统文化在育人过程中始终坚持一种科学理念和精神，这就将优秀传统文化育人思想与宗教信仰区别开来，这无疑也是优秀传统文化持续影响当代教育理念的生命力的源泉。

（三）优秀传统教育理念具有较强的实践性和普适性

作为中华民族数千年精深文化思想的结晶和主要形态，优秀传统文化政治化的过程，也就是优秀传统文化实践的过程，也是一种优秀传统文化思想政治教育的过程。优秀传统文化教育理念的核心和出发点是德育和爱国教育，随着我国教育体制的现代化改革和社会主义核心价值观的贯彻落实，这一经典文化思想无疑也应体现在社会主义核心价值观教育过程中，并成为其新的理念核心和价值追求。优秀传统文化的教育方法如因材施教、启发式教育、学思并重、省察克治、改过迁善、身体力行等等亦都可为现代社会主义核心价值观教育所用。同时，也为我国在优秀传统文化的传承教育提出了新的要求：首先，端正公民对优秀传统文化的理解和认知态度；其次，在对受教育者，尤其是学校教育，进行道德素养教育时，吸收优秀传统文化育人思想进行普及教育；再次，在对优秀传统文化普及教育时，注意结合受教育者尤其是在校学生的实际生活需求；最后，将优秀传统文化普及教育推广到基层社区中，引导公民个人正确认知和认可优秀传统文化的育人思想。赋予优秀传统文化育人思想以新的时代特色，将因材施教、启发式教育、学思并重、省察克治、改过迁善、身体力行等体现在我国教育现代化改革过程中，以提高我国优秀传统文化普及教育的实效性，增强我国转型时期社会主义现代化建设的文化软实力。

（四）优秀传统文化教育理念注重道德培育

我国历史上，古圣先贤让人追慕，志士仁人层出不穷，传统文化中的育人观念和育人方式是值得我们教育工作去学习和借鉴的。首先表现在换位思想上，儒家讲"忠恕之道"，把践行"忠恕之道"视为"仁"的关键所在，所谓"忠"即"己欲立而立人，己欲达而达人"（论语·雍也）的以己之心，自己希望得到的，也允许别人去争取，自己所欲的也不制止别人去做，所谓"恕"即"己所不欲勿施于人"（论语·己录公），自己厌恶的，也不强加于别人身上。经过这样将心比心的过程，我们就能在思想政治教育的时候充分体会学生的感受，进而采用他们喜闻乐见的教育形式，充分体验学生的心理，就能及时恰当地把握学生的心理需求和倾向。其次，在于悉心施教、一视同仁上。孔子言"有教无类"，就是说任何人都有提升的潜能，都是可以通过教育来改变的，我们在教育的过程中切勿对学生有所成见，每个学生都是好学生，都是可以通过教育来改变的，所谓"坏学生"是因为我们没有适当的方法教育他，老子言"圣人常善教人，故无弃之"（老子第四十章）。立足时代精神，充分利用我们的资源，让我们在学习先进文化知识的同时也具备深厚的传统文化修养，在学校思想政治教育过程中注重传统文化，对于我们构建良好思想道德、塑造新的民族精神有着深远的意义。

三、延续文化基因，优秀传统文化教育理念的现代性诠释

作为优秀传统文化的道德观和价值观，它是一个严谨、庞大和具有普世价值的价值观体系，是祖辈留给后人的一项博大精深的精神文化遗产。随着转型时期改革开放进程的加快，中国社会和经济的快速发展同时，人们的生活水平和思想意识形态也发生巨大变化，以优秀传统文化为思想核心的传统价值理念受到多重文化和意识形态冲击。新时代的大学生急切地要通过行为方式和思想理念展现出时代的个性和张力以迎合社会潮流。遗憾的是，现代多元社会所展现出的活跃性、工具性、虚无性和信息化、数字化等异化性特征，也使我国传统思想政治教育的现代

化蒙受时代的困惑,而饱受国人埋怨。由此,在对中西教育文化和理念对比的框架下,客观分析和理性剖析作为中华优秀传统文化教育理念的现代化与局限性,是社会主义核心价值观教育的基本前提。因此,对优秀传统文化教育理念进行现代化诠释,对社会主义核心价值观教育理念的形成和发展,对传承中华优秀传统文化都具有重要的时代和实践意义。

优秀传统文化育人思想包含诸多的优秀和拥有生生不息持久生命力的育人理念和教育文化,如有教无类、因材施教、身教示范等。在当代社会教育现代化中仍具有不可或缺的借鉴意义和实践价值。传承和弘扬这些优秀育人文化遗产,对转型期我们更好地引导大学生践行社会主义核心价值观具有重要指导意义。优秀传统文化育人思想具有鲜明的人文精神特征,其人文精神体现在育人向善的人性呵护和修身、齐家的人格塑造方面。优秀传统文化育人思想的德育主要从被动式接受教育与主动式自我教育两个方面强调对受教育者的情感关怀,它倡导德育的主要内涵即人性关怀,强调道德主体应由体会自我情感过渡至感知和理解他人的情感和内心感受,个人自己要懂得自我德育和规范自己的道德行为,并及时进行道德评价。但自清王朝灭亡之后,传统优秀传统文化育人思想就随着教育方式、理念和宗旨的现代化而受到知识阶层的批判和诟病,其在民间的影响力也受到严重削弱。到了现代,优秀传统文化育人思想仍然面临现代化的困境,一是其作为一种本土教育文化和思想,遭受来自西方教育文化和教育模式的冲击;二是作为一种传统教育文化、模式和育人思想远远滞后于现代化的教育理念和精神。优秀传统文化人格教育若想走出困境,实现自身在现代社会和现代教育体系中的价值,就必须与社会主义核心价值观教育相融合,在本土与西方、传统与现代之间求得平衡的基点,实现对现代性困境的超越。由此,从传承文化遗产角度而言,优秀传统文化育人思想中的人文主义精神对我国教育现代化过程中教育宗旨重新定位及受教育者人格教育的完善和评价具有重要传承价值。优秀传统文化育人理念虽强调公民对既定社会秩序和道德伦理的顺从,但其自己也倡导尊重道德主体自身的意愿和人性关怀。优秀传统文化育人思想提倡道德主体的自我修养,即修身。强调行为道德的自我约束和评价,主张德育践行和评价的自我性,给予道德主体在日常行为和处事待人实践中选择行为道德的维度和监督权。所有这些皆可视为是优秀传统文化育人思想中内含的主体性意蕴。尽管相较现代教育理念中提倡的个性教育和发展存在差距,但作为优秀传统文化其所体现的育人思想和理念仍然值得现代教育理念实践者认真反思和感悟。

优秀传统文化育人理念中的这些"和谐"思想,在功能和理念上追求教育与经济、政治、法律秩序的和谐;在育人宗旨方面,追求个人和他人、社会、大自然的和谐与天人合一。其思想的一个重要理念即启发个人内心的道德自觉,引导做人的道德维度,以及在纷繁复杂是现实生活中追求其"修身、齐家、治国、平天下"的远大理想和社会担当。优秀传统文化育人思想是我国传统教育文化和理念的主要内容,人文精神是其理论内涵,修身养性是其价值起点,德育教人是行为指南,教化天下是其核心理念,历经千百年的洗礼和创新型发展,结合时代潮流,优秀传统文化育人思想当之无愧可以为我国教育现代化改革的思想来源和源头活水。以孔、孟为代表的儒家先贤们十分重视德育教化,并确立了以"仁"为核心精神、以促进道德主体德性素养的形成和恪守人伦社会为最高宗旨的德育体系;历代优秀传统文化和育人思想的继承者们都传承和完善了优秀传统文化育人思想的理念精神和内容家,使其符合时代潮流富有时代性和进步性,这些努力和传承无论对当时还是后代都具有极其深远的影响和借鉴价值。优秀传统文化育人思想从对个体的成长与教育、社会秩序的维护与治理角度突显德育和伦理教育的价值与功能,且从人格与文化知识教育方面论述道德素养培育的重要性,强调"仁、义、礼、智、信""明人伦"和"隆礼贵义"等理念内核,倡导从社会道德层面和个体德性素养方面对道德主体的人格进行熏陶和培育，同时通过"教养结合""慎言敏行""因材施教"和"寓情于理"等教育方式，以期以行动实践《大学》中所言"大学之道，在明明德，在亲民，在止于至善"的崇高目标。由此，优秀传统文化育人思想涉及伦理教育的内容，摒弃糟粕，亦可为当今社会精神文明建设和伦理教化育人所服务。

四、萃取思想精华，创新社会主义核心价值观教育理念

作为中华文化体系主体的优秀传统文化，不仅是中华民族智慧的结晶和本土文化资源，也是这个古老民族价值观和文化底蕴形成的根基，是我们创建和谐社会、紧跟世界先进教育文化的重要精神支柱。优秀传统文化育人理念重视育人的功能，强调人文精神和科学精神，注重实践性和感悟性教育，这些特征对今天的教育现代化改革具有十分重要的借鉴和启发性价值。优秀传统文化育人理念作为一个系统的传统育人文化体系与新中国的发展是根相连、共命运的，历经"山重水复疑无路，柳暗花明又一村"两个阶段。现阶段，借助优秀传统文化的回归，能否理性地审视外来文化对国人尤其是青年一代意识形态的冲击和西化，重塑国人传统的价值观念和本土意识形态，取决于三个的问题之解决：一是能否普及一种我们传统的、优秀的、本土的以及具有进步性和科学性的通识教育体系；二是能否避免以上通识教育体系被商业化以及形式化；三是能否借助优秀传统文化的回归，推动优秀传统文化育人理念实践性和易接受性的提高，进而为国民所认可和践行。

(一) 加快发展人格教育，努力提高国人德育素养水平

内涵多元化、形式多样化且颇具民族个性的优秀传统文化所内含的人格教育理念基本特征主要有：重整体轻个体、舍身为义的公益性；重内涵轻形式的自觉性；重现实轻传说的务实性。优秀传统文化育人理念强调教育应以塑造受教育者自强不息、仁者爱人的崇高精神和集真、善、美为一体的高尚品格为宗旨，而受教育者的高尚人格的培养主要通

过"行有不得，反求诸己"、自我实践、个人感悟、自我反省和超越等途径来实现。此外，优秀传统文化育人理念强调入世教育的重要性，重视人格修养。优秀传统文化关于人格修养培育的理念与优秀文化有着诸多相似之处。弘扬优秀传统文化自强不息的人生观，引导受教育者树立远大理想；弘扬优秀传统文化安贫乐道的价值观，提升受教育者的人生境界；弘扬优秀传统文化重义轻利的名利观，引导受教育者树立集体和奉献意识；弘扬优秀传统文化爱国奉献的世界观，培养受教育者崇高的责任意识和爱国精神；弘扬优秀传统文化和为贵的交际观，教育受教育者懂得与人和谐共处、共同进步。优秀传统文化倡导的高尚人格是以道德为本位的，且内涵入世锻炼、保家卫国等务实性特征。优秀传统文化育人理念的这种人格塑造理念对我国现代德育素养培育具有重要的启发和借鉴价值，由此，在教育现代化进程中应积极借鉴优秀传统文化倡导的这种经世济民、民吾同胞、入世进取等理想人格，培育受教育者自觉、仁爱、心怀天下、积极向上的道德品格。除此，还应积极借鉴优秀传统文化育人理念中关于塑造理想人格时强调的自觉性、仁爱性和尊重人性规律相统一的原则，培育受教育者仁义礼智信、温良恭俭让和忠孝勇恭廉的品格，以及引导受教育者崇尚真善美的理想人格。

（二）明确人才培养目标，塑造受教育者的"君子"品格

作为中国优秀传统文化和教育理念主体的优秀传统文化和育人理念，从其内涵的哲理性角度分析，它属于哲学范畴。不仅如此，其不仅是中国哲学的主要内容，也是中国人的价值观哲学，对国人价值观、人生观和世界观的影响是毋庸置疑的。而优秀传统文化育人理念追求的文化、德育素养高，家庭和社会责任感强，刚毅进取、忠君爱国等君子形象，是国人极力追慕和尊崇的品格典范。这些对君子形象的向往心态对历代社会和谐与人心正向引导起着重要导向作用，对现代公民文化、德育素养的培养以及政治、法律、民主素质的培育具有重要的借鉴意义。优秀传统文化育人理念强调君子风度以"修身、养性"为内修之道，

以官学、私塾及家庭教育为外铄之道,乃至立志其"仁义"之修行,进而通过"外王"之途径,达其由"明德""亲民"到"止于至善"的君子品格的塑造。君子当以苦难砥砺"品格"为其道(内在的);入世则以修行"人格"为追求(外在的);在本质上两者是一致的。"重义轻利、忠君爱国、敢为天下先"君子之道,时时刻刻激励着中华儿女奋发图强。内修、外铄与力行三维结合,即为儒家君子修身养性之道。由此,针对当代公民文化和德育素养之培育,应以培养令国人尊崇和追慕的君子人格为宗旨,创建基本的人格教育和品行引导机制,重视传统文化育人价值的时代性转化,拓展国人文化和德育素质教育载体,为国人君子人格之培育创建良好的外在环境和实践机制,以期实现内化君子人格,外化社会风尚之效果。

(三)强化通识教育作用的发挥,引导受教育者树立"诚信"品格,践行社会主义核心价值观

优秀传统文化的君子观教育理念,从教育模式角度而言其属于通识教育的范畴。而价值观教育是优秀传统文化育人理念的内核,也是践行社会主义核心价值观的基本要求。作为当代教育理念的价值观基础和重要内容,诚信教育历来被视为优秀传统文化育人立身处世的根本、交友的基本准则、成家立业基础和治国理政基石。此外,作为一种普世价值观,探讨分析优秀传统文化的诚信观教育,目的在于从中寻求启发和借鉴价值。这不但有助于改进我国当代通识教育的方法和手段,还能够加强对国人的诚信教育和培养适应时代潮流的通识与优秀人才,同时对当代大学生理念政治教育也具有重要的借鉴意义。当今,在由传统教育模式向现代化教育转型背景下,受西方自利最大化和标准行为假设思潮的冲击和影响,在教育现代化进程中出现对优秀传统文化理念和价值观的颠覆迹象,出现种种道德滑坡和危机事件,使得中国特色社会主义市场经济行为偏离健康发展的轨道。背信弃义、以次充好、以假乱真等似乎成为赚取利润的市场行为的写照,诚信似乎成为社会转型背景下最为稀

缺的价值观资源。这些个人行为无疑体现了其对传统美德的背离和价值观的扭曲，更是与社会主义核心价值观理念背道而驰。

概言之，作为中华优秀传统文化主流的优秀传统文化，是以培养和塑造具有中华民族品格的人为中心而建立起来的理念和文化体系，其本质上是一种人文素质和精神品格的再教育，属通识教育的范畴。优秀传统文化育人理论以其修身、齐家、治国、平天下这一经典理论，支撑的是家庭式的启蒙教育；完善的是学堂式的理论教育；弥补的是宗教式的精神教育；担当的是实践式的社会教育；提升的是感悟式的自我教育。在当今社会转型背景下要更好地践行社会主义核心价值观，传承优秀传统文化，需要牵手优秀传统文化经典育人理念进行优秀传统文化再教育，以使优秀传统文化育人理念获得当代认同。

在学生方面，我们尽可能地让学生从内心深处接受传统文化的熏陶，养成良好的道德品质，做一个高尚的人；让学生接受传统文化教育，培养深厚的文化底蕴，做一个有传统文化素养的人；让学生在传统文化的影响下，养成勤奋好学和爱岗敬业的精神，掌握一定的专业知识和专业技能，做一个有就业能力的人，也就是要求我们的学生品学兼优，身心健康，知书达理，举止文雅，具有敬业精神，遵守职业道德，身怀一技之长，力求多才多艺，成为有修养、会做人、有能力、会做事的中等专业人才，学习传统文化要让学生真正的从内到外感受到传统文化带给他的改变。

第二节 运用新媒体发展创新社会主义核心价值观教育理念

新媒体是相对于报刊、广播、电视等传统媒体而言的媒体形态，它以互联网、数字存储和移动通信为技术支撑，以网络论坛、手机报、博客、微博、微信、数字电视为主要形态，是一种向社会公众提供信息服务的新兴媒体。新媒体的交互性与即时性、海量性与共享性、多媒体与超文本、个性化与群体化等潜力和特点正快速改变着人们的生活方式，深刻影响着人们固有的思维模式和生活形态，塑造着人们的价值观念和精神风貌。新媒体自诞生到鼎盛具有周期短、速度快、认可度高、运用范围广等特点，因为其契合了当前大众的需要，特别是更成为大学生获取信息和进行社交沟通的重要渠道，故而对创新高校思想政治教育价值理念提出了客观要求。

一、新媒体时代创新大学生社会主义核心价值观教育理念的必要性

新媒体时代大学生社会主义核心价值观教育面临着许多新的问题，这些问题的存在在客观上要求我们必须认真思考大学生社会主义核心价值观教育价值理念的创新。

（一）新媒体时代大学生心理及传统教育理念面临的新变化

1. 新媒体时代大学生群体心理价值倾向的变化

新媒体的影响力在当今大学生群体中表现得尤为明显。如今的在校大学生，基本上都是属于"90"后，独特的成长发展的环境塑成了他们一些较为特殊的心理价值倾向，其群体性格在现实生活中往往表现为鲜明的个性化——重视自我或彰显自我，追求个性解放和自我价值实现，对传统容易表现出一定的逆反性心理倾向等等。当大学生"遇上"新媒体后，特别是在虚拟网络空间中，他们因剥离了社会身份和附加属性，交流变得更为隐蔽和自由，言论和表达也会异常活跃和流畅，话题价值基调、是非观念取向总体正向且积极，但因大学生的心理特征和喜好偏向，也往往会以一种非常态化、调侃自嘲的形式呈现。高校社会主义核心价值观教育工作者在新媒体环境下也面临新的机遇和挑战，要致力于创新新媒体时代下大学生社会主义核心价值观教育工作的价值理念，奠定新媒体时代社会主义核心价值观教育工作的价值基础。

2. 获取知识渠道多样、知识更新迅速的变化

新媒体时代的出现，即信息爆炸的时代。在这一时代，人们获取知识的手段和途径变得多样化，阅读纸质文本和课堂讲授虽然仍旧发挥着一定的作用，但网络的介入，已从根本上改变过去单一的渠道，无论何时何地，网络文化已成为人类汲取知识的重要资源。于是，过去教师话语权的优势地位受到很大的冲击，因为知识及信息占有的一部分份额被网络所占据，教师不再是信息的绝对唯一的占有者。而当教师的地位受到冲击之时，核心价值观教育理念必须适应时代变化而转变。新媒体的介入，大量信息的刺激，知识更加快速的更新和创新，过去是"三年荒废一个秀才"，今天或许是一年产生一个"文盲"。过去，人们只要或只有到"课堂"上学习，只要认真学便可获取人才成长的资源和力量，只要掌握了重要或主要信息，便可终身受益，今日却不同了，新的语境及发展空间对人才培养提出了新的要求，所谓"复合型"人才、"创新型"人才即是这一要求的产物。于是，众所周知，建构主义理论有了用武之地，在今日的教育园地里发挥着自身的优势，在学习方法上，提倡"自主式"学习、"合作式"学习、"探究式"学习等等。多种多样学习方法的产生，均与新媒体时代有着密不可分的关系：首先，信息爆炸与"合作式"学习相关。新媒体时代，意味着信息的占有之快捷、便利，谁占有的信息量大和多，谁的竞争力就具有明显的优势，但每一个体收集和占有信息的时间及精力又是有限的，于是"合作式"学习应运而生。其次，知识更新之快捷又与"自主式"学习相连。或许我们手头的书籍仍旧是信息源的重要储存，但网络资源之丰富、观点之超前和先锋、信息展示之多元性，一方面使教师角色定位受到极大挑战，一方面也促使学习者更加重视"自主式"学习。再次，"探究式"学习与新媒体时代形成的对话语境相接。新媒体时代，人人都有可能成为信息的拥有者，于是，学习者与讲授者之间的地位认定及其相互关系发生了微妙的变化。

(二) 新媒体时代大学生社会主义核心价值观教育理念应当与时俱进

1. 大学生社会主义核心价值观教育必须充分发挥新媒体的优势并体现其特色

近年来，高校社会主义核心价值观教育研究不断深入，在相当长的时期，高校社会主义核心价值观教育是以传授理论知识为主，按照主题来设计理论板块，如爱国主义、集体主义、社会主义教育，以及理想、道德、纪律、法制、国防和民族团结等等。如果按照主题进行纯粹的理论知识传授难免会枯燥、乏味、单调，也会与大学生实际需求、社会现实问题以及社会实践环节脱节，背离了需求是产生行为的原始推动力这一原则。在通常情况下，高校社会主义核心价值观教育工作者在载体使用上主要以黑板、粉笔、教鞭等传统的教学工具为主，即便增加了多媒体教学环节也只是一种点缀，从总体上看缺乏新鲜感和吸引力，无法将学生从手机小屏幕吸引到课堂中来。高校社会主义核心价值观教育工作者应该把握时代的脉搏，从大学生实际需求出发，充分发挥新媒体的独特作用。

在传统的社会主义核心价值观教育模式中，教育主体身份具有确定性，而新媒体条件下社会主义核心价值观教育主体具有模糊性和不确定性，在传统社会主义核心价值观教育中，教育主体往往处于主导、权威者的位置，新媒体条件下社会主义核心价值观教育在主客体关系上则更多地强调主客体之间的互动和平等交流。基于此，新媒体条件下，大学生社会主义核心价值观教育模式应该充分体现出立体性、动态性和超时空性，改变仅仅以"熟人关系"模式来传授知识和进行价值引导的模式。

2. 新媒体时代大学生社会主义核心价值观教育应当体现内容与形式的完美融合

新媒体作为一种教育载体，具有不可替代的形式或工具意义，但是绝不能让形式遮蔽或掩盖社会主义核心价值观教育的目的或内涵。我们必须明确，社会主义核心价值观教育的一以贯之的价值理念是新媒体条件下开展社会主义核心价值观教育的前提和基础。如果缺乏这些社会主义核心价值观教育的价值内涵支撑，新媒体条件下的社会主义核心价值观教育只会流于形式，甚至会走向现实社会主义核心价值观教育的反面，而且还不利于人类，特别是青年学生群体道德水平的提高。另一方面，新媒体化社会主义核心价值观教育是传统社会主义核心价值观教育在新媒体上的延伸和发展，传统思想政治教育及德育教育作为基础性工程，必须占据主导和支配地位，对高校学生社会主义核心价值观教育起着决定性作用。新媒体社会在虚拟的实践条件和环境中形成的判断和观念，必须经过现实社会实践的考察和检验才能最终被认可、接受和推广，正是因为新媒体在社会主义核心价值观教育领域的介入，促进了教育手段的现代化，更促进了教育观念的现代化。新媒体环境下创新社会主义核心价值观教育理念应以传统社会主义核心价值观教育为基础，以新媒体化社会主义核心价值观教育为拓展，建立新媒体化社会主义核心价值观教育与传统社会主义核心价值观教育相结合的有效模式，实现两者的互通与融合。

二、新媒体时代大学生社会主义核心价值观教育理念的转型

（一）全面颠覆旧的教育理念，真正实现"师本"向"生本"的转型

从20世纪末以来，学界就在提倡"以教师为引导，以学生为主体"这样的教育理念了，时至今日，我们已耳熟能详了。但要真正实现"以学生为主体"的教育教学理念，不是说让学生讨论讨论，抓几个学生发发言，或者让学生参与到"教"之环节中这么简单，这样的动作及行为，在教育理念转型中充其量只是形式和外表的变化而已。真正的改革或者要实现全面转型，最大的难点和难度是思想层面、观念层

面,甚至是几代教师赖以生存及发展的根基层面的传统教育理念的全面颠覆和解构。具体而言,就是彻底摒除教师知识话语霸权之观念及行为,将学习真正还原于学生,才能使"师本"向"生本"之转型具备可行性和可能性。

目前全国高校的重要教学力量是20世纪60年代、70年代的出生的人,身为高校教育教学中坚力量的人,其教育背景、学习语境、成长环境及"学"与"教"的人生轨迹则都运行于传统模式之中,传统模式之"师本"思想及观念在我们身上自觉不自觉地打下了深深的、时至今日仍旧很难抹去的烙印和痕迹。但新媒体时代要实现的教育目标是"生本"。这是一次从思想观念到行为手段的全面颠覆,在教学改革的过程中,要接受一种新观念,探索并运用一种新模式,要彻底摒除教师话语霸权这一"师本"思想及观念。要承认并尊重学生的知识话语权和思维权。诸多知识的接触和学习,由于接受者文化背景,思维方式、审美情趣及阅读习惯的诸多差异性,在学习过程中极易产生误读的现象。教师的解读或许是深刻的、丰富的,但在新媒体时代,却不是唯一正确的解读,绝对权威的解读,因为学生从网络上所获得的信息或许比你的解读更加合理,学生自身的真实感受或体味或许比你更有新意,有出乎教师意料之外的收获和惊喜。在这样的情境下,倘若教师能够全面并彻底地剥离"师本"基础上的知识话语霸权思想及观念,向"生本"转型的话,其教者有获、学者有趣有思的教学模式就应运而生了。在此,我们应该忘掉自己的"师本"身份,解构并颠覆思想深处的知识话语优越感,热爱、保护并鼓励"生本"语境中教学相长、相乐的思想境界,其教学效果则是传统"师本"模式所无法估量的。

(二)新媒体时代教师教育理念上的清醒和自觉

人类最大的本能莫过于认为自己是天底下最代表真理的一方。实际上,人类文明发展到今天,我们已不难发现任何一种思想及观念一旦形成之后,在其合理性的背后,就已经有了盲点和误区,"瞎子摸象"在今日仍有一定的阐释意义。在教育改革中，我们在理性上认识并力图实现"师本"向"生本"的转型，教师知识话语霸权思想需要有一份清醒和自觉，"生本"是一个全新的课题，要全面实现"师本"向"生本"的转型，需要我们积极探索。进入新媒体时代后，教育理念之转型还应实现或不得不走向由静态模式向动态模式的转型，由封闭型模式向开放型模式的转型。现代社会是一个信息万变的社会，当诸多纷繁复杂的事态物像不是历时地而是共时地呈现于我们眼前时，过去那种静态的、封闭型的分析方法及解读视角显然已失去它应有的价值，代之而起的是一种动态的、开放型的全新思维模式和认知规则。因为新媒体时代，是一个立体思维取代线性思维，是一个或然律取代必然律，理性和非理性并存的时代。新媒体时代，社会主义核心价值观教育理念之转型是大势所趋。在这一宏大命题中，注重"师本"与"生本"相互转化，突出教育者的教育自觉与学生的践行自觉是社会主义核心价值观教育的现实需要。社会主义核心价值观教育理念转型任重而道远，转型之路尚待更深入的行走。

三、新媒体时代创新社会主义核心价值观教育理念的基本对策

伴随着新媒体载体在教育领域的应用，高校社会主义核心价值观教育工作者也要不断进行教育对策的调试与重塑，尤其要从自身教育理念到教育实践、从教育内涵到教育形式、从教育模式到教育技巧、从教育过程到教育目标等方面加强整合再造，以应对社会主义核心价值观教育理念面对的新环境、新问题。

（一）树立开放平等的理念，增强教育的互动性

新媒体模糊了虚拟与现实共存的边界，使得二者进一步融合，其开放性和共享性为发挥教育合力创造了条件。开放性作为新媒体最重要的特征之一，突出表现为不存在地域局限，具有资源丰富、信息量大、涵盖面广、传输快捷、形式多元等传统媒体所无法比拟的优势。

网络作为西方文化思潮、价值观念传播的重要途径，在一定程度上被西方一些国家当作意识形态渗透的主要载体。在全球化、多极化的浪潮下，高校社会主义核心价值观教育工作者也应积极推进社会主义核心价值观进网络，建立社会主义核心价值观教育相关工作网站，坚持社会主义核心价值观教育者在这一领域的主导性地位。对于大学生群体普遍喜爱的微博、博客、微信社交网络平台等新媒体工具，社会主义核心价值观教育工作者都应注册账户、建立主页，占领网络教育的舆论阵地，通过新媒体工具交互沟通及时掌握网络舆情，对于网络群体高度关注的社会事件进行正面宣传和引导。

当前高校青年学生思想活跃、追求个性解放，若想增强大学生社会主义核心价值观教育工作的平等开放性，则更应走入大学生群体的内心，融入他们的生活，从他们实际需要出发提供引导和支持是必然选择。新媒体不仅为社会主义核心价值观教育工作者提供了一个课堂之外融入大学生生活和真实内心世界的沟通交流平台，更建立了一个全员育人的平台。在这个开放包容的平台之上，所有的思想政治工作专职人员、专家、专业课教师、辅导员乃至学校领导都可以在新媒体建立的平台中平等互动交流，实现全员育人、全程育人、全方位育人。

（二）运用隐性教育模式，增强教育的实效性

新媒体多样灵活的特点有利于社会主义核心价值观教育中隐性教育方式的运用。所谓隐性教育模式，是相对于显性教育模式而言的，是教育者将教育目标和教育内容融入大学生的生活环境和日常活动中，使之在不知不觉中接受社会主义核心价值观教育，实现社会主义核心价值观教育目标。这一过程不仅改变了传统社会主义核心价值观教育刻板、空洞、灌输式和一成不变的印象，而且也使得教育方式变得间接，空间时间变得更加随意，内容变得更加开放，更有利于社会主义核心价值观教育实效性优势的发挥。

法国启蒙思想家卢梭在其著作《爱弥尔》中谈道，教育的艺术是

让学生喜欢你所教的东西。整个教学过程不仅是学生与教师思想的互动和交流，形成共同的认知，更是一种情感的互动。

如果说课堂有限的时间和空间限制了思想政治工作者与大学生情感的交流，新媒体就是建立这种沟通的桥梁。由于大学生对老师有种天然的敬畏感和隐匿心理，社会主义核心价值观教育工作在课堂上老师与学生的交流难免产生距离感。但通过虚拟平台，社会主义核心价值观教育工作者可以成为网络上的良师益友，不仅能激发学生的学习热情，营造良好的学习氛围，更重要的是能使学生排除叛逆心理，对教师教授的内容更易于接受和认同。特别是通过新媒体平台，匿名的交流方式消除了师生之间的心理距离，便于社会主义核心价值观教育工作者了解学生的真实想法，更便于培养感情，更好地接受施教者的思想。

（三）利用新媒体直接高效提升教育的精细化

精细化作为一种新兴管理理念，最早是由日本的一些企业于20世纪50年代作为现代企业的管理概念提出来的。精细化管理的目的是为管理者带来诸多便利，从而对工作的流程、方法和质量等进行持续的改进。随着管理实践的发展，也由于精细化管理的现实成效是能最大限度地满足现代企业对管理的要求，所以它已被越来越多的企业管理者所接受，逐渐发展成为一种先进的管理文化和管理方式，并细化为各种可操作的方式方法。

精细化管理的管理思想也逐步被运用于社会主义核心价值观教育领域。新媒体工具强大的点对点、一对多、多对一等交互功能，使得二者之间的沟通交流变得无缝且流畅。一对一、点对点的交流模式使得高校社会主义核心价值观教育工作者可以根据学生特点进行有目的、有针对性的交流和教育，因材施教，因势利导，避免了千人一面的教育怪圈。甚至在进行深入交谈和一定程度的了解后，社会主义核心价值观教育工作者可以根据学生身心发展的阶段性特征和特殊的人生经历，对其制定出一套完整的、极具针对性、符合心智发展规律的教育方案，这种

"量体裁衣"式的精细化教育模式将使得社会主义核心价值观教育的育人效果更为突出和显著。

由此可见，精细化管理是社会分工精细化和服务质量精细化的必然诉求，是使管理达到更高更佳层次的必然选择。高校社会主义核心价值观教育工作引入精细化管理的理念，也可以通对过青年学生群体中的每一个成员、教育的每一个环节进行精心组织，将规范管理、全面管理的模式引入社会主义核心价值观教育过程，将使得教育效果事半功倍。

（四）整合联动机制，提升教育的利用率

新媒体交互性、平等性等日益凸显的优势使得其在社会主义核心价值观教育工作领域中的潜力难以估量。与传统社会主义核心价值观教育单一的、单项的教育模式不同，新媒体时代，若高校社会主义核心价值观教育工作者积极谋求与传统媒体的合作，引导大学生在网络中进行讨论，或直接与学生进行在线多向交流和心灵沟通，了解同学们的利益诉求并倾听心声，并寻找合适的方式和途径尽量解答，可以将丰富海量的教育资料、数量众多的学生群体与不同领域的教育专家进行整合联通，使得教育资源配置最优化、效益最大化。

高校社会主义核心价值观教育工作者可在工作中借助新媒体平台的强大聚合作用，吸引不同的资源推动合力的形成，将教师、学生、授课内容、授课程序、授课评测等教育因子融合到教育系统中。增强网络媒体的吸引力、影响力、渗透力，利用BBS、QQ群共享等实现学习资料的共享，利用微博进行思想争鸣碰撞，利用微信进行沟通交流，调和不同地区、不同类型高校之间教育资源的位差，逐步构建大数据库，实现效益的最大化。一旦建立起微博、微信、QQ等新媒体的完整线上互动与答疑解惑体系，建立起贴吧、网络日志等完整线上分享体系达到学术交流的目的。多种渠道、多种方式相互覆盖交叉，以实现师生之间、教师之间、学生之间的资源共享与交流的最大化。

(五) 开发创新新媒体平台，提升教育的效用度

当下，越来越多的高校重视新媒体在社会主义核心价值观教育领域的作用，积极开发和共享信息资源，逐步建设主流文化网站，将社会主义核心价值观教育网络化、新媒体化的工作稳步推进，通过青年学生群体喜闻乐见的教育方式，让教育理念为学生接受和认可。

方兴未艾的新媒体介入传统社会主义核心价值观教育，如使用得当并和相关媒体技术科技公司进行合作，研发出兼备思想性、知识性、艺术性为一体的中文社会主义核心价值观教育软件，则可以让中华民族博大精深的优秀文化在网上流传开来。比如可以利用电子书籍软件，将原有的书面课程制作成电子杂志、电子课件上传到平台上，供所有大学生下载学习，也可以将团课党课、爱国爱乡活动等具有主流文化特色的经典活动制作成视频，供校际乃至全社会观看交流学习。

现代社会越来越多的新媒体工具涌现出来，对大学生提升媒介素质和自我教育能力也有着有益补充和良性促进作用。高校社会主义核心价值观教育工作者不仅要在理论上提升自身媒介素养，还需要在社会具体实践中指导学生建设性地享用大众传播资源的教育，培养学生具有健康的媒介批判能力，使其能够充分利用媒介资源完善自我，参与社会发展，主动、积极倡导"健康上网""正确使用媒体"等观念，让这些思想潜移默化地烙印在学生的心中，并在具体实践中起到指导和矫正的作用。

在当今社会变革的大浪潮下，又恰逢新媒体技术的快速发展，大学生的学习方式、生活方式、思维方式都发生着显著的变化，也使得大学生的社会主义核心价值观教育出现了多样性、复杂性、创造性的特点。在对大学生的社会主义核心价值观教育与管理中，原有的粗放型、经验型的管理与思维方式越来越难以适应新形势的发展要求，这势必意味着高校社会主义核心价值观教育界面临着一场不可避免的改革。

坚持以人为本，科学调控学生需求，坚持以更有效的方式联系青

年、服务青年、引导青年,把社会主义核心价值观教育工作做得更具体、更扎实、更富有成效是高校思想政治工作者不懈努力的方向。因此,在高校大学生社会主义核心价值观教育工作面临着新的机遇和挑战的今天,将新媒体引入其中,不断开发和创新新媒体平台,显然有助于提升教育效果,能更富有成效地完成社会主义核心价值观教育的目标,进一步完善育人功能。

第六章

大学生社会主义核心价值观培育的路径创新

第一节 大学生社会主义核心价值观教育的文化育人路径

社会主义核心价值观是当代中国凝聚全国各族人民思想共识的灵魂，是当代中国人民的价值共识和精神追求，也是中国特色社会主义文化建设的核心。它不仅传承了中国传统优秀文化，而且体现出与时俱进的精神特质。

一、社会主义核心价值观的文化内涵

社会主义核心价值观的文化内涵体现在三个维度：在文化张力上，表现为国家、社会与个人的相依相生；在文化时序上，表现为传统文化与现代文化的兼容并蓄；在文化视阈上，表现为本土文化与外来文化的和谐共存。深刻挖掘社会主义核心价值观的文化内涵创新大学生育人路径，是高校立德树人的需要，也是大学生全面发展的需要。充分发挥社会主义核心价值观的文化育人功能，一方面，有利于高校培养高素质人才。培养高素质人才需要良好的育人氛围。社会主义核心价值观通过营

造良好的文化环境，使大学生在潜移默化、耳濡目染中受到熏陶和影响，从而产生自律要求，实现自我教育。在这样的文化环境中，才有利于将具有道德教育目的的社会主义核心价值观进教材、进课堂、进头脑，真正被大学生所接受，把大学生培养成为具有坚定理想信念、高尚情操的人。另一方面，社会主义核心价值观的文化育人功能有利于丰富大学生社会主义核心价值观教育的有效路径。文化是社会主义核心价值观教育的重要载体，社会主义核心价值观教育是大学文化建设的重要内容。只有传承和创新中华优秀传统文化，才能丰富社会主义核心价值观教育载体的内容，才能结合实际，探索出新形势下大学生社会主义核心价值观教育更为有效的途径和方法。

（一）社会主义核心价值观蕴含国家、社会与个人相依相生的文化

社会主义核心价值观的文化内涵体现在国家、社会和个人三个层面，实际上包含着三层逻辑，即"国家—社会—个人"的自上而下的逻辑、"个人—社会—国家"的自下而上的逻辑以及三个层面交织互通的上下联动逻辑。国家层面倡导富强、民主、文明、和谐的价值目标是社会层面倡导自由、平等、公正、法治的价值取向和个人层面倡导爱国、敬业、诚信、友善的价值准则的引擎，而个人和社会层面的价值准则和价值取向又是国家层面价值目标实现的动力。换句话说，只有在国家层面确立了我们要建设具有什么文化特质的国家，才能指引社会和个人朝着具有这种文化特质的方向努力；也只有个人和社会不断地致力于某种特定文化的塑造和创新，才能保障国家具有这种文化的秉性。

从根本上讲，价值观是人们基于实践形成的认识反馈，是一种文化心理，将对新的实践产生或隐或显、亦显亦隐的重要影响。社会主义核心价值观所揭示的就是我们需要形成什么样的文化心理以推动社会发展、国家富强，使其在国家层面彰显着文化自信的终极旨趣，在社会层面唤醒了文化自觉的内生动力，在个人层面呼唤着文化自强的不懈追

求。实际上，在国家、社会、个人三个层面上的互通关联是社会主义核心价值观在呈现上的创新，而在这种显性的呈现背后实则隐射的是国家、社会和个人三者在价值文化追求上的相依相生，是其文化张力的魅力所在。

（二）社会主义核心价值观包含着传统文化与现代文化兼容并蓄的文化

社会主义核心价值观作为全体人民的价值认同和精神追求，既具有历史的延续性，也具有当下的时代性，传统与现代的兼容并蓄是核心价值观之于文化历史观和文化现时观的体现，也是其在时间刻度上对于文化发展的思考与理解。实际上，培育和弘扬社会主义核心价值观离不开优秀传统文化也离不开因应时代发展创造的先进现代文化。一方面，传统文化是社会主义核心价值观产生发展的根基与灵魂，只有立足优秀传统文化，才能找寻到培育社会主义核心价值观的沃土；另一方面，现代文化是社会主义核心价值观生命充盈的动力与推手，只有立足先进现代文化，才能汲取践行社会主义核心价值观的养分。从这个意义上讲，社会主义核心价值观在国家、社会和个人三个层面的倡导，与优秀传统文化一脉相承，其本身又是优秀传统文化的时代表征。

中华优秀传统文化讲仁爱、重民本、守诚信、崇正义、尚和合、求大同，社会主义核心价值观既深刻烙印着这些优秀传统文化的印记，也清晰显现着其时代脉象。社会主义核心价值观中优秀传统文化因素的融入，表明我们对于自我传统文化的高度认同和自觉自信。文化作为一种"软实力"，唯有基于自身文化基因的发展与创新才可能坚实强大。中华传统文化源远流长，博大精深，从中吸收优秀成分作为当前社会发展中人们的精神文化追求和价值认同，其重要性自不待言，而随着时代不断发展的传统文化其生命必将更加灵动。在传承中发展，在发展中创新，在创新中繁荣，这既是社会主义文化建设的应然之思，又是社会主义文化创新的应有之义。

(三）社会主义核心价值观蕴含着本土文化与外来文化和谐共存的文化

文化对于国家的富强和民族的繁荣具有重要的推动作用，特别是在文化全球化和多元文化共存的当今时代，注重文化的开放性与多样性对于社会发展具有特殊意义。我国的社会主义文化建设，就是既要继承弘扬本土优秀文化，又要注重借鉴吸收国外先进文化，共同助力于社会主义文化建设。这就要求我们必须具有开阔的文化视野、开放的文化情怀和开通的文化心理，既不能故步自封、盲目自大，也不能崇洋媚外、迷失自我。社会主义核心价值观对于外来文化的借鉴吸收，一方面体现了我们的文化自觉与自省，借鉴吸收国外先进文化，就是为了更好地进行社会主义文化建设，更好地满足人民群众日益增长的精神文化需要，从而更好地引领全社会的价值追求；另一方面，借鉴学习国外先进文化，显现了我们的文化自信与自强，在充分挖掘本土传统优秀文化的基础上，对待国外先进文化不是拒斥而是吸收，不是否定而是借鉴。

实际上，社会主义核心价值观在社会层面所倡导的自由、平等、公正、法治，就是对全人类自由、平等文化的借鉴吸收与升华重构。一方面，在社会主义核心价值观的内涵中，社会层面处于"国家—社会—个人"三位一体的中位，具有上接国家下衔个人的作用；另一方面，自由、平等、公正、法治是现阶段我国社会建设需要格外着力之点，不能因为倡导自由平等而看淡公正法治，也不能因为提倡公正法治而无视自由平等。社会主义核心价值观在这一层面上实现的文化创新，在于以开明的姿态和开放的胸襟来对待本土优秀文化与外来先进文化，并进行睿智的遴选和正确的选择，使得本土文化与外来文化得以和谐共存。

社会主义核心价值观的文化内涵是文化发展的现实需要和展示文化魅力的内在诉求。从根本上来说，社会主义核心价值观所蕴含的文化并不意味着从头再来，更不是"无中生有"，而是一种传承、接续、改造和重构。社会主义核心价值观在深层次上表现为三个维度的文化发展，因为只有创新才能使其获得鲜活而持久的生命力，也唯有创新方能赢得人们的普遍认同和切实践行。

二、社会主义核心价值观的文化育人功能

社会主义核心价值观的文化内涵，潜移默化地渗透到大学生的精神思想、价值追求、行为习惯等层面，贯穿于大学生成长成才的全过程，这恰恰填补了大学生思想政治教育传统的灌输式教育模式。因此，发挥社会主义核心价值观的文化育人功能，对于推进大学生思想意识的教育工作，全面提高大学生综合素质，培养大学生健全人格，促进大学生全面发展，都具有重要的影响和作用。

（一）社会主义核心价值观文化育人的熏陶塑造功能

中国古代先贤早已注重环境对人潜移默化的作用。荀子就非常重视教育过程中环境对人的影响。他认为，"蓬生麻中，不扶而直；白沙在涅，与之俱黑。"这句话的意思就是，蓬蒿生长在大麻中间，它用不着扶就是挺直的；把白沙和黑土放在一起，它就和黑土变成一样的黑。这也印证了"政教习俗，相顺而后行"这一说法，他发现环境能使生活在其中的人受到环境的感染、影响后，会被周围的环境所同化，形成人的道德品质。涂又光先生曾提出过一个非常有名的理论——"泡菜理论"，"腌萝卜和泡菜的味道，主要取决于由糖、盐、生姜、大蒜等构成的泡菜水的味道"。原南开大学校长母国光说过："办大学就是办一种氛围。"可见，大学需要一种文化的环境，或者说大学需要酿一坛特色的泡菜水来培养人，学校的环境氛围对学生的熏陶塑造起着重要的作用。社会主义核心价值观具有文化熏陶塑造的功能，对大学生具有陶冶情操、涵养德性和规范行为等积极的影响和作用。也就是说，通过社会主义核心价值观营造良好的校园文化环境，使大学生在其特有的文化氛围中，受到潜移默化、耳濡目染的感染和熏陶，帮助他们提升思想境界、优化意志品格和提高文化品位。"人所创造的物质和精神财富经过

长期的发展和积淀,就形成了文化环境,它一经形成就会发展成为一定的系统——文化传统。这种文化传统会通过各种社会媒介进入人们的生活中,潜移默化地、耳濡目染地影响着、塑造着人们的思想观念、价值取向和生活习惯等,使人们的思想品德打上了文化的烙印。"大学也不例外,大学生社会主义核心价值观教育的文化环境作为一种微观文化环境,大学生长期生活、学习于其中,久而久之都会对他们的思想观念、价值追求和行为习惯的熏陶受到不由自主的影响。熏陶塑造功能不是强制灌输式的,而是和风细雨式的;不是显性的,而是隐性的。社会主义核心价值观教育可以充分利用大学文化的这些载体,衍生出一批集思想性、知识性、趣味性、服务性于一体的活动,将社会主义核心价值观教育的内容和要求融入大学生最易接受的载体之中,从而增强社会主义核心价值观教育的针对性和实效性。另一方面是由于大学文化的潜隐性。社会主义核心价值观的文化内涵是一种隐性教育方式,使大学生不知不觉地打上特定环境的文化烙印,从而受到文化的熏陶和感染,达到育人的目的。社会主义核心价值观文化的潜隐性可以大大降低或减少大学生对社会主义核心价值观教育的抵触情绪,寓社会主义核心价值观教育于丰富多彩的文化活动之中,以及深刻的思想艺术作品之中,甚至要让学校的墙壁都可以说话,把抽象的道理形象化。这种方式往往对人的全面发展起着一种春风化雨、润物无声的教育效果。

(二)社会主义核心价值观文化育人的示范引导功能

社会主义核心价值观文化的示范引导功能是指社会主义核心价值观文化内涵中所倡导的优秀品格及所包含的具有典型的人或事件,以自身的模范行为对大学生所能发挥的积极的、有利的作用和影响。社会主义核心价值观所体现文化的示范引导功能具体体现在以下几方面:第一,社会主义核心价值观文化对社会文化的示范引导。社会主义核心价值观文化是社会主义先进文化的重要组成部分,它是以国家的长远利益、人类的文明进步以及人的全面发展、崇尚人文和探索真理为主旨,对社会主义文化具有重要的示范引导作用。社会主义核心价值观作为中华民族的精神命脉是中华文化永葆青春活力的重要原因，使大学成为推出新思想、新知识、新文化的策源地，为社会进步提供新的文化范例，更好地引领社会发展。第二，教师对学生的示范引导。教师是人类灵魂的工程师，肩负着培养社会主义合格建设者和可靠接班人的重大责任。所谓教书育人，就是教师不仅要用渊博的学识和严谨的治学态度，帮助学生掌握所学的知识和技能，更要用自己高尚的道德情操和人格魅力，影响和提高学生的个人修养。教师良好的道德修养，是一种无言的教育力量，通过自己的以身作则，率先垂范，对大学生的思想形成和行为养成有着不可替代的作用。第三，学生对学生的示范引导。在学生中间，有一些在品德、学习、体育等方面都优秀的学生，我们可以将这些学生树立为榜样，为其他学生做一个标杆。其他学生通过观察和模仿榜样的示范信息，一方面，可以使学生认识到自身存在的不足，为今后的努力指明方向；另一方面，可以激发个人的学习动力和进取精神，从而突破自我，更好地实现自我价值。当然，有正面的典型就有反面的典型，我们可以利用社会中、学校中一些不良现象，例如抢劫盗窃、打架斗殴、考试作弊等违法违纪行为，将这些不和谐的现象作为反面教材，起到一定的威慑、劝阻、警示作用。示范引导是根据客观事物发展规律提出来的。唯物辩证法认为，一切客观事物发展都存在着矛盾，发展从本质上说，就是发现矛盾、认识矛盾、解决矛盾的过程。当然，发展作为事物的运动状态有先进的，也有落后的；有不平衡的，也有均衡的；有正确的，也有错误的。这正如人们的思想认识总是有先进的和落后的，行为表现总是有正确的和错误的，贡献总是有大的，有小的，不可能完全一样。所以，社会生活中就出现了许许多多典型的人物和事件。社会主义核心价值观文化的示范引导功能对大学生社会主义核心价值观教育具有重要的作用。大学阶段是大学生塑造人格的关键时期，大学需要善于发现先进典型，树立先进典型，学习先进典型，通过用真实生动的榜样示范，可以使大学生社会主义核心价值观教育形象化、具体化、生动化，更具有感染力和说服力。

(三) 社会主义核心价值观文化育人的凝聚激励功能

所谓激励，从狭义上讲，是指激发与鼓励；从广义上讲，是指运用有效的手段激发人们的主观意愿，调动人们的主动性、积极性和创造性，鼓励人们向着社会所期望的目标前进。凝聚就是比喻人的思想、感情、心血等集中地体现在某一事物上。社会主义核心价值观在意识形态上的群体性及核心性体现了强大的向心力和凝聚力，能够促使他们形成一个坚强有力的整体，这种力量决定了大学生的精神风貌、价值追求、行为方式等，使其产生强烈的认同感和归属感，从而为共同信奉的目标而努力奋斗。从一定意义上讲，激励是凝聚的一个重要手段，同样是大学生希望通过自身努力朝着一定的目标期望前进。正所谓，团结就是力量，大家要心往一处想，劲往一处使，就是这个道理。凝聚激励是以大学生的客观需要和主观动机为根据的，是大学生的行为活动规律的要求。大学生的内在需要是他的行为的方向盘，而外部环境的影响或刺激是大学生的行为的驱动力，只有在既存在内在需要又出现外在影响的情况下，大学生才会产生行为活动。社会主义核心价值观文化的凝聚激励功能正是基于大学生的行为活动这个规律提出来的。社会主义核心价值观能够运用各种凝聚和激励的手段，对大学生施加特定的信息，来引起其心理和思想的变化，激发他们的动机和调动他们的积极性，使大学生产生社会所期望的行为活动，从而对社会主义核心价值观教育起到一定的影响和作用。所以，要加强对大学生的凝聚激励教育，帮助大学生树立共同的价值观，并用这种价值观去激励和团结他们，从而更好地发挥社会主义核心价值观的凝聚、激励作用。凝聚激励教育是完成大学生思想政治教育任务的重要方法，而在大学文化中，凝聚激励教育的方式方法很多。比如，大学可以开展一些以学术、体育、娱乐等为主题的活动，通过表扬、奖励等方式，来调动学生参与活动的主动性、积极性和创造性，增强组织的感召力、向心力和凝聚力。值得注意的是，表扬、奖励一般要以精神鼓励（奖杯、奖状、证书等）和物质鼓励（奖品、奖金等）相结合的方式，通过这种方式，人们不仅能够得到精神上的满足，加强了对正确思想观念的认识，同时还能满足物质上的需求，进一步激发了前进的动力。因为物质鼓励不能取代精神鼓励和思想政治工作，精神鼓励也不能取代物质鼓励，只有把二者有机地结合起来，才能正确而充分地调动人们的积极性。因此，充分发挥社会主义核心价值观的凝聚激励功能，使大学生产生强烈的认同感和归属感，有助于使他们的理想信念、思想观念和行为活动同学校办学目标和国家长远利益有机结合起来，养成尊重他人、诚实守信和热爱集体的良好品德。同时，帮助大学生树立正确的理想信念，激发他们的主动性、积极性和创造性，激励他们为社会和个人的共同利益与目标努力奋斗，调动大学生学习、生活和自我修养的积极性，不断地向正确的目标前行，以实现社会主义核心价值观教育的目标，从而获得有价值的人生。

（四）社会主义核心价值观文化育人的约束规范功能

社会主义核心价值观文化育人的约束规范功能是指社会主义核心价值观对人认同和遵守一定的社会规范所起到的积极作用或影响。具体来说，社会主义核心价值观的约束规范功能体现在"三个倡导"的无形的约束规范上。社会主义核心价值观三个层面的内容是大学生对自己、对社会、对国家的行为准则。

社会规范是社会生活各个领域都存在的一种社会现象，是人类社会生活必不可缺的要素。"一方面，人类作为一种动物性存在，它都具有内在的、深层的动物性本能和冲动，具有转化为行为动机的潜在可能性。另一方面，人类个体又是一种社会性存在物，在社会生活中，他都具有自身的特殊利益、特殊的价值观念和行为目标，其行为具有任意性。当然，人类群体与动物群体不同，人类社会是建立在生产活动之上的。而生产活动却会同个体本能或个体特殊利益目标的任意行为相矛盾。"因此，在这种情况下，必须对个体加以限制，使生产活动和社会生活顺利进行。也就是说，社会生活需要一定的社会规范来维持社会秩序。社会主义核心价值观对学生的约束规范不是限制学生的发展，而恰恰是让学生在有序的社会规范中，在保障大学生的自身利益和他人利益不受侵害的条件下，能够得到更大的自由发展空间。大学文化的约束规范功能对思想政治教育具有重要的作用。思想政治教育的重要任务之一，就是培养人们符合社会发展要求的道德品质，用以约束规范自己的行为，最终实现人们的自我教育、自我管理。高校将社会主义核心价值观寓于课堂教学、专题讲座、趣味活动之中，将刻板、机械的条条框框变得具体化、形象化、通俗化，并且能够随时随地、每时每刻提醒学生应该做什么，不该做什么，使学生的行为在自我意识下受到约束和规范。通过社会主义核心价值观教育，大学生能够在亲身感受和体验中自觉约束自己的行为，久而久之地养成良好行为习惯，这不仅是社会的要求，也是学生成长成才的关键所在。因此，充分发挥社会主义核心价值观文化育人的约束规范功能，有利于将社会主义核心价值观，融入大学生的思想、行为中，提升自身的思想意识和分辨是非的能力，及时自觉纠正自己的错误思想和行为，并外化为大学生的实际行动。使大学生在公平、公正的环境中得到最大限度的自由发展，从而满足自身发展的需要，促进社会主义核心价值观教育目标的完成。

三、社会主义核心价值观的文化育人路径

社会主义核心价值观教育与文化之间有着紧密的"天然"联系，二者在实现人的全面发展这一终极目标上的一致性决定了它们在发展路径上的相互依赖性。大学生社会主义核心价值观教育的文化育人运行过程，就是把社会主义核心价值观渗透到文化建设中去，运用各种文化载体形式向社会成员进行传播与灌输，进行思想深处的说服与教育，使人们在不知不觉中接受，并能够自觉抵制封建腐朽没落的价值观念、西方

个人主义的价值观念,在认识——实践——再认识的反复循环过程中实现对社会主义核心价值观的认同。优秀传统文化载体具有包容性和渗透性特征,它对大学生社会主义核心价值观内容的包容是全方位的,对大学生社会主义核心价值观教育方式的影响是渗透性的,优秀传统文化令人深思,对大学生社会主义核心价值观教育效果的影响是持久的,充分发掘优秀传统文化以文化人、以情感人的力量,实现社会主义核心价值观入脑入心的目标,可产生潜移默化的效果。社会主义核心价值观教育的文化路径目标之一就在于,运用文化的这一优点和功能来教化人们树立崇高的理想信念,追求高尚的道德情操,激发强烈的道德情感,培养坚定的意志品质,养成良好的行为习惯,使之成为"有理想、有道德、有文化、有纪律"的社会主义新人。

(一)大学生开展以天下兴亡、匹夫有责为重点的家国情怀教育

2014年教育部关于印发《完善中华优秀传统文化教育指导纲要》的通知,体现了加强优秀传统文化教育的重要性和紧迫性,对大学生开展以天下兴亡、匹夫有责为重点的家国情怀教育。天下兴亡、匹夫有责,其深刻地表明了人民对国家的义务和责任,体现了国民的爱国主义精神和以天下为己任的博大胸怀。

钱穆先生说:"有家而有国,次亦是人文化成。中国俗语连称国家,因是化家成国,家国一体,故得连称。"钱穆阐述的"家国一体"就是家国情怀的集中表现。家国情怀是一个人对自己祖国和人民所表现出来的深情大爱,是对国家富强、人民幸福所展现出来的理想追求。它是一种高尚的情操,是对国家的一种高度认同感和归属感、责任感和使命感的体现,是一种深层次的文化心理密码,是一种国家民族纵然处于苦难境况而终能屹立不败的精神凝聚力。大学生作为即将参与到建设祖国繁荣富强和保障人民安居乐业以及描绘社会主义蓝图的浩大工程中去,家国情怀演绎了无数仁人志士精忠报国的经典篇章,是激励当代大学生展现民族气节的精神支柱,是使大学生把个人命运和国家命运联系

在一起的纽带，是中华民族凝聚力、向心力的心理基础。

（二）开展以仁爱共济、立己达人为重点的社会关怀教育

美国心理学家弗洛姆强调关怀（爱）不是一种狭隘的关系，而是一种普遍的关系，即在于是否内含着关怀德性。"关怀的本质上非为个人与另一特定人之间的关系。它是一种态度一种性格倾向，决定着个人与整个世界而不是某个所关怀的'对象'之间的关联。"仁爱共济、立己达人，所阐述的是，"仁者爱人"的社会关怀精神。儒家"仁者爱人"的思想，一是体现在爱的对象上，既要爱自己的骨肉亲人，也要爱没有任何血缘关系的他人。即"泛爱众，而亲仁"，"四海之内皆兄弟也。"二是体现在关心他人、帮助他人、善于为他人着想。"己所不欲，勿施于人"，"己欲立而立人，己欲达而达人"也都体现出深刻的道德关怀精神。从思想政治教育层面说，"社会关怀"是关注人的社会情感、社会需求、社会行为等社会状况，并反思人的社会现状和社会发展前景，促进人的精神建构和自由全面发展的一种社会情怀。

（三）开展以正心笃志、崇德弘毅为重点的人格修养教育

古人云："修犹切磋琢磨，养犹涵养陶冶"。修养，主要指人们在思想、道德、知识技能等方面所进行的勤奋学习和刻苦磨炼。"人格"又被称为个性，是一个人区别于他人的，在不同环境中显现出来的相对稳定的，影响人的外显和内隐行为的心理特征的总和。"正心"是《大学》中提出的格物、致知、诚意、正心、修身、齐家、治国、平天下八条目之一，也是其中的关键环节。"正其心"在于先端正自己的内心，在于克服感情上的偏私，在于净化并端正心灵。"笃志"，"博学而笃志，切问而近思，仁在其中矣。"其中，"笃"意为思想品德方面诚而厚重，心意不改变。而传统文化中的"志"，表现在"志于学""志于仁""志于道"等都是强调理想的坚守。因此，笃志是指坚定理想。"崇德"即是对道德的爱、尊重和敬畏的情感。在大学生德育领域，崇德就是所倡导"明礼知耻、崇德向善"。"弘毅"出自"士不可以不弘

毅，任重而道远。"朱熹集注说："弘，宽广也；毅，强忍也。非弘不能胜其重，非毅无以致其远。"人应当具有远大的抱负和坚韧的毅力，才能担当社会重任、实现远大理想。大学生社会主义核心价值观教育注重大学生自身文化修养与自身素质的关系的研究，一些高校开始探索思想政治理论课与传统文化、先进文化相结合的方式、方法，并取得了一定成绩。但是从我国高校整体发展现状讲，在传统文化价值的发挥上缺少应有的规模和成就，这也成为阻碍高校思想政治工作有效性提高的重要因素。因此，加强优秀传统文化教育，对于引导青少年学生更加全面准确地认识中华民族的历史传统、文化积淀、基本国情，培养爱国情怀、人格修养等方面都具有重大而深远的历史意义。传承是创新的前提，只有掌握前人积累的文化成果，才能扬弃旧义，创立新知。将优秀传统文化传承体系建设渗透于教学和校园文化建设中，增强学生对优秀传统文化的认同，使大学生自觉成为优秀传统文化的传承人，成为社会主义核心价值观的践行人。

总之，这三个方面的教育既与优秀传统文化相通，又与社会主义核心价值观相容，是实现优秀传统文化教育与培育和践行社会主义核心价值观有机融合的契合点。因此，要坚持社会主义核心价值观同我国的历史文化相契合，同我国人民正在进行的奋斗相结合，将我们国家需要解决的问题和践行社会主义核心价值观统一于中国特色社会主义的伟大实践和实现中华民族伟大复兴中国梦的奋斗历程中；要善于把弘扬优秀传统文化和发展时代文化有机统一起来，在继承中发展，在发展中继承；继承要坚持知行合一、行胜于言，把社会主义核心价值观与人们的日常生活紧密联系起来，使之具体化、形象化、生活化，使每个人都能感知它、领悟它。在传承和创新优秀传统文化的过程中，使大学生深刻理解社会主义核心价值观的内涵，使社会主义核心价值观内化为大学生的精神追求，外化为大学生的自觉行动。

第二节 大学生社会主义核心价值观教育的课堂育人路径

一、大学生社会主义核心价值观教育的第一课堂及第二课堂概述

（一）第一课堂概述

社会主义核心价值观教育与其他学科、专业的教育不同，其直击教育本质，其教育过程的延续性和深入性没有任何学科抑或专业可以媲美，它直接或间接地影响到每一个学校、每一个学生以及社会当中的每一个人。社会主义核心价值观的课堂教育一般普遍称之为第一课堂，社会主义核心价值观内涵的讲授在大学生思想政治理论课的范围内，属于高校大学生的必修课程，要求每一个学生必须学习相关的理论。社会主义核心价值观教育通过课堂系统地传授社会主义核心价值观理论，引导大学生正确认识国情和社会主义建设的客观规律，引导大学生正确认识肩负的历史使命，帮助大学生正确认识和分析复杂的社会现象，提高思想道德修养和精神境界具有十分重要的作用。课堂教育是第一课堂，在第一课堂中，思想政治教育课老师系统、准确地传授优秀传统文化和社会主义核心价值观的基本内容及其互动关系，引导大学生深刻领会社会主义核心价值观的精神实质和科学体系。思想政治教育教师以优秀传统文化为根本，提高大学生对社会主义核心价值观的认知，并内化于心，达到践行目的。思想政治教育工作者要了解大学生思想意识形态和主流价值观，参与大学生群体的文化生活，真切感受微时代社会主义核心价值观的前进路程，体验大学生在微媒体载体交往、学习、生活的方式，使教育信息在语言表达上能敏锐地捕捉大学生的思想和心理特征，运用贴近学生语言形式的话语方式，激发大学生对教育内容的关注度和兴

趣，开展接地气的师生话语交往，提升社会主义核心价值观教育对大学生的影响力。

但是，第一课堂提供的是理论知识，无法满足实践的需求。仅仅依靠第一课堂来推进思想政治教育工作，在理论联系实际、学生自发参与、效果可持续性等具体方面都将存在不足。

（二）第二课堂概述

第二课堂是指课外教学，第二课堂必须积极配合第一堂课，以实践活动检验理论认知。任何事物都有其固有的本质、规律和原则，"第二课堂"的建设也不会例外。"二课"活动具有开放性、自主性、多样性、贴近学生等特点。社会主义核心价值观教育在教学方法上力求摆脱"我讲你听"的一言堂现象，在课堂教学中可以充分利用优秀传统文化的渗透性，采用问答、对话、汇报等多种教学方法，带动学生学习的主动性。以优秀传统文化为主题形式，让学生以小组为单位去研究，让他们在搜集资料、调查研究的基础上，在课堂上向老师和同学汇报。第一课堂在时间、空间和教学形式上的缺陷也限制了理论教学成果的深化巩固。因此，第二课堂是针对第一课堂而言具有素质教育内涵的学习实践活动，即学生在教学计划规定课程之外自愿参加、有组织进行的各类活动。第二课堂首先具有补充课堂教学的理论实践功能，同时也具备完善学生知识需求以外的其他教育需求，尤其是当代教育中以人为本的教育理念不断实践，第二课堂已经成为大学生全面发展不可替代的一种学校教育。第二课堂则是我们抽象出来的具有思想政治教育功能的那部分有效途径：比如社会实践、校园文化、网络环境、心理健康教育、党团组织建设、班级社团活动等等都是思想政治教育第二课堂的表现形式，是大学生自我教育、自我管理、自我服务的组织载体，这些不同于课堂教育的教育途径发挥了大学生自身的积极性和主动性，达到了思想政治教育课堂教育所不能及的效果。这些丰富多样的教育形式承担的思想政治教育功能是在掌握第一课堂所传授的理论知识的前提下，促进大学生了解社会、了解国情、增长才干、奉献社会、锻炼毅力、培养品格，增强社会责任感，培养大学生的劳动观念和职业道德。同时把德育与智育、体育、美育有机结合起来，培养大学生良好的心理品质和自尊、自爱、自律、自强的优良品格，增强大学生克服困难、经受考验、承受挫折的能力，从实践的角度帮助大学生树立正确的世界观、人生观、价值观，使他们能够成为德智体美全面发展的中国特色社会主义事业的建设者和接班人。第二课堂的主要领导和实施者是高校辅导员，高校辅导员是学校各项工作的实施者，是引领大学生实施各项活动、学习各门课程最基础的工作。高校辅导员作为大学生入校以来交流最多、关系最密切的老师，应利用好自身工作的优越性贴近大学生群体，及时解决大学生生活、学习、人生观、世界观、价值观确立过程中的各种矛盾和困惑，为社会主义核心价值观教育做力所能及的工作。辅导员在学校、学院各项工作的指导下，发挥其自身优势组织班级的活动，最直接地对大学生进行社会主义核心价值观教育工作。辅导员定期开展班会、鼓励大学生自行组织活动、在班级设立优秀传统文化特色栏目等，紧跟时代发展，满足社会需要，完成历史使命，使高校辅导员不仅成为大学生生活、学习的领导人，而且成为大学生探索科技、价值观树立的领导者。高校辅导员以优秀传统文化为源头，积极创新高校社会主义核心价值观教育的方式、方法，满足大学生全面发展的需要，从而完善高校思想政治教育工作。

　　这样的现实告诉我们，在社会主义核心价值观教育的过程中，不同的教育形态有着不同的功能，它们应该是互补的，契合的，思想政治教育需要第一课堂和第二课堂一起，更加全面地从大学生学习生活的各个方面深入实现教育过程，第二课堂不是第一课堂的附属部分，而是社会主义核心价值观教育本身的要求，只有涵盖了第一课堂和第二课堂的社会主义核心价值观教育才是高校社会主义核心价值观教育的全部。社会主义核心价值观教育第二课堂不同于思想政治理论课的实践教学部分，是具有思想政治教育功能的课堂教育以外的学校教育。社会主义核心价值观教育第一课堂和第二课堂互为补充，相互促进，这两者互相不可替代，互不从属，缺一不可。

通过第一课堂与第二课堂的结合，使高校社会主义核心价值观教育立足优秀传统文化，使高校教师全身心投入到大学生思想政治教育工作中。在学生之间组织优秀传统文化、社会主义核心价值观的问卷调查、访谈等活动，提高实践活动的价值、趣味性和学生参与活动的积极性。思想政治教育教师作为高校思想意识形态的主要领导者和执行者，需要以身作则、以身为范，为大学生价值观确立、为优秀传统文化的良好继承、为大学生的全面发展，把握好课堂与课下双重教育，避免理论灌输、脱离学生的状态。

二、大学生社会主义核心价值观教育中第一课堂育人路径

"正确的思想和理论，不可能不学而知，不教而会，必须通过各种形式的灌输，才能在受教育者的头脑中扎根下来"。不管如何创新载体、创新方法，课堂仍然是大学生学习的主阵地，思想政治理论课仍然占领大学生思想政治教育的主导地位。但是，对于思想政治理论课的授课形式、授课材料本身就是由教师设计、讲授的。通过思想政治理论课、文学写作课、古典诗词赏析等课程对大学生进行理论灌输，让核心价值观24字在校园学生中眼睛看得到、嘴里说得出、心里记得牢、脚下落得实。对思想政治理论课的内容、设计进行创新，输入优秀传统文化与社会主义核心价值观，使教学内容深入人心、发人深思，从而更好地完成课程教学，引领大学生核心价值观的树立。"第一课堂"具体方法不仅包括思政理论课而且还包括关于传统文化与核心价值观的专题讲座、学术报告、科学论坛等。

（一）大学生社会主义核心价值观第一课堂育人的优势

大学生社会主义核心价值观第一课堂教育相对于其他教育路径来

说，时间成本、物质成本、人力成本、信息技术成本都是相对比较低的教育平台。当然，社会主义核心价值观教育不应该把这一因素作为主要的优点，因为它的核心目标是教育效益，而不是经济效益。

1. 全面性教育

大学生社会主义核心价值观第一课堂教育则通过较为成熟的思想政治教育理论课制度及相互机制保障实现全面性教育。首先，是受教育者的全面性。课堂教育机制具有普及性特点，使所有的大学生都能获得相对的同等机会的教育权利，当然也是他们必须承担的义务。尽管由于种种原因，思想政治教育课的学生出勤率不高，在具体操作上很难实现受教育者的全面性，但是，作为一种机制本身的全面性价值依然存在，这只不过是实施环节上有待改进而已。

其次，教育内容的全面性、连续性。课堂教育是传播教材知识的最好渠道，因为通过老师讲学生听，很容易实现系统地、连续地全面贯彻教材内容的教育效果。相反，其他教育路径就很难做到这一点。例如，爱国主义基地教育的主题主要围绕爱国主义展开的，不管具体教育内容有何不同，这个主题只能是一个。在同一个教育环节中，社会实践教育也不会有太多的教育主题选择，受到财力物力和时空因素的限制，不可能把社会主义核心价值观中包含的所有大小主题都充分体现出来。网络教育虽然具有同样的全面性讲授教育内容的便利性，但是却不能保证受教育者会选择性接受教育。社会主义核心价值观教育在客观上要求必须是一个内容全面性、连续性的教育过程，不允许通过解构这个有机体来选择几个要点实施教育。因此，课堂教育就具有独一无二的优势。

2. 主动性教育

社会主义核心价值观第一课堂教育强调教师的主导性和学生的主体性相统一原则。现代教育理念认识到课堂教育不注重学生主体性的弊端，强调教育的双向互动性。灌输是有效发挥教师主导性的重要教育方式，现代教育理念在批判灌输教育方式弊端的同时，对于片面发挥教师主导性教育理念也一并否定了。受到现代信息传递便利和社会交往便利影响,大学生的知识储备和社会实践经验日益丰富起来,出现了所谓"早熟的一代",同时,中国大学生在入学以前基本上接受的是正规而统一的学校教育,考试压力一直制约他们吸取课本以外的社会知识量,束缚他们的社会实践活动范围,所以,他们往往表现出单纯、幼稚,社会经验不足,缺乏正误判断力和是非识别力,针对以上情况,把大学生当作一无所知的孩童来一股脑地灌输社会主义核心价值观,必然会遭到他们内在观念的抵制;但把他们当作"什么都懂"的成年人而不敢正面灌输社会主义核心价值观,等于主动放弃占领青年教育这块阵地,给西方各种价值思潮留下侵蚀的空间。所以,对大学生进行社会主义核心价值观教育,必须发挥主动性教育优势,主动灌输正面的思想观念,先入为主,使之成为进一步接受各种思想观念的基础。当然,发挥主动性教育优势,也必须与大学生互动教育结合起来,充分体现出大学生的主体地位。这实际上是一个适度性问题。

3. 理论教育的最佳平台

对大学生进行社会主义核心价值观的教育,从本质上讲,就是提高他们对指导人们认识世界、改造世界的马克思主义科学理论的信服与认同,自觉地接受马克思主义指导,拒绝西方价值观的侵蚀渗透。这是教育的最终目标所在。而课堂教育在理论逻辑论证方面具有天然的优势,必须充分发挥"课堂教学"的主阵地作用,通过课堂教学的多种形式,进一步创新教学模式,改进教学方法和完善教学手段,加强课堂教学效果,以提高马克思主义理论教学对青年学生的吸引力。社会主义核心价值观的三个倡导必须统筹起来进行全面教育,有原则立场,也有现实要求,才能避免教育实施过程走样,出现有过程无效果的现象。总的来说,社会主义核心价值观教育应该主要强调实践性、情感性、形象性、事例性教育方式,但是,理论论证、数据论证、影像图片说明等,也是不可或缺的教育手段,而这些,通过课堂教育平台,显然是一个便捷有效的选择。从本质上看，实践性、情感性、形象性、事例性教育方式只起到深化、扩张一个教育点的作用，受到教育时间、财力物力支撑及其他客观因素的限制，不可能把所有的社会主义核心价值观内容都通过这种点式放大的教育方式来完成，只有通过课堂教育，才能进一步延展、深化点的教育效果，实现以点带面，保证在教育资源有限的情况下贯彻全面系统教育。同时，课堂上的影视、图片等多媒体教育方式也会获得情感性、形象性教育效果，而且教育成本相对要小得多。

当然，这并不能否定课堂教育存在弊端，发挥好课堂教育作用，关键是扬长避短，积极配合其他教育路径，形成优势互补教育机制，而不是单打一，各个部分的教育都通过课堂来完成。

（二）大学生社会主义核心价值观第一课堂育人的不足

1. 教学方式陈旧

每一教育过程，都是由特定教师在一定时间、地点、条件下对一定学生施加影响的过程，于是教育过程的优劣大多取决于特定教师素质的高低。在课堂教学实践中，多数教师仍然倾向于用被动的单纯知识讲授式、记诵式的方法来灌输知识，缺乏生动活泼的、具有现场感的知识传授方式。

2. 师生互动不足

目前多数教师仍然习惯依据教案"按部就班"的教书，或者过分依赖多媒体课件，课件只是代替板书，缺乏应有的生动和创新，师生间无法产生知识与情感共鸣，甚至为避免课堂教学过程的互动尴尬，教师多与"尖子生"进行交流与互动，在某些情况之下（如被提问的学生仍处于思索中）甚至代替学生回答或是强行中断学生的思维过程，缺乏引导性和启发性的发问。

3. 教师缺乏令人敬佩的性情

目前许多教师对自己教学行为的认知不够深入，在教学活动中缺乏人文精神塑造意识，缺乏"以学生为本"的观念和态度。在这种情况下，教师在传授知识的过程中，便缺少情感与价值的升华，考虑尊重学生主体性不够，课堂内容组织和语言行为多以自我为中心，学生的反应和表现不予重视，甚至置若罔闻，或者采用独断的和惩罚性方式管理课堂，学生需要的生活知识和技能、成长过程中的快乐和情趣无法满足，课堂教学只是教师按时上课完成教学任务。

4. 教师知识储备与创新能力培养不够

教师在备课、教学的过程中，多满足于本学科的知识积累，不注重相近学科和知识运用能力的培养，教学的主动性、生动性和创新性不够，教学内容和教学方式无法满足学生全面建构知识结构的需求，更无法提升学生适应社会的技能和全面发展的要求。教师与学生之间教与学的矛盾对教学效果的影响很大，学生厌烦枯燥无味的课堂学习，在这种情况下即使花费了大量的时间，学习效果仍收效甚微。

（三）大学生社会主义核心价值观第一课堂育人的途径

大学生社会主义核心价值观教育是一个铸魂工程，为切实提高第一课堂教育效果，促进大学生社会主义核心价值观教育的内化，就要从高校传统课堂教育这一平台的优缺点以及改进第一课堂教育基本原则入手，采取有效措施，既要注意第一课堂教育的主要因素统筹兼顾，把第一课堂作为各种教育路径的主干、中心，使各个教育渠道都围绕这个中轴展开，又要注意把与第一课堂教育相关路径作为有益补充，形成主次分明、点面结合、优势互补的有效整合教育网络。

1. 实现社会主义核心价值观基本内容教材实用化转变是基础

教材是教学活动的重要因素，是提高教学质量的基础和前提。社会主义核心价值观基本内容不应该直接作为教学内容"搬到"课堂上，必须有一个转化的环节，也就是编写成集基本原理、图案事例、音响效果、影视资料等适合教学用的教材、教案。这是一个重要环节，却往往容易被忽略。由于在这方面缺乏准备，有教学业务素质的老师可以课堂上临场发挥，但缺乏教学经验的老师只能干巴巴讲理论内容了，效果自然不理想。

2. 提升师资素质是关键

教师是课堂教学的组织者、主导者，教师素质的高低一定程度上决定着教学的好坏。因此，培养教师过硬的思想政治和道德品质素质非常重要。思想政治理论课教师要能够有效地教育学生接受马克思主义理论，树立中国特色社会主义信念，树立正确的政治观点和价值观念，关键在于思想政治理论课教师自身有坚定的政治立场和科学的世界观，对自身所教的理论"诚教之，笃信之，躬行之"。教马克思主义的不信马克思主义必然在一定程度上影响学生对马克思主义理论的认知。所以，加强思想政治理论课教师队伍建设的重点便是使教师自身能够对马克思主义理论真信、真行，这样的教师教育出来的学生才能真正地接受马克思主义理论。另外，思想政治理论课教师的道德品质素质也很重要。只有品行端正，才能为人师表，率先示范；否则，不管教师知识文化素质有多高，都会受到大学生的内心抵制。

3. 激发大学生的兴趣是必要环节

个人的自我意识是个人对自我存在的认识，是对自我的认识活动和实践活动的认识和评估，是个体之为个体的核心。心理学家认为，个体自我意识的强弱，在某种程度上决定了个体对自身发展的自知、自控和自主的程度，从而决定着个体发展的水平。要提高社会主义核心价值观课堂教育效果，"必须认真解决思想政治教育观念的问题，即要切实树立以受教育者为中心的观念，坚持以满足受教育者的需要为根本要求，通过观念更新促进教育内容、形式和方法的更新。"只有激发大学生内在潜能，发挥其主观能动性，注重大学生的自我教育、自我完善、自我发展，才会收到理想的教育效果。

4. 改善教育环境是前提条件

近朱者赤，近墨者黑，"人创造环境，同样环境也创造人"，在社会主义核心价值观教育活动中，环境对人的思想观念、政治观点和道德品质的形成和完善起着潜移默化的作用。社会主义核心价值观课堂教育如果没有环境因素的积极支持，很容易出现竹篮打水一场空的现象。因此，必须善于改善和优化思想政治教育环境，努力为大学生创造良好的教育环境。这需要构建两个教育环境：一个是校园外的社会大环境，也就是构建和谐向上的社会整体环境，主要是指切实改善和优化由家庭、社区、社会等构成的大思想政治教育环境和社会网络信息环境。另一个是校园内环境，主要指校园学习生活环境和校园文化环境。当前，对大学生影响最大的是社会网络信息环境和校园文化环境，面对互联网中泥沙俱下、鱼龙混杂的信息流，必须通过技术手段全面加强网络监控，有效净化网络信息环境。同时，建立健全网络法律规范，积极倡导和形成网络道德规范。而校园文化作为一种直观性的文化，直接表现出师生的精神面貌和学校的教育氛围，具有较强的形象性和感染力，对于促进受教育者内化，提升社会主义核心价值观课堂教育效果具有特殊的作用。在这方面，学校有关管理部门应该发挥有效作用。

三、大学生社会主义核心价值观教育中第二课堂育人路径

（一）大学生社会主义核心价值观第二课堂育人的优势

加强大学生思想政治教育，培养和践行社会主义核心价值观，既要发挥第一课堂主渠道作用，也要高度重视第二课堂建设，充分发挥第二课堂的作用。青年大学生具有鲜明的时代和个性特征，仅仅开展课堂理论教育对他们来讲是远远不够的。如上所述，第二课堂作为教育的重要途径，具有主体性、实践性、广泛性、综合性和开放性等特征，内容丰富，形式多样。无论是社会主义核心价值观的国家层面，社会层面，还是个人层面，加强第二课堂建设都有十分重要的作用。

1. 有利于培育大学生爱国主义精神

爱国主义是中华民族的优良传统，也是社会主义核心价值观教育的重要内容。爱国主义教育是提高全民族整体素质的基础性工程，是引导

广大青年大学生树立正确理想、信念、人生观、价值观，在知祖国、爱祖国的基础上，立报国之志、学报国之才、践报国之行。当前，高校爱国主义教育，更多的是以传统授课的方式对学生进行教育，而不够"落地"，这就导致爱国主义教育容易成为高高在上的、假大空的标语口号。这种方式比较传统，尽管也能够在较短的时间内将相关内容传达给学生，但也容易使学生产生厌烦情绪和逆反心理，教育的效果不尽如人意。第二课堂教育内容丰富，形式多样，以生动形象的事物、形成强烈的刺激，激发学生的爱国之情。大学生的认识特点一般是由近及远、由具体到抽象、由感性到理性的。壮丽的山河、雄伟的建筑、家乡建设新貌、热烈的劳动场面、欢快的节日盛况、奥运赛场的胜利都能使他们产生爱国之情。一是通过组织大学生参观祖国建设新貌、游览祖国名山大川，组织大学生参加社会实践，引导他们进行今昔对比；通过开展他们喜闻乐见的教育活动，更容易激发他们从爱家乡、爱学校的一草一木，扩大、深化、升华为深刻的强烈的爱国之情。二是丰富多彩的课外活动不仅可以充实学生的课余生活，也能够在潜移默化中培养学生的爱国主义精神，使之树立崇高理想，提升爱国主义教育的效果。以专题讲座、文艺表演、图书阅览、展览、专题研讨会等丰富多彩的活动，校训、校歌、校报、广播等喜闻乐见的形式为依托，激发大学生爱国情怀。三是挖掘第二课堂社会资源。我国爱国主义教育基地众多，据红色资源网统计，目前我国爱国主义教育基地有87个，蕴含着大量有价值的红色资源，更好地增强社会主义核心价值观的吸引力和凝聚力。这些既是第二课堂的重要内容，也是发挥其在社会主义核心价值观教育中作用的优势所在。

2. 有利于培育大学生敬业精神

敬业是公民的重要价值准则，也是最基本的职业道德要求。敬业精神包含爱业乐业精神、勤业奉献精神和精业创新精神。敬业就意味着热爱、敬重自己所从事的工作，并将这种自豪转化成对工作的动力，对生活、集体、社会和国家的热爱。培养大学生敬业精神是高等学校的一项重要任务，也是社会主义核心价值观教育的重要内容。敬业对大学生来说就是要敬学业、敬现在做的事情和敬未来的事业。第二课堂相对于传统教育有着鲜明的特点，也更利于敬业精神的学习。一是大学生敬业精神的培育和践行重在良好学风的培养和形成。通过精心设计第二课堂内容载体，宣传学校敬业爱岗的模范教师，社会上各类先进工作典型，宣传优秀学生的事迹，让学生见贤思齐，学有目标，更好地帮助大学生树立职业观、事业观，树立敬业乐业的精神价值。二是采取"请进来"的方针，把一些优秀的企业管理人员请到学校来做报告，让同学们了解行业的发展状况及对员工的相关要求，掌握职业角色应当承担的责任、权利和义务，强化他们的职业理想、职业情感，帮助他们调整心态，熟悉业务和环境，顺利完成角色转换，为走向工作岗位打下良好的基础。让学生"走出去"，亲自融入企业实习或投身志愿服务，在实践中深刻体验，坚定信念，满怀信心走上工作岗位。通过学习和实践去克服、弥补自身的不足，努力把个人理想与时代赋予的社会责任协调起来，出色地完成本职工作，让敬业成为走向成功的起点。三是可以通过第二课堂开展大学生职业生涯规划教育等活动，让大学生对自己进行深刻剖析和准确定位，不会以盲目从众的心理去选择职业、频繁跳槽，并选择适合自身发展的职业，使其能热爱本职工作，敬业奉献，在平凡的工作中实现人生理想价值。

3. 有利于培育大学生诚信意识

诚信是中华民族的传统美德，是大学生道德教育的重要范畴，也是大学生社会主义核心价值观教育的重要内容。当今社会，诚信更是作为人才素质的一项基本要求，是现代文明的基石和标志。诚信品质的最终养成必须是在认知的基础上付诸实践，这就要求我们在大学生诚信教育过程中，要坚持主体性和实践性原则，不断启发大学生的主体意识，让他们在实践过程中去体会诚信、理解诚信，并自觉运用诚信，帮助他们把外在的教育要求内化为自身的需要。开展诚信教育要实现第一课堂教育与第二课堂活动的有机结合。诚信教育的最终目的是知与行的统一，第二课堂活动是大学生实践诚信道德品质、实现知行统一的重要途径。一是可以采取组织大学生深入厂矿、企业特别是信用好的单位进行调研和参观学习，丰富多彩的课外实践教育，在不知不觉中对大学生进行潜移默化的教育。让他们在实践中亲身体验诚信的意义和价值，从而提高实践诚信的自觉性。二是开展诚信校园建设，营造重诚信的舆论氛围。通过组织诚信教育学习主题活动，让学生成为政治学习的主动设计者和参与者。举办诚信专题理论讲座，开展"诚信专题讨论交流会"，或"诚信教育知识竞赛"。开展学风考风学习讨论等活动，让学生感受到诚信就在身边。三是丰富第二课堂内容，通过开设名人诚信讲坛，更好地让大学生体悟到诚信对事业成功、实现人生价值的重要作用。

4. 有利于培育大学生友善品质

友善是社会主义核心价值观在公民个人层面的价值准则，是公民必须遵循的道德规范和必须具备的道德品质。大学生的友善品质，是践行社会主义核心价值观的重要体现，是大学生精神的具体支撑。友善是处理人与人、个人与集体、个人与社会、人与自然之间关系的规范和准则。培育大学生的友善品质，需要学校和社会的相互配合、相互促进。以各类活动为载体的第二课堂在加强大学生友善品质教育中有重要作用。一是第二课堂的氛围有利于友善品质的养成。通过加强校园广播、校刊、网络传播，把友善规范和友善品质内容贯穿到形势政策教育中。例如，改革成就宣传、主题活动开展、先进典型报道、舆论热点引导中，弘扬友善主旋律。二是道德实践活动有利于友善品质的形成。深入开展道德实践、志愿服务、文明创建等涵养友善品质的大学文化建设活动。发挥高校学科专业优势，组织友善道德论坛、友善道德讲堂、友善道德修身等活动，评选表彰友善道德模范，树立友善道德榜样，形成修身律己、崇德向善、礼让宽容的道德风尚，形成学习先进、争当先进的浓厚氛围。鼓励大学生帮助身边以及社会上有困难学生，同时，高校可以邀请这些受到帮助的学生在走向社会后回到学校进行交流，使更多的大学生感受到友善的美德。三是充分利用社会实践条件。通过组织大学生在当地的福利院和老人院展开友善品德活动，从活动实践中培育大学生友善博爱态度。四是自然环境是人类赖以生存的保障，大学生的友善品质不仅仅表现为人与人的相处，对我们赖以生存的家园也应该保持友善的态度。组织大学生参加人与自然环境的讲座，走进自然，建设生态自然等活动。同时在不同的节假日，如青年节、教师节、父亲节、母亲节、中秋节等重大传统节日开展主题教育活动，培养大学生友善、关爱、孝敬的品质。实现以文养心，以文育人，营造友善的育人环境氛围，树立正确的人生观、价值观、世界观。这些都是第二课堂的重要组成部分在培养大学生友爱品质方面具有重要的作用。

(二) 大学生社会主义核心价值观第二课堂育人的不足

现阶段高校第二课堂教育大多没有一套完整的制度保障体系，在开展第二课堂教育的过程中显得更重于活动开展的形式，思想深度不够，对学生参与的积极性和兴趣爱好方面考虑得较少。此外，学生的重视程度、参与程度还有待提高。开展第二课堂教育的局限性较强，仅仅停留在校园内，较少的走出校园，社会对高校开展第二课堂教育的关注度不够。

1. 学校影响因素

目前许多高校对第二课堂工作的重视程度比较好，很多高校已经意识到单一的课堂教育不能满足学生们的接受心理，已经逐渐开展第二课堂教育。我们的调查也从侧面反映了这一点。另外，学校对通过第二课堂来进行社会主义核心价值观教育的认识也没有达到应有的高度，其他少部分的高校对开展第二课堂教育有应有的重视以外，其余多数高校在开展第二课堂教育方面缺少完整全面的保障制度，当遇到如学校庆典等大型节日时，对开展大学生第二课堂教育就失去了应有的重视，或直接忽略。所以，长此以往会使学生们感受到第二课堂教育活动并没有应有的系统性，同时也会带动大学生的情绪以及参与高校第二课堂教育的重视程度。缺乏相应的配套经费也是学校对第二课堂教育不够重视的体现。众所周知，高校举办活动需要学校提供的经费来做保障，才能使活动更好地开展下去，目前，各个学校的正常教学开销远远大于第二课堂教育的开销，并且，第二课堂教育的开销往往用于学校举办的大型文艺活动和周年校庆等，对开展小型课外实践活动的经费支持力度较小。同时，近几年，各个学校在不断的扩招，在校学习的学生人数有了明显的提高，而学校的教学面积和基本教学设施没有明显的增加，高校开展第二课堂实践活动的覆盖面实际也正在缩小当中。高校更加重视第一课堂的教学需求，所以在安排规划方面以第一课堂教学需求为主，对第二课堂活动教学的场所、软件设施和硬件设施关注得比较少，这样根本不能满足高校第二课堂教学活动的开展。最后，目前高校开展第二课堂教育的师资力量多是各学院辅导员，缺少专业的老师指导活动的开展，才使得第二课堂的教学质量不够贴近大学生的生活，没有抓住大学生的兴趣及个人爱好。

2. 社会影响因素

通过第二课堂进行社会主义核心价值观教育，如果仅仅局限于大学校园里，是无法充分发挥其优越性的。从现阶段来看，社会给予高校开展第二课堂教育的支持度不够，使高校开展第二课堂教育的场所具有局限性。上述提到，目前各大高校扩招较严重，校园的面积却是有限的，高校开展第二课堂教育活动应该将更大一部分的发挥空间投入到校外，在社会上寻找更加自由广泛的开展空间。如街道、社区、企业、博物馆、纪念馆以及广大农村等都具备开展课外活动的条件。其实，部分高校已经认识到了这个问题，逐渐地扩充高校开展第二课堂教学的社会环境。但是，现阶段看来，开展第二课堂教学活动的校外空间还是不够的，部分高校通过个人关系或社会上层企业家的责任心举办第二课堂的校外活动,并不是正规的渠道,这样造成了第二课堂校外教学活动具有较大的不确定性。社会上的很多单位或部门对此也并不是十分热衷,也并没有把它当作自己的义务,通常也是从自身的需要出发的。因为大批学生的到来,对他们正常的工作或生产经营管理活动势必会带来不同程度的影响,有时甚至是一些"麻烦"。发挥第二课堂的教育功能,离不开社会各界的大力支持,高校积极开拓一定数量规模且相对稳定的校外定点活动单位和基地,从而使第二课堂的覆盖面、教育面更为广泛而有效。

3. 大学生自身影响因素

第二课堂的质量不高,固然有其自身的深层次原因,但是从另一方面看,与学生没有积极主动配合也有很大的关系。部分学生在长期的应试教育的环境下,形成了一些不好的学习习惯,被动学习的情况非常严重,对于没有硬性规定的第二课堂活动不能积极主动参加。他们头脑中牢固树立了"考试第一""专业第一"的思想,除了课堂学习以外,课外的其他东西都不能引起他们的兴趣。还有一部分大学生不能正确处理好第一课堂和第二课堂学习的关系,当二者发生矛盾时,就会无所适从,或者干脆舍弃第二课堂。有些大学生没有深刻理解高校对社会主义核心价值观教育的重要作用,还有一部分大学生没有重视高校第二课堂教育对自身素质发展的重要意义。这样就会造成大学生参与第二课堂教学活动的兴趣不高,从上述的调查结果可以看出,有很多大学生会直接忽视高校开展的第二课堂教育活动。调查结果表明:现阶段高校开展第二课堂教育的次数有一定的保障,但是,教学质量总体不足,多数的受调查者也反映对教学质量不满意。这个调查结果从一定层面上也说明,高校在开展第二课堂教育之前的准备过程中并没有积极主动调查大学生自身的兴趣爱好,只注重于第二课堂教学的数量,这样使得教育的对象变成了旁观者,大学生并没有发挥主观能动性设计参与到活动当中,失去了第二课堂教育的根本意义。

(三) 大学生社会主义核心价值观第二课堂育人的途径

大学生社会主义核心价值观教育贵在知行统一,其中,认知是践行的基础和前提,践行是认知的目的和意义。同时,进一步强化认知,因此在开展大学生社会主义核心价值观教育过程中必须牢牢抓住认知和践行这两点,使之成为鸟之两翼、车之双轮,推动此项工作不断向前发展。

1. 科学设计第二课堂内容体系

第二课堂作为高校人才培养的重要组成部分、培养大学生综合素质的重要载体,理应进行整体设计和经营。要把社会主义核心价值观的内涵融入第二课堂教育的活动当中,通过构建第二课堂的内容体系、保障体系和评价体系,建立以学生为主体、以学校为统筹、以院系为中心、以专业为载体的第二课堂教育体系。

大学阶段是学生思想观念和道德观念形成的重要时期。思想政治与道德修养模块要以理想信念教育为核心,以爱国主义教育为重点,以思想道德建设为基础,充分发挥第二课堂活动贴近实际、贴近生活、贴近学生的优势,围绕"中国梦"开展党团组织生活、主题教育活动、业余党校团校活动、形势政策报告等,引导学生将理论知识内化为自身的价值观念,外化为自身的实际行动,培养学生的政治信仰、思想素质、道德修养和敬业精神。要充分发挥高校的智力优势和人才优势,建立社会实践与专业学习、服务社会、勤工助学、创新创业相结合的社会实践体系,以暑期"三下乡"志愿服务活动为载体,组织大学生参加社会调查、生产劳动、志愿服务、公益活动、勤工助学等社会实践活动,使大学生牢固社会主义核心价值观,在社会实践活动中受教育、长才干、做贡献。

身心和谐发展是大学生成长成才的重要保障,文化艺术活动是培养学生良好的审美情趣和人文素养的重要载体。要大力加强大学生文化素质教育,开展文艺演出、素质大赛、体育竞赛、心理辅导等丰富多彩、健康有益的比赛和活动,把德育与智育、体育、美育有机结合起来,寓教育于文化活动中,通过弘扬高雅艺术,不断提高大学生的审美素质。让学生在活动中接受熏陶,受到教育,把社会主义核心价值观践行于实践当中。社团活动是高校第二课堂的重要组成部分,是学生自我教育、自我管理、自我服务的有效途径。社团活动要在学校人才培养全局的视野下,明确社团工作的定位及其第二课堂的属性,着眼于学生"内在潜力的挖掘和永恒的综合素质塑造",鼓励大学生积极开展形式多样、丰富多彩、个性十足的社团活动,包括指导学生成立、管理、参与社团活动,指导学生担任学生干部、学生工作助理等工作,让学生更为自主地培育和践行社会主义核心价值观。

2. 拓展延伸第二课堂教育空间

首先,积极争取社会支持。积极争取地方组织领导的支持,以便获得更多的社会教育资源。比较典型的案例,湖北省早在1992年就在全国率先建立了省领导联系高校的制度,每个领导联系一所高校,每年为师生做几场形势报告,不定期地与大学生面对面论形势、讲政策,针对学生们关心的热点和焦点问题进行答疑解惑。国家多位领导人就曾多次到高校与学生座谈。在省领导的带动下,各高校校长、专家也纷纷加入进来。湖北各高校相继建立了形势报告员制度,成立了形势报告领导专家数据库,这些都是值得我们借鉴的。

其次,开辟校外活动基地。积极挖掘爱国主义教育资源,开辟校外第二课堂活动基地。因为第二课堂教育主要是以活动的形式展开,而开展活动必须要有相对固定的基地为支撑。每个高校所在的地区都有许多可供利用的爱国主义教育资源。各高校在利用这些资源进行教育时,具有独特的优势,空间距离比较近,时间和经费花费较少,人际关系比较熟,便于联系和开展活动。

最后,开拓第二课堂活动空间。加强校企合作、校区合作,开拓第二课堂广阔的活动空间。高校要加强与知名企业及用人单位的合作,一方面为学生提供更多的锻炼机会，积累实战经验，有利于学生的就业；另一方面，为企业挑选合适的人才提供了便利，节省了企业的招聘成本和风险。同时，培养了学生的创业创新精神和吃苦耐劳的品质，促进了学生将所学的理论知识向实践的转化。另外，高校也要加强与社区及有关组织的联系，社区及相关组织的许多工作也需要大学生们的参与。大学生们可以利用自己学习的知识为社区居民提供服务。在与社区居民的交往中，可以深入了解社会，体察民情，认识国情，增强使命感和责任感，也培养了对劳动人民的感情。

3. 加强理论基础的研究

高校开展第二课堂的大学生社会主义核心价值观教育，旨在通过第二课堂教学的内容丰富多样，参与面广泛，实践性强，对大学生有较强的吸引力等优势，使大学生可以在活动中更好地践行社会主义核心价值观。除了完善高校第二课堂教育的保障机制、质量评价体系和拓展第二课堂的教育空间之外，还需要加强第二课堂的大学生社会主义核心价值观教育的理论研究，研究内容主要有以下几个方面：

第一，多元文化下的社会主义核心价值观研究。现代社会是一个多元的社会，与多元的社会相伴的是多元的文化，而社会主义文化也是多元文化中的一种文化。在对大学生进行社会主义核心价值观教育的同时，我们不仅要分析中国传统文化、西方文化和大众文化的价值、特征，以及带来的消极影响，也要分析它们与社会主义核心价值观的关系。只有这样，我们才可以把握好社会主义文化与其他文化的关系，使他们之间保持一种和谐共存的状态。

第二，大学生思想特点与成长规律研究。对大学生进行社会主义核心价值观教育，必须对大学生的思想状况、价值结构、道德追求和心理需求进行研究。人在不同阶段，思想状况也会表现出差异的一面，他们对事物的看法、对自身的定位、对理想的追求都会出现不同一面。研究大学生的价值结构，也是研究大学生价值观和世界观，只有这样才可以正确把握大学生的心理想法。同时，大学生的道德追求是否会与社会主义的共同理想出现趋同的一面，是否会影响大学生对党的事业的认同，这都会影响到社会主义核心价值观的教育。还有，大学生有怎样的心理需求，也是一个重要方面。研究大学生的心理要求，如果他们的心理需求有与社会主义核心价值观趋同的一面，这样就会更容易使大学生社会主义核心价值观得到践行，反之，则难度就会较大。总之，研究大学生核心价值观教育必须对大学生自身进行研究，这样才会有更好的收获。

第三节　大学生社会主义核心价值观教育的网络育人路径

一、网络育人概述

网络已经不可避免地走进了我们的世界，受到了大学生的普遍欢迎，成了他们日常学习和生活中不可缺少的一部分。一方面，相关部门要加大对网络的监控和管理，完善网络管理的规章制度，规范网络运行机制，净化网络环境。要把网上的黄色暴力信息，恶意攻击，文化霸权和妨害国家和公共安全等负面信息及时屏蔽和清除，坚决关闭诱导青少年违法犯罪的不良网站，对相关责任人和单位要依法严格打击和惩处，将网络的不良影响降到最低。同时，学校要加强大学生网络道德和法制宣传教育，提高大学生明辨是非的能力，增强其对不良影响的抵抗力，构筑坚固的思想防线。另一方面，要充分利用网络平台，建设网络社会主义核心价值观教育阵地，开辟网络第二课堂战场。要建设高质量的红色网站，用生动活泼的形式将积极、健康向上的内容传递给大学生，通过音频、视频、图像等多媒体技术全方位对大学生施加影响。同时，要选好主题，开辟论坛，组织讨论和交流，及时了解学生的思想动态，大力倡导教师通过网络主动与大学生平等地聊天和讨论、通过答疑、解惑、评论和披露等方式对大学生进行引导和教育。网络的及时性、互动性等特点使教师能更加了解不同学生的特点和需求，有针对性地解决大学生的思想认识和行为认知问题，从而更好地提升和巩固第一课堂、第二课堂在社会主义核心价值观教育的效果。

高校社会主义核心价值观教育在注重文化育人、课堂育人的同时也需要与时俱进，要求不断适应时代的特征，不断贴近大学生生活。新媒体传播的多样性使中国社会的"文化生态"呈现多元化特征，为各种错误思潮的泛滥提供了市场和温床，对大学生的价值观产生了深远的影响。20世纪90年代以来，随着信息通信技术的日新月异和大众传媒业的迅猛发展，个人电脑、平板电脑和智能手机的广泛普及，以微博和手机报为代表的新媒体异军突起，新媒体时代悄然而至。新媒体凭借着有别于传统媒体的虚拟性、时效性、互动性和整合性的特点，迅速得到了大学生群体的广泛认可和接受，成为他们了解信息咨询的首选渠道，并深刻地影响着他们的思想意识和行为习惯。面对来势汹汹的新媒体浪潮，只有认真分析大学生社会主义核心价值观教育工作面临的新变化、新挑战，并且不断创新方法和手段，才能有效提高大学生思想政治教育工作的针对性和实效性。

随着微媒体的发展，高校辅导员引用新载体，创新培育践行的新形式，紧跟大学生的步伐，使微媒体逐渐代替电话、电脑QQ等联系方式成为最新、最快、最常用的联系载体。高校辅导员以微媒体传达任务、传递思想，由于微媒体言论自由、交流平等的特点，大学生畅所欲言，与此同时，不少消极情绪也会随之广泛快速传播。面对微媒体环境，高校辅导员要学会放低姿态，学会平易近人，以谦虚的态度主动了解微媒体，以谨慎的态度积极关注各类信息和事件。及时通过个人手机、平板等微媒体工具，与学生交互式地进行交流、沟通，打破传统的师生关系定位，形成同辈、朋友、倾诉者关系。将传统的被动式教育变为主动参与的思想交流，更有效地了解和掌握大学生的思想动态，用教育者强大的知识储备和思辨能力修正大学生认知的不足与缺陷，疏导大学生情绪，爱护大学生情感，形成有利于大学生接受社会主义核心价值观的认知环境，提高其对核心价值观教育的认同度。

二、网络时代教育的新特点

（一）主导性与多样性相结合的特点

当前，我国社会主义市场经济条件下利益主体多样化导致大学生价值取向呈现多元化的特征。面对大学生丰富多样的价值取向，在进行社会主义核心价值观教育时，一方面要坚持主导性为前提和根本，坚持指导思想与价值导向的一元化。教育学生始终坚持马克思主义在意识形态领域的一元化指导地位，积极培育和践行社会主义核心价值观。另一方面，又要适应社会形势和大学生的个性发展，充分尊重学生思想价值观方面的独立性、选择性、多变性、差异性等特点，本着尊重差异、包容多样的原则，努力克服教育内容和方法单一化、简单化，缺少针对性和层次性不足的问题，把主导内容的方向性与学生丰富多彩的现实生活、思想特点和多样需求有机结合起来，引导大学生在追求多样化的过程中，学会理性批判与继承，取其精华、弃其糟粕，把社会主义核心价值观转化成个人的自觉追求和行为准则，以增强社会主义核心价值观教育的针对性和实效性。

（二）虚拟性和现实性相结合的特点

虚拟性是互联网络的特性，也是网络思想政治教育的体现。有学者指出"网络世界这个虚拟世界或者虚拟空间不仅仅具有虚拟性，而且具有隐匿在虚拟之后的深刻的现实性"，"虚拟性与现实性共同构成网络空间的双重属性"。网络的这种双重属性，要求高校在进行大学生社会主义核心价值观教育时要坚持虚拟性和现实性相结合的原则。一方面，要充分运用网络虚拟空间的交互性、及时性、共享性等特性，开展丰富多彩的网上教育活动，拓展新的载体和渠道，积极发挥新媒体对大学生主流意识形态和核心价值观认同的正面效应。另一方面，要注重网络空间的现实性，充分发挥思想政治理论课的主渠道作用，同时开展校园文化建设活动、与专业和能力相关的社会实践活动以及党团建设活动，发挥"第二课堂"的作用，通过寓教于新、寓教于网、寓教于乐等方式，拓展大学生社会主义核心价值观教育的"现实空间"。

（三）理论性和实践性相结合的特点

党的十八大提出的"三个倡导"为主要内容的社会主义核心价值观，是在建设社会主义核心价值观实践基础上得出的重要结论，是具有创新性、科学性、规范化、系统性的理论。在对大学生进行社会主义核心价值观教育时，既要向大学生阐述社会主义核心价值观的科学内涵、理论渊源、重要性等，从理论的高度帮助大学生理解社会主义核心价值观的深刻内涵。同时，又要注重大学生社会主义核心价值观教育的实践性。马克思曾说，不是意识决定生活，而是生活决定意识，"应当在鲜活的生活实践中还原社会主义核心价值观教育的生命色彩，让生活实践赋予大学生真切、生动的精神体验，升华对社会主义核心价值观的理解和认识"。因此，要把开展大学生社会主义核心价值观教育与解决大学生生活中的现实问题结合起来，从而增强大学生对社会主义核心价值观的认同感。

（四）传统性与现代性相结合的特点

事实证明，传统的思想政治教育通过说理引导、实践锻炼、心理咨询、熏陶感染等方法，有计划、有针对性地改进大学生思想道德状况，发挥了重要的作用，但也存在受时间和地点的限制、传播信息数量小等弊端。对于传统教育方式中的有益做法和经验我们应当继承。随着新媒体技术的发展，新媒体凭借着快速、便捷、传播消息量大、内容丰富、不受时间和地点的限制等优点，受到大学生欢迎并得到了普遍运用，为大学生社会主义核心价值观教育提供了新的技术条件。但是，也存在着网络信息良莠不齐，负面信息容易在思想上误导大学生，加大了思想政治教育工作的难度。因此，在新媒体时代，大学生社会主义核心价值观教育要坚持传统性与现代性相结合的特点，把传统的思想政治教育和新媒体技术有机结合，寻找最优的思想政治教育方法和手段。

三、网络育人的主要途径

（一）建立理论宣传网站

首先，大学生社会主义核心价值观教育要以马克思主义为网络宣传的指导思想，塑造网站灵魂。以马克思主义和马克思主义中国化的最新理论成果作为专题网站建设的指导思想，以构建社会主义和谐网络文化为基本目标，在结合社会主义和谐社会建设总目标的基础上凸显马克思主义对网站建设的方向性作用。在网站显示上，要将马列主义、毛泽东思想和中国特色社会主义理论体系概论分专栏解读，并保持理论的连续性、继承性和创新性。要重点突出当代马克思主义，特别是要对党的十八大以来出现的新理论、新思想进行系统展示，引导人民群众深刻领悟习近平总书记的系列讲话精神和治国理政方针，坚定社会主义道路自信、理论自信和制度自信。

其次，大学生社会主义核心价值观教育要以弘扬中国特色社会主义共同理想、民族精神和时代精神作为网络宣传的核心内容，突出网站宣传重点。一方面，要在网站鲜明突出社会主义核心价值体系的基本内容和社会主义核心价值观的基本内容，系统阐述它们的深刻内涵和逻辑辩证关系，从内涵到外延，全方位讲解，突出网站宣传主题。另一方面，要大力弘扬社会主义民族精神、时代精神和中国特色社会主义共同理想，坚定大学生社会主义方向，提高大学生的民族责任感和社会凝聚力既是社会主义核心价值观建设的精髓也是社会主义核心价值体系理论网站宣传的重点。同时，也要开设典型事迹栏目，将践行社会主义核心价值观的先进事迹、模范人物和具有巨大影响力的历史事件予以宣传，比如感动中国人物、最美人民教师、最美天使等等，切实发挥先锋典型在社会主义核心价值观教育中的引领标杆作用。

(二) 创建网络教育平台

首先，充分利用新媒体网络交互平台。微信、微博、网络论坛、校园 BBS 是目前最常用的网络交互平台。高校社会主义核心价值观教育要通过论坛、校园 BBS、博客等网络交互工具不断扩大社交圈，打破现有交往的局限性，增进领导与部门之间、老师与同学之间的交流，努力拓展社会主义核心价值观内容的传播范围，增强社会主义核心价值观的传播实效。同时，也要充分发挥各种新媒体交互平台的优势，提高社会主义核心价值观学习效果。利用微信、微博、网站、电子邮件等交流互动平台发布各种与社会主义核心价值观内容相关的社会热点、实事评论；利用对等互联网、远程登录等信息交互平台积极传播关于社会主义核心价值观的网络文化资源；利用网络论坛、网络新闻组等公共网络交流平台或 MSN、QQ 等聊天工具开展一系列关于社会主义核心价值观的主题讨论活动。

其次，大力开发新型媒体网络交互系统。"现在交互工具种类众多，其操作界面、使用方法等各不相同，我们在开发交互系统时要统一系统内各交互软件的操作界面、使用方法，使其操作方便、简明好用。"同时，各种交互软件应尽可能地实现功能的整合，做到宽口径、多功能。新型网络交互系统的开发能更好地迎合大学生的网络需求心理，从而激发学生的网络学习兴趣。利用微博、微信、网络论坛、校园BBS 等网络交互平台，开展网络实事评析、意见收集、网络援助、热点问题探讨活动，增强大学生对社会主义核心价值观的实践和运用能力，以此检验大学生社会主义核心价值观相关理论的认知情况和掌握程度，从而进一步对大学生进行有针对性的思想教育活动。进一步鼓励同学之间相互交流，朋辈交流对青年学生的思想道德形成与发展有着极其重要的影响，网络教育者让学生对他们自己发表的观点相互之间进行点评，形成比学赶超的良好氛围，让同学们在具体实践中不断丰富社会主义核心价值观理论，真正做到社会主义核心价值观进头脑、导实践的作用。

（三）规范网络管理制度

首先，高校要加强网络教育的管理机制，落实教育责任。网络教育需要长期运行和更新，管理和运用推广责任的落实也是一个亟待解决的问题，高校相关部门要利用网络教育的契机，落实责任，明确任务，将建设的网络教育基地成果不断保持和发展下去，真正占领社会主义核心价值观教育的网络阵地。网络教育还有很大的成长空间，也还需要更多的努力让这种方式得以完善和发展，我们要加强网络教育的研究和创新，使其起到带动作用，为教育工作者提供一种大学生社会主义核心价值观教育的思路和方式，更好地实现将社会主义核心价值观传递到大学生当中去，更好地提高大学生思想觉悟和政治水平。其次，建立科学有效的新媒体教育评估体系，提高教学质量。网络教育的关键是保证和提高教学质量，这也是决定网络教育能否实现占领思想政治教育阵地目标的关键所在。要大力开展新媒体条件下社会主义核心价值观教育教学质量体系认证工作，全面提升教学内涵水平和品牌价值。要建立标准评估体系，加强教学督导，着力推动社会主义核心价值观教育规范化、科学化。转变教育教学机制，建立自我诊断、自我发展和自我完善的教学模式。

第四节　大学生社会主义核心价值观教育的实践育人路径

一、大学生社会主义核心价值观教育中实践育人的基本内涵及特征

（一）实践育人的基本内涵

关于实践育人的相关理论，从诞生的那一刻起就受到不同专家学者的重视，研究的资料颇为丰富，其科学内涵也在实践的发展过程中不断完善与丰富。其中宋珺在《论实践育人理念在高等教育中的实施》一

文中认为，实践育人实际上是一种通过有计划有目的的实践活动来引导学生建立与客观世界的联系，从而提高自身的知识文化水平、思想道德水平的教育活动。张文显在《弘扬实践育人理念构建实践育人格局》中也提出，实践育人建立在学生从课堂上获得的理论知识和间接经验的基础上，它通过最大限度地提高和培养学生的课外自我教育、学生与学生之间的相互教育的兴趣与热情，通过开展各种各样丰富多彩的促进学生身心发展的应用性、导向性、综合性实践活动，加强学生的思想道德素养的提升与培养，使他们真正成为高尚人格、社会主义信念和创新意识、实际技能完美结合的高素质现代化人才。

黄蓉生、孙楚杭在《构建高校实践育人长效机制的思考》一文中认为，"高校实践育人是以马克思主义实践观为根本依据遵循大学生成长成才规律和教育活动规律，以学生在课堂教学中获取的理论知识和间接经验为基础，以开展与学生专业发展和成长成才密切相关的各种实践活动为途径，以引导大学生坚定跟党走为中国特色社会主义道路的理想信念和不断增强服务国家服务人民的社会责任感、勇于探索的创新精神、善于解决问题的实践能力为基本目标的一种教育实践活动。"申纪云在《高校实践育人的深度思考》中也提出，"实践育人，应该从三个层次来把握内涵。第一，实践育人是遵循马克思主义教育原理的基本要求。第二，实践育人是大学生成长、成才和发展的内在需要。第三，实践育人是现代教育理念、教育模式、教育实践的统一。"综合学者们的研究，可以这样界定实践育人，即实践育人是遵循马克思主义教育原理的基本要求，以学生的理论知识和间接经验为基础，通过鼓励和引导学生组织和参与有利于自身成长与发展的各类实践教育活动，提升综合素质，实现全面发展。课堂教育可以为学生提供理论知识，但是，知识的获得、素质的提高、能力的发展，仅仅依靠课堂教育，是不可能实现的，实践育人是一种综合性、实践性、开放性的活动，它可以最大化地发挥学生的主动性并体现其学习的主体地位，让学生在实践过程中把握课堂理论知识、提高实践操作技能。在实践的学习过程中，有些不适合采用语言、书本等正统方式进行逻辑说明的、只能通过自己切身体会的知识文化，通过非正规的实践的方法让学生接受，从而使学生在现实生活中，通过自身体验与感悟，理性地对学过的知识进行应用、反思、创新和传承，实现自己的全面发展。

（二）实践育人的基本特征

实践是教育本身具有的内在属性，实践育人是马克思主义实践观点在教育领域的生动体现。《国家中长期教育改革和发展规划纲要（2010—2020年）》就提出了"支持学生参与科学研究，强化实践教学环节"的要求。2012年1月，教育部、中央宣传部等七部门联合下发了《关于进一步加强高校实践育人工作的若干意见》（教思政〔2012〕1号），要求高校深化综合改革，加强高校实践育人工作，着力提高教育质量，培养学生社会责任感、创新精神、实践能力。作为一种新的教育理念，实践育人具有自身鲜明的特征。一是实践性，即躬身践行，重在"做"。指通过实践育人活动来达到教育人、培养人的目的，强调学生的身体力行，注重学生在亲身经历、亲身体验、亲身感受的育人活动过程中提高综合素质，得到全面发展。二是主体性，即学生主体性，让当事人"唱主角"。

指在实践育人活动过程中，学生是育人活动的主体，是活动的参与人和受益者，尊重学生的主体地位，重视发挥学生的主体自觉性、能动性和创造性，注意鼓励学生通过自主设计、自主实施、自主评价实践活动，教师在实践育人活动过程中只是起到"搭台"和引导的作用。三是综合性，即培养学生的多方面素质和能力。指实践育人活动要从学生生活世界的综合性和学生的个性、多样性出发，随着学生生活环境及发展需求的变化而变化，着重培养学生的综合能力和提高学生的综合素质。四是过程性，即强调经历是一种财富。指的是在实践育人活动的过程中，实践是动态的、发展的和丰富的，而不是固定的、单一的，它强调学生要提高自身的整体素质和能力，必须亲自参加实践育人活动过程。五是动态开放性，即从实践育人活动设计、实施，到总结考评，都坚持动态开放的原则。指实践活动要把学生的全部生活领域作为实践活动的范围，随着学生生活环境及发展需求的变化而变化，尊重学生多样化的个性与发展需求，其内容、形式、过程、结果、考评都是开放的。六是差异性，即坚持分类指导。指实践育人要针对不同层次学校、不同年级专业和不同类型的学生群体特征和个性差异，采取有针对性的途径载体、方式方法，分别进行设计、规划和实施，按照"整体规划、分类实施、分层推进、有效衔接"的思路，构筑大学生实践育人活动载体和工作体系。

二、大学生社会主义核心价值观教育中实践育人遵循的基本原则

（一）方向性原则

从马克思主义政治学的角度来看，所谓实践育人的方向性原则是指在实践育人活动过程中，要把马列主义、毛泽东思想、邓小平理论、"三个代表"重要思想、科学发展观、"中国梦"社会主义核心价值观等贯穿到实际的育人过程中。人类的实践活动都是在一定的思想指导下进行的，因为只有在正确的思想指导下，才能达到预期目的，收到好的效果，所以，高校实践育人也要以正确的思想作为指导。实践活动是一个长期、复杂的活动，在这个过程中，学生会遇到各种各样的问题与困难，在这种情况下，学生要以社会主义思想价值观为指导，去分析实际问题，在具体的社会实践过程中锻炼自己，增长知识，从而促使自己形成正确的世界观、人生观、价值观，形成高尚的思想道德、健全人格、奉献意识、创新精神与实践能力，并提高自己的综合素质和实践能力，只有这样，才能更好地为社会、为人民服务。

（二）目标性原则

目标的本义是指射击攻击或者寻求的对象，现在一般是指个体、部

门或者整个组织在一定的时间内所期望达到的成果。高校实践育人活动中的目标是指在现代教育理念的指导下，尊重学生发展规律和教育规律，在教师的指导下，学生积极主动参与实践活动，在实践过程中提高自身的综合素质、促进个体全面发展。目标就是方向、就是旗帜，目标性原则要求高校在实践育人活动的设置、组织上，要紧紧围绕实践育人的总目标展开，根据总目标确定实践活动的内容与形式，在总目标的统领下设立不同的分目标，有计划有步骤地开展实践活动。

（三）主体性原则

在传统的教育模式下，学生始终处于被动地接受知识的地位。在实践育人教育观中，学生积极主动参加各种实践活动，是实践的主体，学生在实践中自我教育、自我发展、自我完善，教师只是处于指导的地位。实践活动本身是一个获得知识并进一步运用知识指导实践的过程，但是无论是在实践中获得知识的过程，还是运用知识指导实践的过程，都离不开个体主观能动性的发挥。原因在于不同的个体对同样的实践行为的理解不同，要求个体建构起自己的认知结构，而这个建构过程需要充分发挥个体的主体性。因此，主体性原则在实践活动中有着重要的意义。

（四）系统性原则

马克思理论中的系统性强调相关事物之间的整体性、联系性与有序性等。高校实践育人的系统性原则包括三个方面的含义：一是实践育人变革的系统性。实践育人教育理念作为一种新时代环境成长发展起来的主体性教育理念，它在培养学生的主体地位方面具有十分重要的作用。但是，中国几千年的师生等级观念严重阻碍着学生的主体地位和独立人格的形成，要落实学生在实践活动中的主体地位，一方面需要教育系统内部的变革，如转变主客体分立的师生关系为平等互动的师生关系，改变理论教学与实践教学的主从割裂关系为一体关系，改变知识本位为能力本位，转变外在被动的人才培养模式为内在积极主动的人才发展模式。这个过程涉及教育目标、教育内容、教育方式及教育制度等一系列变革，需要按照系统性原则进行整体的设计与规划。另一方面，需要整个社会的全面进步和发展，这是一个长期的系统工程。二是实践育人工作的系统性。实践育人工作的系统性主要指高校实践育人工作的开展，各个部门、各个环节是紧密相连、环环相扣的，工作的整个运行过程是个细化的和系统化过程。它要求工作人员在实践育人工作中形成统一领导、分工合作的工作机制，以严谨科学的态度构建实践运行的组织管理机构。三是实践育人内容的系统性。实践育人内容的系统性主要指教育工作者要明确不同时期的育人需求，结合高校的特点、学生的特点、地域的特点以及学生发展的规律，将纷繁复杂的实践内容条理化、顺序化，形成一个系统的知识体系。它要求根据教育规律和学生发展的规律，建立科学的理论体系，在实践操作中遵循循序渐进原则，构建具有可操作性的育人模式。

（五）制度化原则

制度是一种带有根本性、全局性、稳定性和长期性的力量，实践育人工作要想取得实效，必须做到有章可循，而要"有章可循"，就必须在工作的过程中坚持制度化原则。各个高校应根据各自学校的定位与特点，结合地方特色与时代发展需要，制定和完善具有可行性的关于实践育人工作的文件，比如"实践育人工作大纲与实施办法"，文件内容要包括实践育人的目标、措施、方法、实施细则等，在实践活动的过程中，要严格按照此文件的规定去实施，且要将蕴含在文件中的精神贯彻到各个部门、各个师生，以保障实践育人工作能够有条不紊地进行。

三、大学生社会主义核心价值观教育中实践育人的根本途径

主体不可能脱离社会而存在，主体的核心价值观形成都是在先接受社会已有的核心价值观基础上，通过个体的实践认知后逐渐形成自己的价值观。进行实践，通过什么载体进行什么样的实践关系到最后能形成什么样的核心价值观。因此，实践对于大学生核心价值观形成甚为重要。

(一) 实践使大学生理想与现实、理论与实践得到统一

实践是使大学生的理想与现实，理论与实践得到统一的重要桥梁，"是人的思想形成发展的基础和检验人的思想正确与否的标准，也是思想政治教育培养人的主体性的基本途径"更是教育主体素质提升的根本路径。思想本身不能实现什么东西，为了实现思想，就要有使用实践力量的人。只有通过社会实践，大学生才能真正认识自我存在的意义，才能实现主体素质的提升。要利用、开发好大学生的社会实践，将理想教育、价值观教育、情感教育等注入实践的环节中，从而将大学生核心价值观教育入耳入心。

首先，要调动主体自主参与实践的自觉性。在实践教育中，教师要引导学生开展有意义的活动，帮助学生自主建构与其心智发展相适应的核心价值观，提升学生的内在品质，教师还要积极主动地帮助学生拓宽实践的渠道和途径，将践行社会主义核心价值观作为实践的主要目标要求。实践教育又是一种自我教育的形式，实践教育的开展和施行离不开学生的主动参与。学生主体对实践教育的认识程度，参与实践的自觉性等都决定了大学生核心价值观教育的时效性。其次，提高主体自主参与实践的目的性。在实践活动中，主体除了受到学校、内因素的影响外，还会有来自家庭和社会的多向度因素的影响，他们在学校获得的知识和道德体验在实践中可能会遭遇困惑甚至挫折，社会实践不是自发的，因此要产生教师主体的主导作用，强调突出实践的目的性，对实践过程进行必要的控制和设计，适应不同群体的实践主体的需要，以便于发挥较好的教育效果。学生主体也要正确认识实践的作用和意义，根据个人的成长需求和能力需求有目的性地选取实践形式和内容，让实践活动有针对性，效果明显。最后，提高主体自主参与实践的人文性。人类的实践活动只有做到既遵循真理尺度，又遵循价值尺度，才能保证实践的顺利进行，但是在实践过程中，对真理和价值的把握并不见得是平分秋色的。亚里士多德认为，德性是与感情、实践相联系的，实践与伦理道德

以及个人的意义存在着千丝万缕的联系，基于实践与人、道德的紧密联系，在对象性超越实践中实现自我的超越。社会实践是教育的一种形式与途径。通过社会实践这一重要环节，以感知、体验、情感和行为等转换为践行的教育内容，掌握社会规范，养成良好的美德和行为，这是社会实践发挥育人功能的一般逻辑。实践是提高主体素质的有效教育途径，应有一个循序渐进的过程。人文精神是一种实践精神，它把人的利益和发展作为一切认识和实践的出发点，通过对人的情感、情绪、意识等非理性因素的关注和激发，来体现人的本真世界。社会实践作为提升大学生核心价值观教育主体素质的根本途径，务必是基于人的教育，为了人的教育，一方面要同现实世界、社会的发展实践相结合，另一方面要考察学生的心理需要和学生的实际状况，因此价值理性的重拾、人本性路径的完善都是社会实践过程中不可或缺的内容。

习近平总书记说："青少年阶段是人生的拔节孕穗期，最需要精心引导和栽培。"要用新时代中国特色社会主义思想铸魂育人，就需要让理论走进大学的心里。通过实践教学培育大学生社会主义核心价值观是重要的创新路径之一。

例如，北京青年政治学院（北京团校）探索了一条"文艺培根铸魂与课堂铸魂育人"相结合的道路，创作了由大学生主演的原创史音乐剧《燧石》，围绕以邓中夏、高君宇等为代表的具有共产主义思想的爱国青年在"家"与"国"、"小爱"与"大爱"中，选择为中华民族伟大复兴担负历史使命的故事。学生在参与演出的过程中，升华了爱国情怀，增加了责任感和使命感，也加深了对社会主义核心价值观及中国梦的理解。

（二）打造专业实践平台，注重大学生能力培养

大学生在专业理论知识不断学习进步的过程中，也需要提高自身专业实践能力，高校应多开展专业实践活动不断增加学生的实践锻炼，打造专业实践平台。专业实践平台的打造必须以学生所学习的本专业为依

托，注重校内专业实践与校外专业实践，强调对学生的专业实际应用能力的培养。做好这项工作，需做好以下几点：一是立足于学生的专业实际，设置勤工助学岗位。开展勤工助学是"加强对学生的劳动观点教育和劳动技能训练，提高教育质量，培养全面发展的社会主义一代新人的重要途径之一，也是促进教育结构、教育制度改革，发展我国教育事业的一个有效措施"。由此看来，勤工助学的主要任务是为教学服务，并坚持育人为本。勤工助学岗位的设置必须要立足于学生的专业实际，比如有针对性地按照不同专业设置专业性、管理性、技术性、事务性、服务性等岗位，这样更能有效地提高学生的专业实际应用能力。二是尊重学生愿望，开展研本"1+1"活动。发挥研究生在思想、实践、就业、科研、学习、心理等方面的优势引领本科生共同成长。因此，高校可以开展"研本1+1"顶岗实习锻炼活动和组建以专业为依托的公益社团。第一，搞好"研本1+1"顶岗实习锻炼实践活动。打造共建引领平台，在思想建设上促进研究生与本科生本共同进步。比如通过党支部共建、班团组织共建、社团共建等形式，共同开展主题团日、主题党日、经验交流活动等，打造结对引领平台，在科研创新上促进研本共同发展。比如组织研究生、本科生共同参加科技文化节、博雅大讲堂等，通过结对互助的形式在文献检索、论文选题与写作、项目申报等方面对本科生进行辅导。打造岗位引领平台，在实践中促进研本共同提高。比如选聘优秀研究生担任本科生助教、班主任辅导员助理、同辈心理咨询员等，发挥其心智相对成熟、经验相对丰富、综合素质相对全面等优势帮助本科生解决困难。打造示范引领平台，在创优氛围中促进研本共同受益。三是组建以专业为依托的公益社团。与专业紧密结合，发挥专业优势组建公益社团，使开展的公益实践活动更具有效性和针对性，加强与其他高校公益社团的交流与互动，借鉴其好的经验，促进本校公益社团的良性发展，加强与社会公益社团的联系，取之长补之短，更好地完善校园公益社团，使公益社团得到长期化发展。

（三）加强社会主义核心价值观教育实践教学环节，深化理论认识

高校社会主义核心价值观教育是对学生进行价值观确立、道德素质提升的主渠道。社会主义核心价值观具有意识形态性、实践性和科学性的特点，只能加强，不能削弱，更不能有任何的懈怠。而传统的思想政治理论课存在"重理论轻实践、重知识传授轻能力培养"的现象，因此，社会主义核心价值观教育必须注重课内实践与课外实践教学。

第一，加强思想政治理论课课内实践教学。高校积极组织大学生开展以学校、学院、班级、课题小组为单位的各种活动，如宣讲会、座谈会、专题报告、课题研究等，在此过程中融入优秀传统文化的内容，使大学生了解中华优秀传统文化与社会主义核心价值观的关系。以传统文化为传播载体帮助大学生深化认识、促进认同。有意识地组织志愿者服务、学雷锋活动等，使大学生在活动切身体会"尊老爱幼""自强不息""爱国敬业""见义勇为"的中华优秀美德，使大学生在活动中，升华对社会主义核心价值观的认识，体验践行的价值。同时，大学生对优秀传统文化的传承和创新，本身就是一个对核心价值观的践行过程。掌握儒家文化"仁、义、礼、智、信"的思想精髓，掌握道家思想"道、德、信、和"的文化底蕴，掌握佛家文化的慈悲为怀、众生平等、因果轮回的大智慧。才能形成对中华文化的发展的历史脉络的认知，从而树立大学生对中华文明的敬仰和感叹。在浓厚的优秀传统文化基础上，在对中华文化高度的敬仰和感叹的基础上，大学生对社会主义核心价值观的认同，对践行社会主义核心价值观责任才能形成统一。孔子曾用"耻其言而过其行"衡量一个人的思想品德，也就教导我们不仅要约束自己的言语更要规范自己的行为，做到言行一致，只有思想和行动统一起来才能形成"善"。在传承和创新优秀传统文化的过程中，使大学生深刻理解社会主义核心价值观的内涵，使社会主义核心价值观内化为大学生的精神追求，外化为大学生的自觉行动。

第二，加强思想政治理论课课外实践教学。社会主义核心价值观教

育要以提高素质、培养能力为主的实践教学、以服务社会为主的实践教学、以思想教育为主的实践教学为重点,加强课外实践教学环节。以思想教育为主的实践育人路径,只能加强,不能削弱。因此我们要结合学生实际多开展以思想教育为主的思想政治理论课课外实践教学。结合教学内容,借助重大纪念日,如"向雷锋学习月",让学生亲身参与、亲身体验,培养学生艰苦奋斗、勤俭节约的精神;开展以服务社会为主的思想政治理论课课外实践教学。通过对男女同学寒暑假期的调查,我们发现学生没有很好地利用寒暑假期,高校应对学生的寒暑假期进行科学规划、合理安排,根据不同专业类别开展暑期"三下乡"实践活动、志愿服务、专业实践等;开展以提高素质、培养能力为主的思想政治理论课课外实践教学。组织大学生参观学习历史博物馆、纪念馆和爱国主义教育基地,利用丰富的馆藏资料,内化对优秀传统文化的认识,在实际行动中践行社会主义核心价值观。高校还可以开展经典朗诵、辩论等多种形式的活动让大学生在学习优秀传统文化践行社会主义核心价值观的同时诠释所学所思。通过传统节日开展积极健康的民俗活动,如在教师节,组织感恩教师、感恩母校的纪念活动,提高大学生感恩意识;在抗日战争胜利纪念日,组织大学生观看抗日战争纪录片,触动大学生的爱国情操等。以良好的氛围影响大学生践行社会主义核心价值的行为,为大学生践行社会主义核心价值观创造条件。大学生群体作为社会主义核心价值观和实践的重要主体,社会主义核心价值观不仅能够在道德层面引领大学生价值观教育,还在国家观、人生观、科学观、集体观、职业道德观、利益观、法制观、人生观等多个方面为大学生价值观教育提供导向作用。开展社会主义核心价值观教育,不断改进和提高大学生思想政治工作,把社会主义核心价值观融入国民教育体系,引导大学生树立正确的世界观、价值观、人生观。

"实践是检验真理的唯一标准",大学生通过实践活动实现对理论的检验,在实践过程中懂得做人、做事的道理,学会明辨是非、善恶与美丑，从而反思自己的错误，规范自己的行为习惯，形成高尚品德。活动载体具有实践性、目的性、参与性、验证性等特征，大学生在参与社会主义核心价值观践行活动中感受、体验、认同和践行社会主义核心价值观的基本精神，更能增强社会主义核心价值观教育的现场感、直观性和生动性，做到寓教于乐、发人深省，充分体现大学生的主体性和参与意识。社会主义核心价值观教育实践育人工作不是一蹴而就的事情，进行多方位、多渠道优化实践育人路径任重而道远，需要我们进一步加强探索和研究。只要我们携手共进，尽心、用心、真心做好实践育人路径优化工作，实现社会主义核心价值观教育实践育人效益的最大化，实现学生的全面发展就会变为可能。

第七章

新时代大学生社会主义核心价值观培育长效机制

第一节 理顺培育体制

大学生积极健康的价值观念不是短期内可以形成的，需要长期的培育才能达到目的。在当代大学生中培育社会主义核心价值观，只有建立完善的长效机制，才能从根本上保障培育工作广泛、深入、持久、有效地开展下去。建立当代大学生社会主义核心价值观培育的长效机制，主要是建立科学的工作体制与工作机制。关于体制与机制，《辞海》中这样解释：体制，是指国家机关、企事业单位在机制设置、领导隶属关系和管理权限划分等方面的体系、制度、方法、形式等的总称；机制，原指机器的构造和运作原理，借指事物的内在工作方式，包括有关组成部分之间的相互关系以及各种变化的相互联系。在当代大学生社会主义核心价值观培育工作中，体制主要是指国家及高校对大学生社会主义核心价值观培育工作进行领导与管理的组织形式和组织方法；机制则是指用以规范和约束大学生社会主义核心价值观培育工作中各构成要素作用方式和作用路径的某种机理或制度。从管理学的角度看，要推动当代大学生社会主义核心价值观培育工作这一系统工程的合理运转，就必须理顺体制，改进机制。其中，改进机制主要是指构建科学的运行机制与保障机制。

当代大学生社会主义核心价值观培育体制一般包括领导体制与管理体制，其中领导体制主要由组织机构设置、各级教育行政机构的隶属关系及相互之间的职权划分等构成；管理体制则涉及管理结构、管理制度等环节。理顺领导体制与管理体制，可以使相关要素各司其职、完美对接，共同推动培育工作这一系统工程有效运行。

一、培育体制的现状及优势

改革开放以来，面对新形势、新任务，我国大学生社会主义核心价值观的培育体制在创新中发展，显示出明显的优势，为提高培育效率发挥了重要的作用。

（一）培育体制现状

我国大学生社会主义核心价值观培育体制属于国家精神文明建设宏观体制的一部分。国家精神文明建设由"中央精神文明建设领导小组"领导，中央宣传部、中央文明办具体负责，成员单位涉及众多中央部委。就大学生社会主义核心价值观培育而言，在中央层面，直接领导部门是教育部（具体是教育部思想政治工作司、教育部精神文明建设领导小组），参与该项工作的有共青团中央等部门。在地方层面，是各省市的相关部门。在高校层面，《中国普通高等学校德育大纲（试行）》规定，要"在党委的统一部署下，建立和完善校长及行政系统为主实施的德育管理体制，校长对学生德、智、体全面负责。在党委（总支、支部）的统一部署下，学校要建立和完善校长及行政系统为主实施的德育管理体制"。具体来讲，在我国高校内部，大学生社会主义核心价值观培育的体制包括两个方面：一是以党委为核心的领导体制。在这一体制中，各高校党委负责研究大学生社会主义核心价值观培育的指导思想、工作方针、基本任务和重要问题，主持制订总体规划与实施计划，定期分析学生价值观动向和价值观教育状况。二是与领导体制相适应的党政合一的管理体制。管理机构主要以各级党委职能部门为主,其中党委宣传部、学生工作部、思想政治理论课教学部、教务处、学生处、团委是组织实施部门;党委组织部、学生工作部和人事处是队伍管理部门。工作队伍以思想政治理论课教师、辅导员和班主任学校党政干部和共青团干部、为主,其中学校党政干部和共青团干部负责教育的组织、协调、实施;思想政治理论课教师负责对学生进行思想理论教育、思想品德教育和人文素质教育;辅导员按照党委的部署有针对性地开展日常教育与管理,班主任负有在思想、学习和生活等方面指导学生的职责。此外,各高校都制定了严格的教育制度,明确了大学生社会主义核心价值观培育的指导思想、目标原则、主要任务和途径方式。

(二) 现有培育体制的优势

改革开放40多年来,我国大学生社会主义核心价值观培育体制已经形成了两大特点或者优势。首先,国家对大学生社会主义核心价值观培育的宏观管理逐步强化。改革开放以来,党和政府改变过去直接管理大学生社会主义核心价值观培育的做法,逐步强化了宏观管理,《中共中央关于进一步加强和改进学校德育工作的若干意见》《中国普通高等学校德育大纲(试行)》《中共中央国务院关于进一步加强和改进大学生思想政治教育的意见》等一系列文件的颁布,为大学生社会主义核心价值观培育体制的改革创新提供了指导思想。其次,大学生社会主义核心价值观培育体制逐步规范化。主要体现在:一是建立了党委领导下的校长及行政系统为主实施大学生社会主义核心价值观培育的领导体制。二是制定了统一的教学大纲,编写了统一的教材,保证了德育内容目标化、系列化、有序化。三是制定了德育队伍各组成部分的责任、建设、考核制度,规定了运行渠道,完善了运行设施。总之,改革开放以来形成的体制克服了原有体制的缺点,调动了党委和行政的积极性。

二、现有培育体制的问题与不足

由于系统本身的复杂性与外在环境的日新月异,当前的大学生社会主义核心价值观培育体制在发挥自身优势的同时,也显露出一些问题与不足。主要体现在宏观领导体制不尽合理,人才培养中的分工体制影响了"全员育人",管理系统内部的分工导致工作难以整体推进,僵化的管理体制制约队伍建设等几个方面。

(一) 宏观领导体制不尽合理

在管理机构的设置上,大学生社会主义核心价值观培育没有统一的管理部门和机构。我国教育部设有专门的思想政治教育司,其职能之一就是领导大学生社会主义核心价值观培育。但在各省市教育部门,对口单位并不明确。各省市很少有专门的单位对接这项工作,而是由省市委高校工委或教育厅的其他处室兼做该项工作。而原来的部属院校,其所在部委一般都不设指导所属高校思想政治工作的部门。因此,各高校在大学生社会主义核心价值观培育中,只好自己对号入座,根据教育部的宏观指导开展工作。高校内部的领导体制也不顺畅。《中华人民共和国高等教育法》规定,领导学校思想政治工作和德育工作是高校校长的职责之一。党和政府颁布的其他相关文件中也有相应的规定。但事实上,目前在一些高校,校长将绝大部分精力用来抓人事财务、学科建设、学位点申报等所谓的"硬"任务,对大学生社会主义核心价值观培育重视不够、措施不力、成效不大。出现这种现象的深层次原因是,尽管高等教育法和其他相关文件规定高校思想政治教育实行校长负责制,但校长到底要在哪方面负责、负多大的责并没有明确的说明。这样的领导体制,客观上不利于大学生社会主义核心价值观培育的统筹管理,容易造成有关部门与领导在工作中推诿扯皮,降低工作的效率。

(二) 人才培养中的分工体制影响了"全员育人"

"全员育人"是《中共中央国务院关于进一步加强和改进大学生思

想政治教育的意见》中提出的重要德育理念，也是一些高校多年来的努力方向。但从目前来看，一些高校"全员育人"的平台尚未建立，"全员育人"的氛围尚未形成。现有的体制无法有效动员教师、管理人员和服务人员开展大学生社会主义核心价值观培育，"全员育人"只能流于形式。因为在我国高校内部现行的人才培养分工体制下，学生教育被人为地分为智育和德育。在领导层面上，智育即教学工作往往由一位副校长分管，德育即学生思想教育与管理工作则由另一位党委副书记分管；在执行层面上，智育由教务部门执行，德育由思想政治理论课教学部门和学生管理等部门执行。这就导致学校的教学、科研、管理、服务等工作或多或少存在着与思想政治教育脱钩的现象，大学生社会主义核心价值观培育无法在统一的思路和框架下进行。近年来，一些高校虽然创设了各类沟通与合作机制，但在现有的体制框架下，无法从根本上解决整体培养人才的问题。

（三）管理系统内部的分工导致培育工作难以整体推进

目前，高校学生教育与管理职能部门较多，客观上不利于大学生社会主义核心价值观培育的统筹规划。高校的党委宣传部、党委学生工作部（处）、团委，各院系的党总支（分党委）、团总支（分团委），都在抓大学生社会主义核心价值观培育。这样的管理体制貌似重视大学生社会主义核心价值观培育，但一些高校在机构设置、人员安排、经费拨付及校级领导分工方面或者互不隶属，或者职能重叠，造成办事效率不高。从全国范围来看，只有少数高校实施的是"大学工"模式，即招生办、团委、武装部、心理咨询中心、就业指导中心由学生工作部（处）统一管理，这种模式有利于德育工作的整体推进。但对于大部分院校而言，这些部门各自独立，在工作中独立制定计划，缺乏彼此协作，整体推进的动力不足。尽管高校一般都有一位党委副书记统一分管学生教育与管理工作，但现有的分工体制决定了各部门还是各自制定规划，推动部门职能范围内的工作。因此，管理系统内的合力还比较弱。

（四）僵化的管理体制成为制约队伍建设的瓶颈

目前，我国高校的思想政治理论课教学研究队伍与专职学生政工干部队伍各司一职，各管一方，互不隶属。这样的体制和职能分工，必然导致大学生社会主义核心价值观培育理论和实践的脱节。一方面，高校思想政治理论课教学研究工作者从事公共政治理论课的教学工作，他们学历高，有比较深厚的学术和理论基础，但不从事大学生日常思想政治教育与管理的实际工作，缺乏学生工作的实务经历，因而在大学生社会主义核心价值观培育中，往往停留于政治理论讲授层面，出现大学生社会主义核心价值观培育与学生日常教育和管理工作断裂的"两张皮"现象。另一方面，高校学生日常教育与管理的实际工作者虽然了解学生的真实思想状况，却缺乏足够的马克思主义理论素养和科学的教育方法，缺乏系统全面解决学生深层次思想问题的水平和能力，只能停留在处理琐碎的事务性工作和扑火救急的水平上。目前，在一些高校，思想政治理论课教学教师与专职学生政工干部待遇不高，晋职提拔机会有限，因此，许多教师把工作视为临时的选择，没有长期的打算，所以这两支队伍都存在人员不稳定、跳槽频繁的情况。

最后，还需要注意的是，目前高校内部思想政治教育层级管理传输链条过长，也制约了大学生社会主义核心价值观培育的效果。目前，在大多数高校，思想政治教育层级管理的链条依次是：校党委副书记—学生工作部门—院系—班级或年级。通过这四级链条，大学生社会主义核心价值观培育的信息和任务由学校领导层传达到基层，在层层传输的过程中，信息和任务存在着比较严重的"耗散"现象。学校分管领导和学生工作部门往往重视教育理念和教育规划，院系、班级或年级往往更重视事务性工作，这就导致学校的育人理念和德育内容在经过较长的传输链条后很难完整地抵达学生层面，制约了大学生社会主义核心价值观培育的效果。

三、培育体制创新的思路

面对存在的问题与不足，只有进一步理顺领导体制与管理体制，才能更好地推进大学生社会主义核心价值观培育。在领导体制上，省市层级要进一步提高对大学生社会主义核心价值观培育的重视程度，建立或完善大学生社会主义核心价值观培育的专门机构，充分发挥面向中央部委的任务落实和信息反馈功能，沟通中央与高校的上传下达功能，以及面向高校的指导督查功能；高校内部要在坚持党委领导下的校长负责制的基础上，进一步明确校长在大学生社会主义核心价值观培育中的责任范围与责任程度（当然，责任界定的工作需要教育部或更高层次级的权威部门明确规定）。在管理体制上，则需要重点做好决策体制和执行体制的创新。

(一) 构建三维决策体制

决策是否科学，是影响大学生社会主义核心价值观培育能否顺利推进的重要因素。决策科学，事半功倍；决策失误，事倍功半。大学生社会主义核心价值观培育决策是否科学，主要取决于三个因素：一是能否全面准确地发现问题，抓住主要矛盾；二是有没有科学的理论做指导；三是有没有开阔的视野。基于这些因素，要做到科学决策，就需要构建大学生社会主义核心价值观培育的三维决策体制。第一个维度是决策咨询系统。该系统由三部分成员组成：一是作为教育对象和服务对象的在校学生代表，他们是大学生社会主义核心价值观培育的直接利益相关者，最能感受到问题的所在，只有充分听取他们的意见，才能使工作具有针对性；二是大学生思想政治教育领域的校内外专家学者和部分基层思想政治工作者，他们长期从事大学生社会主义核心价值观培育的理论教学或实践工作，熟悉大学生价值观念的发展变化趋向，了解大学生价值观念形成与发展的基本规律，能够提出有针对性的教育策略；三是用人单位代表和毕业生代表，他们或者是高校学生培养质量的检验者，或者是以往大学生社会主义核心价值观培育的体验者,他们的意见是决策的重要依据。第二个维度是决策信息系统。决策信息系统由信息源、信息工作队伍、信息工作机构、信息传输手段、信息工作制度等要素组成,具有信息收集、加工、存贮、传递功能,是为大学生社会主义核心价值观培育提供有效信息服务的系统,是沟通决策者、执行者与教育对象之间的桥梁。学校党委信息调研秘书、学校学生工作部门信息员、院系信息员(辅导员)和班级信息员是构成信息传输渠道的主要人员。高校应不断对信息系统进行调整和改进,提高信息处理的效率,为大学生社会主义核心价值观培育的科学决策提供现实依据。第三个维度是决策中枢系统。决策中枢系统是指由具有决策权的领导者组成的领导核心,具有领导、指挥和决策权,决策咨询系统和决策信息系统都在中枢系统的领导下开展工作并为它服务。该系统应当由校长(党委书记)、分管党委副书记(副校长)、学工部(处)长、研究生工作部(处)长、团委书记以及分管学生思想政治教育与管理、心理健康教育、职业发展教育的副部(处)长组成,代表学校党委领导大学生社会主义核心价值观培育,定期分析学生价值观状况和德育工作状况,研究相关的思想、方针、任务和政策等重要问题,制定总体规划与实施计划,做出科学的决策。中枢系统应当集体决策,并对决策实施后果集体负责。

(二)促进执行体制的创新

有了好的决策后,还需要良好的执行体制,才能取得实效。近年来,随着高校教学管理模式的变革,尤其是完全学分制的推行,学生已不再严格地归属于某一个院系或班级。基于这种形势变化,大学生社会主义核心价值观培育执行体制也需要做出相应的改革。一是高校可以尝试将学生教育管理的相关部门或科室重新组合,形成功能专一的新机构,建立直属校党委副书记或副校长领导的多个中心,如招生注册中心(招生、学籍管理)、学习辅导中心(学风建设、学术咨询)、生活与行为指导中心(宿舍生活、日常行为)、就业指导中心(职业和人生规划)、心理咨询中心(心理教育和咨询服务)、健康服务中心(健康预防、医疗保险)、学生活动中心(校园文化、社会实践)、勤工助学与经济资助中心、思想政治教育中心等;院系层级则根据具体情况,或者单独设立对应的各个中心,或者合并设立几个中心对接学校各中心的职能。在这种体制下,学生事务的机构设置切块小、分解细,职责单一、互不重叠,管理人员不交叉,上下一条线,主从分明、左右协调、各司其职,有利于整体效能的发挥。二是在学生人数较少的高校,可尝试扁平化运作,弱化中间管理层,拓展管理幅度,减少管理层次,提高管理效率。学校可以成立职能不同的思想指导中心、心理咨询中心、生活指导中心、就业指导中心、学生服务中心、学生活动中心等,直接面向学生提供学习、思想和生活方面的信息和建议,解决和处理学生的思想问题、心理问题、生活问题以及就业问题。院系一级不再设立相关组织机构,从而将现行的三级管理体制简化为二级管理体制。在这种体制中,可以考虑让辅导员在具体负责班级管理工作的同时,承担学校某个中心的相应工作。三是在学生人数较多的高校,也可以通过若干个院系学生事务中心的横向联合,实现资源的整合与共享。学校各职能部门可以优化结构,重组分散的资源,实现最佳的资源配置。尤其当工作内容比较复杂又相互依存时,这种体制可以快速响应学生需求,协调各种活动,迅速传递信息,提高工作效率。

第二节 创新培育运行机制

大学生社会主义核心价值观培育的运行机制,是指培育系统内部各要素之间相互作用、相互制约的联结及其运行方式。具体地说,是指相关培育部门及其人员,在一定决策机构指挥下,在一定目标指引下,在一定动力驱动下,在一定体制条件保障下,协调工作,实现整体目标和功能的工作程序与工作方式。通过创新运行机制，实现系统各要素之间科学、有序地相互作用，促进系统整体功能的优化，是实现大学生社会主义核心价值观培育科学化的关键。创新大学生社会主义核心价值观培育的运行机制，要把重心放在互动机制、渗透机制与调控机制的创新上。

一、互动机制

按照传统的教育理念，在大学生社会主义核心价值观培育过程中，教师是教育活动的主体，学生是教育活动的客体，社会主义核心价值观是教育活动的内容。这样的教育理念与以人为本的理念相左，已被实践证明无助于提高大学生接受社会主义核心价值观的积极性。在新的形势下，要提高培育效率，应借鉴"双向主体理论"与互动式教育模式，在大学生社会主义核心价值观培育中实行互动机制。

（一）对传统师生关系的反思

大学生社会主义核心价值观培育和其他教育活动不同，它不仅仅是知识的传播，更重要的是大学生对于价值理念的体验和认同。有效的大学生社会主义核心价值观培育活动应该指向现实生活世界，在师生对人生和社会问题的交流、探讨中，实现情感的交融和价值的认同。而传统的大学生社会主义核心价值观培育模式"重教师单向教育，轻师生双向沟通交流"，大学生主体性的迷失、师生情感交流的阻断，使得教育活动难以获得应有的效果。首先，大学生主体性缺失。长期以来，在大学生社会主义核心价值观培育中，教师和学生的地位泾渭分明，学生在教育活动中的主体性被忽视。一些教师在价值观教育中一味强调社会价值、忽略个人价值，开展工作靠灌输、强制、压服和单向注入，而不重视学生能力和个性的培养，使学生变成完全被动与屈从教师的承受者。这种师生关系挫伤和压抑了大学生的积极性和主动性，使学生产生了"厌烦"情绪和"逆反"心理。其次，师生情感交流被阻隔。情感的交融不仅是大学生体验和认同社会主义核心价值观的必要途径,也是社会主义核心价值观培育本身的价值诉求。而在传统的培育过程中,有些教师仅仅把培育工作限定在课堂教学中,只按照教材和教学计划灌输知识,忽视了与学生的情感交流和知识的碰撞。这种教学活动无视大学生的情感需要和心理困惑,必然会导致学生的拒斥。深入落实科学发展观以人为本的核心理念,尊重大学生的主体性,在互动中实现师生的情感交融和大学生的情感体验,是大学生社会主义核心价值观培育改进的方向。

(二)"双向主体理论"的内涵及意义

大学生社会主义核心价值观培育不应是单向度的施教活动,而应是施教与受教有机统一的双向活动。从施教这个向度看,主体是教师,客体是学生;从受教这个向度看,主体是学生,客体是教师。也就是说,教师是施教活动的主体,学生是受教活动的主体。教师和学生在施教活动与受教活动中分别处于主导地位、发挥主导作用,哪一方的主导地位被损害、发挥不了自身作用,也会使培育目标落空。只有施教活动的主体与受教活动的主体相互尊重彼此的主体性,积极配合、回应对方的主体性活动,双方的活动才有实际效果。此即大学生社会主义核心价值观培育中的"双向主体理论"。在大学生社会主义核心价值观培育中实行师生互动机制,是这一理论的逻辑结果。运用"双向主体理论",引入师生互动机制,对提高大学生社会主义核心价值观培育的效率有着重要的意义。首先,实行师生互动机制,能充分发挥教师的主导作用与大学生的主体作用。在大学生社会主义核心价值观培育过程中,教师是教育信息的编码者、发送者与导控者,因而在互动中具有主导作用,是互动的源泉。学生是教育信息的解码者、接受者和反馈者,更是教育效果与质量的具体体现者,因而在互动中拥有主体地位,是互动的中心和基础。只有同时发挥教师的主导作用与学生的主体作用,大学生社会主义核心价值观培育才能健康有效地深入开展。其次,实行师生互动机制,能大大增强培育的针对性。通俗地说，互动就是对话，就是交流，就是沟通。通过师生间的对话、交流与沟通，能使学生坦诚地向教师敞开心扉，将自己内心深处真实的想法和盘托出，从而使教师能摸准学生的思想脉搏，做有针对性的说服、教育等疏导工作，大大提高培育的针对性和实效性。第三，实行师生互动机制，能增强培育的艺术性和科学性。有了教师与学生之间的双向交流与互动，就能使学生感觉到人格上的被尊重，就能克服和消除常见的抵触、对抗情绪及逆反心理，使其心悦诚服地接受批评教育，将社会主义核心价值观内化为自己的行为规范。最后，实行师生互动机制，有助于克服大学生的新特点带来的新挑战。大学生不少来自独生子女家庭，对他们进行价值观教育，单纯强制、灌输，会导致他们出现逆反心理，互动方法在一定程度上能消除或缓解大学生的这种逆反心理；大学生年龄、智力结构成熟，已具有一定的独立思维能力和主见，他们反应敏捷、思维活跃、信息来源广，不会满足于一家之言，良性互动可以调动他们参与价值观教育的积极性；大学生面对学习、人际交往、恋爱、现实与理想的差距、就业、生活困难等问题，加之受独生子女以"自我为中心"心理特点的影响，有时会出现心理问题，心理教育更需要充分发挥互动交流的优势，面对面交流，互动进行。

（三）实行师生互动机制的思路

在大学生社会主义核心价值观培育中实行师生互动机制，需要增强教师和学生双方的主体性。教师作为施教者，其主体性的强弱，决定着他们能否充分发挥自身作用；学生作为受教者，其主体性的强弱，直接影响着教育活动的效果。在增强师生双方主体性的基础上，要把互动机制运用到培育的全过程。

首先，要树立"互相学习、彼此欣赏、共同提高"的教育理念，让学生在平等、和谐的环境中愉悦地接受社会主义核心价值观。一是要以人为本，实现交往式的教育。在交往活动中，教师不仅自己要讲，还要留时间给学生讲；学生不仅要听，更要准备讲。师生以语言、内容、方法、手段和活动等为中介，进行多层次、多维度的往来、沟通以及情感、知识交流，以达到双方认同一致和相互理解，并在此基础上使学生获得价值观念的提升。教育活动中，教师和学生都应积极主动地与对方进行交往，特别是教师更应主动指导、启发、鼓励学生参与交往，扩大师生互相了解。通过交往使教育活动成为双方知识共享、情感共鸣、智慧共建、意义生成、精神提升的过程。二是要相互尊重，实现欣赏式的教育。在培育过程中，师生在政治上、法律上、人格上都是平等的。师生都有参加交往和表达愿望、感情的均等机会，都会对客观事物做出判断、解释甚至辩护。当然，我们在追求师生地位平等的同时，还要注意平等并不是两者完全相同，而是"和而不同"。三是要内化实践，实现体验式的教育。师生双方要把在互动中形成的共识运用于实践，在实践中进行体验，在感悟中发展自我，实现价值观念的重构。四是要多向互动，促进教育和谐。教师和学生既是主体，又是客体，其身份的确定要以具体的时间、条件为转移，其间的关系是多向互动的，既包含教师与教师之间、学生与学生之间，也包括教师和学生及其与教育环境、教育内容、教育手段、教育方法之间的多向互动关系。作为教师来说，要以尊重学生的主体地位为前提，发掘学生的主体潜能，培养学生的主体意识，发展学生的主体能力，塑造学生的主体人格，使学生真正实现自教自律。作为学生来说，要以尊重教师的主导地位为前提，充分发挥自身的能动性，合力推进社会主义核心价值观培育。

其次，要努力寻找师生双方对话的共同点，搭建互动的"平台""桥梁"与"纽带"。在实践中，一是要重视课堂教学活动中的互动。要改进教学方法，多采用讨论、探索、研究的互动式教学，启发、引导学生进行广泛的学习和深入的讨论，使学生在质疑中主动学习，提高认识，加深理解，从内心深处认同社会主义核心价值观。二是要搞好个别谈心活动。与学生进行的个别谈心活动，能有效地形成双向互动，大大地增强教育的针对性与有效性。社会主义核心价值观培育中的对话，是以师生之间的尊重、信任和平等为基础的。教师只有晓之以理、动之以情、导之以行，与学生推心置腹、坦诚相见，平等对话与交流，才能得到学生的积极响应，得到真实信息的反馈，从而摸清学生的思想脉搏，有的放矢。教师与学生谈心，要放下架子，和学生平等相处，以创造一种宽松、和谐的谈话氛围和环境；要循序渐进，由浅入深，先从学习、生活谈起，然后再步入正题，借此消除学生的戒备心理和对抗情绪；要语气平和，态度和蔼，给学生解释、说明、表白、申辩的机会，再针对其暴露出来的思想认识问题进行分析、疏导；要多用共同探究、平等讨论的方式，使学生心悦诚服地接受批评，真正地提高思想认识。三是要善于利用网络等途径进行平等对话和交流。网上交流的虚拟性、匿名性、平等性、开放性等特点，有助于消除学生的精神压力，使他们直接地毫无保留地向他人坦陈自己的思想观点、认识与看法。借助网络，师生双方都可以避免不必要的语言斟酌，真正进行一种地位平等的对话与交流，从而使对话、交流能处于积极的响应与互动之中。双方开诚布公，不隐瞒自己的观点、想法，这有利于教师在交流中摸准学生的思想脉搏，对症下药，做好社会主义核心价值观培育工作。

二、实现机制

大学生社会主义核心价值观培育的实现机制，是指通过一系列教育活动，使社会主义核心价值观所蕴含的思想、观念、道德等内容，为大学生所接受，并内化为深刻而稳定的心理结构，外化为现实的个体动机和行为，从而完成社会主义核心价值观由"潜价值"向"显价值"转变的过程。落实实现机制，促使社会主义核心价值观由"潜价值"转变为"显价值"，才能见到实效。为此，必须深入剖析实现机制的内在机理，积极探索当代大学生社会主义核心价值观培育的各种实现途径。

（一）实现机制内在机理

人的意识和社会意识的结构状况及其内在运行的机制性质，决定着当代大学生社会主义核心价值观培育实现机制的内在机理。马克思主义认为，人的思想意识是一种立体结构状态，横向上具有哲学、道德、宗教、艺术等意识成分，纵向上可分为心理、观念、思想三个层次，每一层次都有着相对独立的机制特点。从静态结构角度看，人的意识最初是心理层次上的意识，是作为刚刚脱离动物界的标志出现的一种经验感受性意识；当这种意识演变为具有思维指向性的既定认识时，就已经是观念层次的意识了；当人们具有了价值评价能力后，就可以对经验进行抽象，从而形成各种各样的思想层次的意识。从动态机制角度看，人的意识结构的三个层次，既密切联系，具有整体性机制规律，又各自发挥着相对独立的机制作用。其中心理层次发挥着"动力机制"作用，观念层次发挥着"整合机制"作用，思想层次则发挥着"导向机制"作用。

人的意识结构与内在机理，同样适用于社会意识。社会意识与人的个体意识、群体意识具有共通性，可以划分为社会心理、社会观念和社会思想体系三个层次，三者之间类似于心理、观念、思想之间，是递进的关系。人的意识及社会意识的结构运行情况，隐含着价值观培育效果实现的运行轨迹，为大学生社会主义核心价值观培育的实现机制提供了基本理论依据。大学生社会主义核心价值观培育实现机制的确立，还取决于它能否合乎意识结构各层次的特点。在人的心理层次，价值观培育应以"自我意识"的引导为核心，以道德情操的培养为关节点。在人的观念层次，价值观培育应该以价值体系建设为核心，以信念培养为关节点。在人的思想层次，价值观培育应该以动机体系和思想体系建设为核心，以"理想"培养为关节点。

当代大学生社会主义核心价值观培育的整体实现机制以上述各层次分机制为基础，是一项非常艰巨复杂的工作。首先，要在各层次上明确主线，依序引导，并使个体意识与社会意识交融一致。培养情操以引导自我意识和平衡心理需求与良心，达到个体与社会心理的和谐；培养信念以促进价值体系发展和观念的巩固，达到个体与社会观念的协调；培养理想以提高动机体系和思想体系的水平，实现个体与社会思想的融通。其次，要使各层次同一水平的意识因素之间主次明确、相互协调，密切配合。以信念确立为目标进行情操和理想培养；以价值体系建设为核心进行自我意识和动机引导；以观念塑造为基点进行心理疏导和思想启发。最后，要围绕大学生社会主义核心价值观培育实现机制的主轴线，达到整体协调，实现综合效应与效益。人的心理、观念和思想之间的关系，实际上是情、利、理的关系。心理层次突出的是"情感"特征，观念层次表现出"利益"性特征，思想层次的突出特征是认识性质的理念性与认识内容的理论性。情、利、理的有机结合，是培育综合效益实现的关键。三者结合的主轴是"利"，是"利者善也"的价值肯定。利的引导在本质上是价值观的培养和价值体系的建设。把价值体系建设，尤其是社会主导价值体系的建设作为大学生社会主义核心价值观培育的主线，这是保证其即时效应和长远效益的有效途径。大学生社会主义核心价值观培育如果能够使其原则性内容演变为大学生普遍认同的评价标准，就可以贯通社会与个体意识的神经脉络，使各种意识因素及层次相互协调而产生综合性功能，从而推动大学生认知结构和心理、思维、行为定式的形成，成为制约和影响大学生意识行为的强大内驱力。

（二）实现机制的实现途径

当代大学生社会主义核心价值观培育的实现途径与实现机制实际上是一个问题的两个方面，其中实现途径是实现机制的内在路径，实现机制是实现途径的外在表现形式。在一般意义上，价值观培育实现的根本途径是实践。实践、认识、再实践、再认识，循环往复，以至无穷，这是人们正确地认识世界和能动地改造世界的无限发展的过程，也是大学生认同并践行某种价值观的过程。在具体实践中，大学生社会主义核心价值观培育的实现主要有"外源性"和"内生性"两大途径。所谓"外源性"途径，是指在价值观培育实现过程中，外部环境的影响所导致的大学生价值需求的变化和实践行为的调整。大学生的认知能力、实践能力受当时生产力、生产关系、上层建筑等社会条件的影响和制约，总是体现着能动性与受动性的统一。这种统一使得大学生与外界进行接触时，总是感觉到外部及自身天然的制约性和有限性，感觉到与他人结成某种利益共同体而与外界发生社会关系成为必要。因此，应当把大学生社会主义核心价值观培育融入国民教育和精神文明建设全过程、融入现代化建设的各个领域，努力开展多种形式的教育活动，做到贴近实际、贴近生活、贴近大学生，以社会主义核心价值体系引领社会思潮，进而引导大学生的行为，使之在生活中践行社会主义核心价值观。所谓"内生性"途径，是指大学生出于自身需要，对社会主义核心价值观进行反映、选择、内化和外化等环节构成的活动过程。马克思主义认为，人的需要是人的生存本性。作为有思想、有意识的主体的人，除了满足生存、发展条件的物质需要外，还有对理想信念、真善美的追求，对世界观、人生观、价值观的科学熔铸等精神上的需要。社会主义核心价值观代表了人民群众的精神利益，体现了社会主义意识形态的本质属性，反映了社会主义政治、经济、文化、社会的发展规律，是大学生的根本需求指向。通过大学生主动的、有效的认知和接受，社会主义核心价值观内化为大学生主体的精神养料，使其思想得到补充，精神得到满足，并外化为具体的实践行为，也就达到了培育的目的。总之，"外源性"途径和"内生性"途径交织在一起，共同贯穿于价值观培育实现过程的始终，推动社会主义核心价值观从应然状态向实然状态转化，从而达到当代大学生社会主义核心价值观培育的目的。

作为实现途径的外在表现形式，当代大学生社会主义核心价值观培育的实现机制主要有导向机制、激励机制和监测机制等。导向机制主要体现在两个方面。一是思想导向机制。发挥思想导向机制的作用，需要社会通过政策制定、典型示范，借助社会舆论和宣传手段，将社会主义核心价值观根植在大学生的思想观念中，构建稳固持久、健康积极的思想道德体系。二是利益导向机制。人们为之奋斗的一切，都同他们的利益有关。要引导大学生利益追求的方向,调节和处理好各种利益关系之间的矛盾,特别是追求物质利益和提高思想素养的关系,培养大学生正确的利益观。运用激励机制需要注意两个问题。一是要培养大学生的自身需要,形成社会主义核心价值观内化的"内驱力"。自身需要是个体行为活动的内驱力和价值观念发展的源泉,培养大学生的自身需要是提高社会主义核心价值观培育实效的关键。要在社会主义核心价值观培育中突出大学生的主体地位,发挥他们的能动性、选择性和创造性,加强价值观念的自我培养、自我锻炼、自我教育、自我陶冶,把社会主义核心价值观内化为大学生的自身需要,使他们实现从他律向自律的转变。二是要采取多种激励方式,充分挖掘大学生积极向上的思想精神,形成具有强大感召力、亲和力和凝聚力的共识。要在理论教育的基础上,大张旗鼓地宣传和表彰具有鲜明时代特点、具有广泛群众基础的先进典型,为大学生树立学习的榜样,引导大学生树立正确的理想、信念,从而强化他们价值主体的地位和功能。形成健全的监测机制需要做好两方面的工作。要充分发挥社会舆论和媒体的作用,坚持批评、抵制各种错误思想观念和不道德行为,形成正确的、强大的社会舆论氛围,帮助大学生辨别是非,抵制假恶丑。要多渠道、全方位地收集相关信息资料,认真研究新情况、新问题,科学预测它们可能的冲击,及早提供有实据、有分析、有建议的预警报告和控制方案,以增强当代大学生社会主义核心价值观培育的前瞻性、科学性和主动性。

三、反馈机制

反馈是控制论中的一个基本概念,是指系统输出的全部或部分信息通过一定的通道返送到输入端,从而对系统的输入和再输出施加影响的过程。在社会这个大系统的控制过程中,普遍存在着反馈机制,反馈方法作为现代管理方法之一,是一种在各类系统实施控制均行之有效的科学方法。推进当代大学生社会主义核心价值观培育工作,同样需要反馈机制。在大学生社会主义核心价值观培育中，施控系统（教育者）对受控系统（教育对象）不断发生作用（施加教育影响），教育对象必定产生对教育者所实施教育的反馈信息。这些不同的反馈信息通过各种反馈通道回到教育者那里，能为下一轮决策的形成、执行与总结起到指导作用。因此，建立完善的反馈机制，对于当代大学生社会主义核心价值观培育具有特别重要的意义。

（一）信息反馈的特点

当代大学生社会主义核心价值观培育中，信息反馈具有鲜明的特点。一是准确性与及时性的统一。信息反馈的及时与准确，既是教育活动对反馈机制的基本要求，也是它区别于其他系统反馈的一个重要特征。大学生社会主义核心价值观培育中的信息反馈主体是大学生。作为有鲜明思想倾向和个性特点的特殊社会群体，大学生一旦接收到有关培育信息，立刻就会产生各种各样的反应，这些反应若得不到及时的回应，就会引发各种各样的情绪，乃至造成严重的社会影响。因此，必须注意反馈的及时性与准确性特点，及时、准确地发现问题。二是确定性与模糊性的统一。大学生社会主义核心价值观培育中的信息反馈不像经济活动那样有精确的数量化的指标，更不像机械电器系统那样可以通过各种数据把偏差精确地计量出来，从这个意义上来说，大学生社会主义核心价值观培育的信息反馈有其模糊性。另一方面，大学生社会主义核心价值观培育中的信息反馈也具有精确性的特点。大学生社会主义核心价值观培育的反馈内容一般具有相辅相成、对立统一的关系，如政治与业务、精神力量与物质利益、以情感人与以理服人、重视思想教育与完善规章制度等。正是这种辩证关系，制约着信息反馈的范围与程度，要求反馈信息有一定质和量的准确性，从而使得反馈成为一种层次高、艺术性较强的活动。

（二）反馈机制的运用

在当代大学生社会主义核心价值观培育工作运用反馈机制，需要注意三个方面的问题。首先，为了做好培育信息的反馈，应当明确有关调研机构和调研人员，专门负责处理这方面的信息，为决策提供依据。大学生社会主义核心价值观培育信息的反馈系统应有纵向系统和横向系统。纵向系统是不同级别、不同层次机构之间的相互反馈。横向系统是同一层次、不同职能的机构之间的反馈。这样纵横交错，互通信息，相互配合，取长补短，从而使各职能部门充分发挥各自的特长和优势，形成教育合力。其次，要完善信息反馈制度。一是要用制度来强化反馈系统的整体效应。既要健全培育系统内的反馈制度，以协调系统内上下左右的反馈行为，也要建立培育系统与其他系统之间的反馈制度，以更好地发挥培育系统对其他系统的服务作用和促进作用。二是要用岗位责任制确保反馈渠道的畅通。从事信息反馈工作的人员和机构都应把信息反馈作为自己的应尽职责，履行岗位责任。三是要贯彻民主集中制，用制度来保障信息反馈所需的畅所欲言、令行禁止的民主氛围。信息反馈主要靠人来操作，人的反馈行为必须靠制度来规范和保证。在进行信息反馈时，应坚持民主集中制原则，大力倡导畅所欲言的民主风气，保证反馈工作按正确的原则和规范进行。最后，要采用多种方法、多元渠道进行信息搜集与反馈。一是要运用多种形式，如问卷调查、工作汇报、量化评估以及召开座谈会等，收集大学生社会主义核心价值观的培育信息。二是要有通畅的信息采集渠道，除在高校思想政治教育与管理体系内建立信息上报的反馈渠道外，还可以聘请专门的信息员搜集大学生社会主义核心价值观培育方面的信息。

四、调控机制

大学生社会主义核心价值观培育是一个复杂的系统工程。在运转过程中，难免会有一些子系统的工作重心偏离整体的目标和任务。这就需要构建调控机制，把系统内各要素整合到总体目标和根本任务的方向上，实现整体优化、协调发展，发挥出整体的最大功效。在大学生社会主义核心价值观培育中运用调控机制,要在把握总原则的基础上,着重运用常态调控机制和危机调控机制。

(一)调控机制的总体要求

在大学生社会主义核心价值观培育中运用调控机制,需要对系统的各项指标进行统一监测,对各指标的负责部门进行目标管理,对有关部门随时出现的"偏轨"或"脱轨"行为,及时进行调控和整合。这里的调控、整合,是系统论和控制论范畴内的调控、整合,最后要落到教育对象的思想和行为上。这就需要发挥大学生社会主义核心价值观培育系统内部各子系统的自主性、积极性,通过利益关系、组织关系,或者情感、文化的力量,调控和整合人们的思想和行为,最终达到各子系统功能的相互耦合、相互促进。调控和整合工作应注意三个问题。一是要建立管理系统,实行目标管理。即把培育目标分解到各个工作机构和有关人员身上,构成一个相互制约的工作责任制体系,使各部门和人员能依自身职责,从不同角度、以不同方式开展工作、形成合力,最终实现培育的总目标。同时还应建立与之相适应的保证体系,运用聘任、奖惩、分配等手段对工作目标的实现实施有效调控。二是要强化调节权威,不断增强系统自我调节、自我完善的能力。大学生社会主义核心价值观培育调节体系的调控作用主要表现在对决策过程的调节上,因此,必须强化指挥、管理部门的领导职能和权威。三是要根据大学生加强思想修养和提高政治参与能力的需要,激发和培养他们的内在动力,推动社会主义核心价值观培育系统自我调节、自我运行、稳步前进。这就需要借助合适的目标,以及科学的政策导向、利益导向、精神导向和必要的竞争,对大学生的内在需要进行引导和调节。在具体的操作过程中,应根据教育对象和教育环境的特点,把握时机,区别使用。

(二)建立常态调控机制

常态调控机制是大学生社会主义核心价值观培育在正常运行状态下的调控机制。这样的调控机制不止一种,其中有代表性、容易应用的是沟通机制、时间管理机制和项目管理机制。沟通机制是控制活动最基本的手段，有效的沟通对化解冲突、建立控制机制是极为重要的。开展大学生社会主义核心价值观培育，首先要加强工作系统内部的沟通，使有关文件精神能够得到及时有效的传达，使工作目标能够被各个部门、各位具体工作者所了解和理解，形成系统内部的协调一致。其次，要加强教育主体与客体之间的沟通，及时了解学生的思想和行为动态，掌握学生的接受情况和反馈情况。第三，要改善外部沟通，加强学校与社会各方面工作力量的整合，形成良好的工作氛围。实施时间管理机制首先要明确大学生社会主义核心价值观培育的总体目标，将其分解成为具体的阶段性目标，不断监测目标的执行情况，确立重要的时间节点，进行基于该节点的工作进度和教育效果的测评。一方面，对前一阶段工作进行检验，看是否严格遵守了时间进度，是否达到了预期的目标。另一方面，为调整工作政策和方针提供重要的参考。通过把过程控制和目标管理结合起来，使大学生社会主义核心价值观培育严格按照既定的目标实施，以确保达到预期的教育效果。项目管理机制是指为了达到某一目的或实施某一过程，可以召集隶属于不同部门甚至不同系统的人员，临时组建一个项目小组，在某一段特定时间里，以项目小组的名义开展工作。项目管理机制的优势在于加强系统与系统之间、部门与部门之间的横向联系，使信息在各组织间迅速传递，也有助于快速、灵活地应对学生需求，资源利用率高，组织灵活性和应变能力强，能够实现较为理想的人、财、物等资源的配置，获得较大的效率和效益；另外，也易于工作人员的合作精神和全局观念，有利于创新。

（三）掌握危机调控机制

危机调控机制是大学生社会主义核心价值观培育出现突发状况时必须掌握的调控手段。大学生社会主义核心价值观培育中难免会发生一些突发状况，这便要求针对可能发生的突发公共事件，提前建立一种分工明确、权责分明、部门之间协调运作的预警机制与危机调控机制，以防患于未然，确保大学生社会主义核心价值观培育工作的正常运行。这里的预警机制，是指通过建立有关网络信息系统，对不同专业、不同年级、不同思想状况的大学生价值观的发展动态进行了解、收集、整理和分析，掌握大学生对党的路线、方针、政策和国家法律、法规的态度与认识，掌握他们集体和个体的道德风尚、情绪状态和精神面貌，掌握社会上存在的片面思想认识、有害社会思潮及其对大学生价值观的冲击，及时向教育与管理部门提供相关信息和应对策略。这样的预警机制，可以使消极的思想认识、价值观念、社会思潮等及时得到控制和克服。与过去相比，大学生社会主义核心价值观培育面对着更多的西方文化思潮和价值观念的冲击，面对着层出不穷的新情况和新问题，面对着思想更加活跃、独立、多变的教育对象，面临的压力和挑战更加艰巨。在这种情况下，如何准确把握教育对象的价值观念发展动态，提前做出相应的判断和预案就显得尤为重要。从实践经验看，当上述挑战转变为公共突发事件时，通常会对大学生的价值观念产生强烈的冲击，形成大学的信仰危机、价值观危机。为避免危机事件的负面影响，急需依据危机管理理论和现代控制理论建立一套成熟的危机调控机制。危机调控机制主要包括危机预防、危机处理和危机解决三方面内容以及危机管理的相关组织及制度。在当前互联网自由与开放的环境下，要建立网上信息监控机制，规定网络各责任主体与其网络行为具有可追寻的对应关系，切实做好网上突发事件的防范和应急处置的准备工作，从而形成统一协调、快速反应、处置有力的网络信息监控机制。此外，还应逐步发展建立教育效果预警控制机制，当预警到既有的教育内容、方法、途径难以达到理想的教育目标时，及时做出相应的调整。

第三节 构建培育保障机制

大学生社会主义核心价值观培育系统的有效运行，有赖于完善的保障机制。保障机制,简单地说就是为了保证某项工作正常、有序进行所必需的基本条件。构筑大学生社会主义核心价值观培育的保障机制,需要重点做好组织保障、制度保障、物质保障、队伍保障、舆论保障等几个方面的工作。

一、组织保障

组织,在动态上是指使分散的人或物形成一定的系统性和整体性的过程;在静态上是指基于特定的宗旨和配合关系,呈现出系统性和整体性的机构。大学生社会主义核心价值观培育的组织也分为动态的组织和静态的组织,前者是指人们按照特定的目的和需要对教育过程进行的调整和设计,后者是指根据编制、章程、规范和制度建立起来的教育机构。推进大学生社会主义核心价值观培育工作,既需要明确组织管理目标,合理地调配人员和各种资源,确定它们之间的相互关系,根据具体的工作任务实施组织管理工作;更需要效率优先、结构优化、管理科学、职责明确、关系协调、保障有力的稳定的组织结构。综合起来,就是要整合教育要素,健全组织机构,为大学生社会主义核心价值观培育提供组织保障。

(一)构建组织保障机制的背景

大学生社会主义核心价值观培育工作虽然是在教育主客体之间展开的,但不单纯是主客体之间的事,其他因素也会对教育活动产生一定影响。尤其是作为规范教育主、客体地位的组织过程和组织机构,直接影响着教育活动的内部机理,是保障机制的重要组成部分,是各种培育机制运行的前提。多年来,在大学生社会主义核心价值观培育工作的组织框架中,发挥主渠道作用的是上自国家教育行政机关,下至高校基层思想政治教育工作部门的一系列组织机构。但是,在国内外社会环境、高校办学模式和大学生的思想观念、行为方式等发生重大变化的情况下,高校思想政治教育系统内部诸要素之间出现了新的矛盾或不适,传统的思想政治教育组织机构及其教育活动在大学生中的权威性在下降,对于大学生价值观念的形成与发展所发挥的实际作用已经不如以前明显。过去那种主要依赖组织的严密和权威、依赖个人的影响和威信来支撑大学生社会主义核心价值观培育的组织模式,必须放在社会转型期的大环境下进行评判和矫正。重新整合培育的组织基础,应该考虑两个方面的因素:一是要重新判断大学生社会主义核心价值观培育的功能和优势。二是要遵循大学生社会主义核心价值观培育的内在规律。在此基础上,应根据社会环境的新变化和高校办学模式的新形态,根据大学生思维方式的新特点和价值观念发展变化的新趋势,以社会主义核心价值观引领大学生思想政治教育组织机构的改革,重建全新的组织架构。

(二) 构建组织保障机制思路

大学生社会主义核心价值观培育组织机构改革的总体思路应当是"全员育人"。要摒弃过去那种单纯依赖思想政治教育理论教学部门和学生工作管理部门开展大学生社会主义核心价值观培育的传统,在思想认识与实际行动上进一步强化高校工作"育人为本,德育为先"的育人理念,坚持把大学生社会主义核心价值观培育融入学校工作的各个方面,贯穿于教育教学的各个环节,努力形成全员育人、全程育人、全方位育人的新格局、新组织、新机制。学校党委要从总体上把握大学生社会主义核心价值观培育的根本方向,确定工作理念和工作目标,推动大学生德育工作与智育工作一体化进程。要深入落实大教育观思想,将大学生社会主义核心价值观培育贯穿和渗透到学校教学、科研、管理、服务等各项工作中去,使德育课程与智育课程紧密结合,课内教育与课外教育紧密衔接,建立德育、智育、服务、管理一体化的培育机制。高校应设立学校一级的"综合教育部门",统筹以"德育为本"的教育、管理与服务育人工作。其职能除了原属于教学、管理、服务的职能之外,应突出最为重要的三项职能:一是调研、规划全校的德育工作,规范、协调学校各部门在德育工作中的职责;二是负责学校全体教师与管理人员、服务人员的经常性德育培训工作，不断强化全体教师与管理人员、服务人员的德育意识、德育素养、德育责任；三是负责对全体教师与管理人员、服务人员的日常德育实施情况进行监督与考核。在这样的组织体系中，思想政治教育理论课教学部门侧重于理论教育；学生工作部门与共青团系统侧重于在日常生活中培育大学生的社会主义核心价值观；各院系专业课教师把社会主义核心价值理念融入大学生专业学习的各个环节，渗透到教学、科研的各个方面；学校管理部门和服务部门在各自的岗位上通过自身的实践，通过对大学生的贴心服务，以身示范社会主义核心价值理念；学校宣传部门通过校园舆论阵地弘扬社会主义核心价值观，推出校内外实践中出现的典型，有针对性地解疑释惑，营造良好的舆论氛围。总之，这样的组织系统充分体现德育与智育的统一，党委和行政的配合，以及教育、管理和服务的融合，有利于各要素的相互促进、彼此衔接、有效运行，能够为大学生社会主义核心价值观培育工作提供组织上的保障。

二、制度保障

制度是特定组织为了完成某项工作而制定的用以调节、引导、规范人们的行为的措施、条例、计划、方案或规则。大学生社会主义核心价值观培育的制度，就是高校为了调节、引导、规范有关部门和工作人员在该项工作中的行为而制定的措施、规划或工作指南。在新世纪、新阶段，高校应充分认识制度的重要意义，加强制度建设、制度创新，为大学生社会主义核心价值观培育的科学发展提供制度保障。

（一）建立制度保障的重要意义

从系统内部诸要素的角度看，制度是个别要素发挥作用的基础。只有建立了科学合理的制度，系统内部诸要素之间的关系才能得到恰当的调整和处理，个别要素的行为才能符合系统运行的总体要求，系统整体上才能健康、有序地运行，达到协调、稳定、安宁、和谐的状态。制度不合理，系统内部诸要素的积极性就难以充分发挥，系统整体上就难以提高运行效率。人是生活在制度中的，同样是那些人，施行这种制度，人们不积极，实施另外一种制度，人们就积极了。制度对了头，就会促进生产积极性和创造性，从而为各种思想问题的解决提供良好的条件，开展思想政治工作就有效多了。大学生社会主义核心价值观培育工作也是如此，制定和完善各项规章制度，对各阶段的任务、各环节的职责、各要素的行为做出合理的规范，用科学的制度管人、用合理的规范管事，系统内部诸要素才能合理配置，人们的积极性才能充分发挥出来，整体系统才能有效运行、见到实效。多年来，由于在人们思想上认识不足、重视不够，大学生社会主义核心价值观培育工作的政策制定、制度建设仍有许多不适应形势发展之处，主要表现为：各高校之间制度建设不平衡，一些高校制度建设相对滞后；一些高校虽然也有种种规定，但在实际工作中却难以实行或不去实行，制度建设虚拟化，发挥不了实际作用。面对这些问题，要健全大学生社会主义核心价值观培育的机制，提高大学生社会主义核心价值观培育的效率，就必须制定或完善相关的规范、制度、法律、政策，形成有力的制度保障。

（二）建立制度保障的基本思路

当前，加强大学生社会主义核心价值观培育，要紧紧抓住制度建设这个具有根本性、全局性、稳定性的重要环节，建立健全与法律法规相协调、与高等教育全面发展相衔接、与大学生成长成才相适应的制度体系，不断健全、完善促进大学生树立正确的价值观念的规章制度，为做好培育工作提供强有力的制度保证。要在学校和院系层面建立健全党政联合的基本制度，明确有关领导与有关部门在培育工作中的职责，使培育的基本程序制度化、机制化。要制定和完善引导大学生养成社会主义核心价值观的各项常规性规章制度，使大学生的价值观念养成过程有所遵循；要建立和完善目标管理制度和评价考核办法，以调动学校全体人员参与大学生社会主义核心价值观培育的积极性、主动性和创造性，努力形成教学、管理、服务等岗位各负其责的全员育人新局面。总之，要通过健全的规章制度为大学生社会主义核心价值观培育工作提供保障，要更多地依靠制度、政策来调控培育系统各要素之间的关系，充分发挥各要素的优势，不断提高培育工作的科学化、规范化和制度化水平。

三、队伍保障

大学生社会主义核心价值观培育的队伍，是指从事大学生社会主义核心价值观培育的各类工作人员，从狭义上看，主要是指思想政治理论课教师和高校辅导员队伍；从广义上看，既包括高校所有和大学生接触与交往的干部、教师、教辅人员、管理人员和后勤服务人员，也包括校外社会实践基地的相关人员以及各类兼职教师、兼职辅导员。加强当代大学生社会主义核心价值观培育队伍保障，需要增强高校所有教职员工及校外相关人员的综合素质和德育意识，重点是加强以思想政治理论课教师和辅导员为主的专职队伍建设。

（一）加强队伍保障的必要性

中共中央、国务院《关于进一步加强和改进大学生思想政治教育工作的意见》中指出：大学生思想政治工作者身处大学生思想政治教育的第一线，是大学生日常思想政治教育和管理的组织者、实施者和指导者。他们还是大学生的人生导师，对大学生世界观、人生观和价值观的形成有特别重要的教育和引导作用；他们不仅要帮助学生养成良好的道德品质和心理品质，积极帮助经济困难学生完成学业，还要积极地开展就业指导和服务工作。他们通过服务进行管理，通过管理进行教育，参与人才培养的全过程，在社会主义核心价值观培育工作中担负着教育者、管理者和服务者的重要角色。多年来，这支队伍发挥了重要作用，但是也还存在着一些需要改进的问题。就辅导员队伍而言，尽管国家提倡辅导员走职业化、专家化的路子，但是有的高校对辅导员队伍建设的重要性认识不足，一方面存在"说起来重要，做起来次要，忙起来不要"的现象,造成辅导员陷入事务中,很难有精力对学生进行价值观教育;另一方面,没有建立科学的管理考核制度和有效的激励竞争机制,辅导员工作条件改善、培训、福利、待遇等方面的制度不健全,辅导员的个人发展前景不明朗。受这些因素影响,一些高校的辅导员队伍中各种专业学历的人员都有,素质参差不齐;一些辅导员没有经历过系统的学习培训,理论功底、管理水平低;一些辅导员对自身发展缺乏职业生涯规划,不在本职工作和业务水平上下功夫;一些辅导员创新意识不足,工作方法简单,工作效果不佳。就思想政治理论课教师队伍而言,在传统的高度集中的封闭式办学模式中,思想政治理论课教师往往习惯于闭门说教,坐而论道,就思想谈思想,就理论说理论,即使联系实际,也因为对社会了解太少而讲不全,谈不透,缺乏吸引力、说服力。就高校各级党政领导干部、专业课教师、教辅人员、管理人员、后勤服务人员以及校外兼职人员而言,大多数缺乏德育意识和德育常识,日常工作单纯地局限在业务范围内,难以履行"全员育人"的职责。总之,当前的队伍现状,使队伍建设显得尤为紧迫。高校应进一步提高对队伍建设重要性的认识,积极采取措施,建设专业化、职业化、全方位的德育队伍,为大学生社会主义核心价值观培育工作提供良好的队伍保障。

(二) 加强队伍保障的具体思路

中共中央、国务院《关于进一步加强和改进大学生思想政治教育的意见》明确提出,要按照政治强、业务精、纪律严、作风正的要求,坚持专兼结合的原则,像重视师资队伍建设一样,高度重视思想政治教育队伍建设,努力为思想政治教育工作者创造一个干事有平台、发展有空间的良好环境,充分调动这支队伍的工作积极性和创造性,不断增强队伍的战斗力,这实际上也是对大学生社会主义核心价值观培育队伍建设提出的要求。根据中央要求和当前实际,推进大学生社会主义核心价值观培育队伍建设,要重点抓好专职辅导员队伍和思想政治理论课教师队伍建设。在专职辅导员队伍建设方面，要从选留、培训、考核、待遇、发展等五个方面，制定有效措施提高队伍的质量和战斗力。应注意以下几方面：一是要坚持标准，严把"入口关"；二是要加强培养，不断提高素质；三是要严格考核，实现目标管理；四是要提高待遇，激发工作热情；五是要妥善分流，拓宽发展空间。通过这些措施，使专职辅导员真正成为"奉献的群体"，成为大学生"政治思想的引路人，学风建设的有心人，社会实践的带头人，文化活动的热心人，日常生活的贴心人"。在思想政治理论课教师队伍建设方面，要培养一支政治坚定、业务精湛、学风优良、适应社会主义核心价值观培育需要的骨干教师队伍。一是要坚持正确的政治方向，加强思想政治理论课教师的思想道德修养，增强其社会责任感；二是要制定任职资格标准，实行准入制度，政治立场与党中央不一致的、专业素质不过关的，不得进入思想政治理论课教师队伍；三是要建立和完善思想政治理论课教师培训体系，不断完善其知识结构，提高其教育教学能力；四是要以高水平学科建设带动队伍建设，为思想政治教育教师队伍建设提供有力的学科支撑；五是要完善激励和保障机制，使思想政治理论课教师工作有动力，生活无顾虑。在专职辅导员队伍和思想政治教育教师队伍建设的基础上，高校还要高度重视兼职辅导员队伍、课外思想政治教育指导者队伍和校外辅导员队伍建设。作为队伍建设的延伸，高校还要深入贯彻"全员育人"的理念，在全校范围内创造教书育人、管理育人、服务育人的良好局面。一是要高度重视并及时解决大学生生活中的困难和问题，把服务学生的工作做好，千方百计为大学生成长成才创造有利条件。二是要充分发挥专业课教师的育人作用，引导他们树立正确的教育思想，做到言传身教，为人师表；充分发挥各科教学的德育功能，结合相关教学内容，对学生实施社会主义核心价值观教育。三是各项管理工作都应着眼教育，从严要求，注意方法，成为重要的培育途径。四是学校各项服务工作都应与大学生社会主义核心价值观培育工作相衔接，全体服务人员都要热爱本职工作，以身作则，优质服务，使学生从中受到感染、激励和教育。

四、物质保障

大学生社会主义核心价值观培育工作的物质保障，是指实施观培育所必需的物质条件，具体包括基本建设、经费投入和活动基地建设等。"巧妇难为无米之炊"，如果没有一定的物质保障，加强大学生社会主义核心价值观培育工作就成了一句空话。必须改变过去那种只靠"嘴皮子"做工作的做法，加大物质投入，改善工作条件，在经费及物质方面给予有力的保障，奠定培育工作的物质基础。

（一）基本建设

推进当代大学生社会主义核心价值观培育工作，必须依托一定的场所、设备和设施。在新时期，大学生的日常学习、生活与社会发展所提供的物质成果、科技成果联系得越来越紧密，没有一定的基础设施，培育工作几乎难以顺利地开展。首先，开展大学生社会主义核心价值观培育工作，需要固定的办公场所。在影响大学生价值观念发展的因素越来越多、需要单独进行思想交流的学生越来越多的今天，传统的几位辅导员、班主任集中在一个办公室工作的状况，在实际工作中已经显得越来越被动。而学生工作中新增加的心理辅导职能、就业指导职能等，也需要开辟专门的办公场所。其次，开展大学生社会主义核心价值观培育，需要必要的办公用品。新形势下的大学生社会主义核心价值观培育形式越来越丰富，既有传统的互动性不够强的讲座报告，也有丰富多彩的参观访问、观看电影录像，还有各种各样的社会实践活动和社团活动。因此，除了日常办公所需的电脑、打印机等，还应配备照相机、摄像机、录音笔等高科技产品，以增强教育活动的趣味性和实效性，同时便于以后的存档和备查工作。第三，开展大学生社会主义核心价值观培育，需要合适的活动场地。很多时候，大学生社会主义核心价值观培育是与各种各样的活动结合在一起的，既需要各种规模的会议室、报告厅用来举行讲座、报告、座谈，也需要一些室外的空间比较大的公共活动场地用来举办大型活动。第四，开展大学生社会主义核心价值观培育，还需要一定的宣传场所。高校应加强校报、文化长廊、宣传栏、校园电视台、校园广播站、网络中心等传播媒体的建设，借此实施大学生社会主义核心价值观培育工作。

（二）经费投入

大学生社会主义核心价值观培育是一个比经济工作更加需要资金投入、政策扶持的领域。高校行政主管部门应每年为大学生社会主义核心价值观培育工作编列专门的预算，逐年加大投入，并采取措施使预算落到实处。高校应把大学生社会主义核心价值观培育工作所需要的经费开支列入学校预算，合理核定投入，保障必要的经费支持。大学生社会主义核心价值观培育工作的经费投入除了日常办公经费外，还包括基本建设经费、各种活动经费、教育培训经费、科研经费和奖励基金等。为了保证大学生社会主义核心价值观培育工作各项基本建设的顺利进行，高校应把这些基本建设纳入学校的总体建设规划中，编列专门的经费预算；为了保证大型的宣传教育活动和社会实践活动的开展，高校应为这些活动提供经费支持；为了提高思想政治工作者的知识水平、工作能力和工作效果，高校需要经常地组织教师参加与相关的各种研讨会、交流会和专题培训会，这些教育培训活动也需要经费支持；为了推动培育工作适应环境、与时俱进、开拓创新，有必要设立这方面的科研经费，促进这方面的理论研究与实践调研；为了调动培育者的积极性，有关部门应设立专项奖励基金，用以奖励培育工作中涌现出的先进集体、先进个人、先进事迹。在经费来源问题上，应探索和形成多渠道的经费投入机制。一是要在财政拨款中编列专门预算，争取在资金投入增加幅度上不低于财政收入的增长幅度；二是要依靠社会方方面面的力量，多渠道、多形式筹集社会资金，作为其补充经费。

（三）活动基地建设

随着社会主义市场经济体制逐步确立，高校和社会之间从来没有像今天这样有如此多的深刻交汇。开展当代大学生社会主义核心价值观培育工作，离不开社会的沃土。在新的形势下，大学生社会主义核心价值观培育需要跳出原有的工作模式，在学校教育的基础上，放开眼界，面向社会，拓宽教育渠道，丰富教育方法，利用各种社会性的活动基地，深化教育内容，提高教育效率。一是要加强社会实践基地建设。社会实践是大学生最欢迎的教育方式，提高社会实践，能够全面提升大学生的素质。教育行政部门和高校要建立各种类型的教学科研实践基地、部队活动基地、社区活动基地、勤工助学基地，使广大学生在参加社会实践的过程中接受教育。二是要加强爱国主义教育基地建设。爱国主义教育基地以博物馆、纪念馆为主体，是向大学生传播历史文化知识，进行爱国主义、集体主义、社会主义教育的巨大资源。高校要充分利用爱国主义教育基地，在节假日和重大历史纪念日组织大型的参观访问活动，通过图片、文字、建筑等对大学生进行深刻的价值观教育。三是加强培训基地建设。为加强大学生社会主义核心价值观培育师资培训，教育部、各地教育行政主管部门应该在那些具有学科优势、师资优势和实践优势的学校建立培训基地，增强师资培训的针对性和实效性。四是加强素质拓展基地建设。素质拓展是大学生非常感兴趣的活动形式。通过素质拓展活动，不仅可以锻炼身体素质，而且能够培养克服困难的勇气、团结合作的精神、与人交往的能力。各级教育行政主管部门和高校都应积极建立各种形式的大学生素质拓展基地，借此推进当代大学生社会主义核心价值观培育工作。

五、环境保障

社会环境和高校文化气氛深刻影响着大学生价值观念的发展变化，也深刻影响着大学生社会主义核心价值观培育的效果。推进当代大学生社会主义核心价值观培育工作，应高度重视环境保障机制建设，努力营造良好的社会环境和校园环境。

（一）社会环境建设

社会环境既是培育大学生社会主义核心价值观的天然土壤，也是破坏大学生社会主义核心价值观培育的深刻根源。积极构建健康向上的社会环境，尤其是良好的文化环境、舆论环境，是对大学生社会主义核心价值观培育工作最大的支持。当前，社会主义和谐社会建设构成了社会主义核心价值观培育工作的良好氛围，构建和谐的社会环境，需要和谐的人际关系、正确的舆论导向、广泛的群众动员和深厚的人文关怀。

首先，构建和谐的社会环境，需要各方面关系的和谐、融洽，其中和谐的人际关系是最重要的。按照社会角色的划分，人际关系可分为家庭关系、工作关系、社会关系等几大类，社会关系又包括与他人、与集体、与社会、与国家的关系等等。因此，人际关系和谐也就包括家庭关系和谐、工作关系和谐、社会关系和谐等等。人际关系和谐的主要表现是：家庭和睦、工作顺心，人与人诚信友爱、融洽相处，社会各阶层相互尊重、平等团结，社会成员之间、地区之间、部门之间按照公平、公开、公正的原则竞争。要想促进和谐人际关系的形成，最重要的是建立一套化解矛盾、促使社会良性运行和谐发展的机制：一是要建立起公平合理的利益协调机制；二是要深化政治体制改革，建立健全社会管理机制；三是要建立人际和谐的培育养成机制；四是要建立生态环境的保护机制，促进人与自然和谐发展。

其次，正确的舆论导向是形成和谐社会环境的关键。要充分利用新闻出版、广播影视、文学艺术、社会科学的影响和导向作用，营造良好的思想舆论氛围，使社会主义核心价值观深入人心，为建设和谐文化、和谐社会打下思想理论基础。为此，一是要坚持党对新闻事业和舆论工作的领导；二是要坚持以社会主义核心价值体系引领社会思潮；三是要在一定程度上克服新闻媒体谋取自身经济利益的诉求。当今社会已经进入了信息化时代，大众传媒的技术日益先进，而且渗透到社会生活的方方面面，渗透到每一个角落，无时无刻不在影响着人们的思想和行为。新闻媒体的新闻导向会影响人们对社会、人生、前途的看法，影响人们的人生观、世界观、价值观的形成。所以，必须建立为社会主义核心价值观培育服务的舆论保障机制。

第三，构建和谐的社会环境，必须动员人民群众，广泛开展社会主义和谐文化创建活动，形成人人促进和谐，共同实践社会主义核心价值观的局面。人民群众的亲身实践是最好的学习教育，各种形式的群众性创建活动，是把社会主义核心价值观培育和精神文明建设结合起来的有效载体。各项群众性实践活动都应突出思想教育内涵，关注社会主义价值理念，打牢社会主义核心价值观培育的群众基础。要紧紧围绕社会主义核心价值观的基本内容，充分运用各种手段加大宣传力度、营造舆论氛围，使社会主义核心价值观为广大人民群众所感知、所认同、所接受。在实践中，工作重心要放到机关、学校、企业这些基层单位中去；宣传内容要理解人、关心人、支持人、尊重人，要以人为本、着眼于人的全面发展；工作方法要创新，要采取群众喜闻乐见的形式开展工作，寓教于乐，创建活动平台，创新活动载体；工作作风要改变，要本着服务基层、服务群众的立场，加强作风建设。

最后，和谐的社会环境应当体现深厚的人文关怀。在社会发展的实践中，人是手段，但更是目的。我们所做的一切都应该最终落脚于人的发展，包括人的生存状态的改善和各方面需要的实现。要把人的发展作为社会发展的最高价值目标，始终把实现好、维护好、发展好最广大人民的根本利益作为党和国家一切工作的出发点和落脚点，尊重人的主体地位，保障人的各项正当权益，促进人的全面发展，做到发展为了人民、发展依靠人民、发展成果为人民共享。只有把和谐社会建设落实到"以人为本"的原则上，并将这一原则作为科学发展观的核心内容来看待，才能使我们的社会环境发展更为和谐。

（二）校园环境及周边环境建设

大学生在日常学习与生活中，更多的是浸润在校园环境及周边环境中。加强校园环境及周边环境的建设，会直接促进大学生社会主义核心价值观培育工作。校园环境建设是高校以精神文化建设为主，兼顾物质文化、制度文化的综合性建设，是一种社区文化建设，旨在把社会主义核心价值观培育的内容、要求渗透在物质、信息、制度、活动载体之中，形成潜移默化的影响力，为学生创造成长发展的良好环境。校园环境建设是一项复杂的系统工程，渗透于高校办学的各个方面。改革开放以来，许多高校在校园建设中坚持校园环境的使用功能、审美功能和教育功能的和谐统一，以优美的校园环境陶冶大学生关爱自然、关爱社会、关爱他人的美好情操。许多高校在进行校园规划、校舍建设、景点设计、花草树木种植等方面，均考虑到了涵盖学校师生精神面貌、集体舆论、心理环境、文化传统等多种因素。通过物化的校园校舍，体现学校的教育理想，使校园成为朝气蓬勃、奋发图强、充满生机活力的育人园地。有些院校为更好地发挥校训、校风、教风、学风的激励和引导作用，每一幢教学楼和每一条路均用校训等命名，以求将这些物化的精神文化在校园内积淀下来，在共同孕育学校文化的过程中形成一种具有持久影响力的"学校行为场"。一些高校充分利用校园长廊，宣传党的理论、路线、方针、政策、国内时事和健康向上的文化，通过学生优秀作品的展示，营造大学校园文化氛围。同时，很多高校开展了丰富多彩的学生社团活动、学术科技活动、学术报告会、读书论坛、书画摄影展、校园歌手赛，以及演讲赛、辩论赛、数学建模大赛、文艺汇演等等，这些富有时代特征、符合学生特点的活动激发了学生的热情，增强了校园学术气氛，营造了良好的学风，促进了学生综合素质的提高，为大学生社会主义核心价值观培育工作塑造了良好的校园环境。在塑造良好的校园环境的同时，还要优化校园周边环境。各级党委和政府应积极为高校创建良好的育人环境，把优化校园周边环境作为推进社会主义精神文明建设的重要任务。要依法加强对学校周边的文化、娱乐、商业经营活动进行综合治理，坚决取缔干扰高校正常教学、生活秩序的经营性娱乐活动场所，努力遏制社会上消极腐朽的东西侵入校园，大力抵制低俗文化和非理性文化对高校的影响，为当代大学生社会主义核心价值观培育工作创造有利条件。

参考文献

[1] 马克思恩格斯文集（1-10卷）[M]. 北京：人民出版社，2009.

[2] 列宁专题文集（1-5卷）[M]. 北京：人民出版社，2009.

[3] 胡锦涛. 论构建社会主义和谐社会[M]. 北京：人民出版社，2013.

[4] 习近平谈治国理政[M]. 北京：外文出版社，2014.

[5] 习近平总书记系列重要讲话读本[M]. 北京：学习出版社，2014.

[6] 乔·奥·赫茨勒. 乌托邦思想史[M]. 北京：商务印书馆，1990.

[7] 杨业华. 当代中国大学生核心价值观研究[M]. 北京：人民出版社，2012.

[8] 戴木才. 中国特色核心价值观的传统、现实与前景[M]. 南宁：广西人民出版社，2011.

[9] 张耀灿. 现代思想政治教育学[M]. 北京：人民出版社，2001.

[10] 刘新庚. 现代思想政治教育方法[M]. 北京：人民出版社，2008.

[11] 张厚粲. 心理与教育统计学[M]. 北京：北京师范大学出

版，1993.

[12] 郑永廷. 现代思想道德教育理论原理与方法 [M]. 广州: 广东高等教育出版社, 2000.

[13] 罗洪铁. 思想政治教育学专题研究 [M]. 重庆: 西南师范大学出版社, 1999.

[14] 陈立思. 当代世界的思想政治教育 [M]. 北京: 中国人民大学出版社, 1999.

[15] 王勤. 思想政治教育学新论 [M]. 杭州: 浙江大学出版社, 2004.

[16] 张世欣. 思想政治教育接受规律论 [M]. 上海: 上海三联书店, 2005.

[17] 费尔南·布罗代尔. 文明史纲 [M]. 南宁: 广西师范大学出版社, 2003.

[18] 冯友兰. 中国现代哲学史 [M]. 广州: 广东人民出版社, 1999.

[19] 金观涛. 兴盛与危机: 论中国社会主义稳定结构 [M]. 北京: 法律出版社, 2011.

[20] 连淑能. 论中西思维方式 [M]. 厦门: 厦门大学出版社, 2003.

[21] 胡一. 跨文化视野中的交际学研究 [M]. 厦门: 厦门大学出版社, 2006.

[22] 顾嘉祖. 跨文化交际——外国语言文学中的隐蔽文化 [M]. 南京: 南京师范大学出版社, 2000.

[23] 林崇德. 发展心理学 [M]. 杭州: 浙江教育出版社, 2002.

[24] 赵孟营. 社会学基础 [M]. 北京: 高等教育出版社, 2006.

[25] 张菌萍. 新编思想政治工作概论 [M]. 北京: 中共中央党校出版社, 1996.

［26］张云．思想政治教育心理学［M］．上海：上海人民出版社，2001．

［27］宋惠昌等．政治哲学［M］．北京：中央党校出版社，2003．

［28］靳玉军．论社会主义核心价值观教育的实践要求［J］．教育研究，2014（11）．

［29］刘建军．"社会主义核心价值观"的三种区分［J］．思想理论教育导刊，2015（2）．

［30］罗迪．文化认同视角下的大学生社会主义核心价值观教育［J］．思想教育研究，2014（2）．

后 记

在新时代大学生中培育社会主义核心价值观是一项系统工程。推进这项系统工程，除了要在自身系统内部各个环节探索创新之外，还需要在国家层面建立经济的、政治的、文化的、社会的等等一系列支撑力量，为培育工作提供强大的支持。在经济上，要坚持和完善以公有制为主体、多种所有制经济共同发展的基本经济制度，健全社会主义市场经济体制，把推动经济基础变革同推动上层建筑改革结合起来，大力推进社会主义经济建设，从根本上保障社会主义意识形态的主导地位。在政治上，要进一步提高各级领导干部对社会主义核心价值观培育工作重要性的认识，切实抓好国家的民主政治建设、党风廉政建设、政策法规建设、利益调节机制设计以及以人为本的执政理念的落实，把社会主义核心价值观体现到制度设计、政策制定和社会管理之中，为在全社会培育社会主义核心价值观提供强有力的法律和制度保障。在文化上，要以中央马克思主义理论研究与建设工程为龙头，深入进行理论研究和理论创新，为培育社会主义核心价值观提供强大的理论支撑；要精心打造理论精品、文化精品和媒体精品，加强高科技网络媒体建设，实行积极的文化战略，增强国家的软实力，建立更加广泛的基本理论共识。在社会政策上，要通过社会主义和谐社会建设，增加社会物质财富、改善人民生活，保障社会公平正义、促进社会和谐，着力解决广大群众最关心、最直接、最现实的利益问题，从根本上巩固人民群众对社会主义核心价值观认同的基础，进而扩大社会主义核心价值观对多样化社会思潮的整合力与引领作用。只有经济基础和上层建筑诸领域充分配合与相互支持，才能够更好地推进在当代大学生中培育社会主义核心价值观的系统工程，为社会主义先进文化建设奠定坚实的基础，为中国特色社会主义建设提供强大的精神动力。